岩波現代文庫／学術252

州事変

成過程

緒方貞子

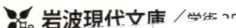

岩波書店

まえがき――岩波現代文庫版の刊行に寄せて

満州事変から八〇年の節目に当たる本年、かつて原書房から出版された『満州事変と政策の形成過程』が岩波現代文庫として再刊されることは、私にとって大きな励みであり、また、喜びでもある。この研究は、私が一九六三年にカリフォルニア大学バークレー校に提出した博士論文が翌六四年に同大学プレスから出版され、そして、その二年後の六六年に日本語版となって、日本の読者に提供されたものである。

そもそも、一九五〇年代から六〇年代にかけての当時、満州事変は遠い昔の出来事ではなかった。敗戦後の日本において、歴史や政治に関心を持つ学生や研究者も多く、なぜ日本が中国大陸への拡張政策をとったのか、なぜ国際連盟から脱退するような強硬策を追求したのか等の疑問に答えようと、研究者を広く網羅した共同研究等も進められていた。その先駆けともいえる『太平洋戦争への道』(全七巻、朝日新聞社)は、第一巻で満州事変を取り上げ、当時の日本では、日本の発展には中国大陸への進出のほかに道はないと考えられており、したがって満州における日本の権益を確立せんとする関東軍の作戦が太平洋戦争への出発点になったと記している。

博士論文の執筆にあたって満州事変を取り上げたいと考えた私は、留学前に指導を受けた東京大学法学部の岡義武教授、同大学社会科学研究所の林茂教授に、どのような資料が確保できるのか相談した。当時、戦後から間もなかった日本では、戦前や戦中の資料がちょうど出始めたところであった。そうしたなかで、資料に精通していた林教授より得た、片倉衷関東軍参謀による『満州事変機密政略日誌』の存在が私の関心を引いた。林教授の仲介で片倉氏を訪問し、未だ門外不出であった五巻の日誌を貸与されたときの喜びは、今も忘れることができない。私は、隔週ごとに日比谷の陶々亭へ出向き、一巻ずつ日誌を借り受けながら、当時の状況を克明に聞き取る幸運に恵まれた。

一九二〇年代の中国大陸は、そもそも欧米列国による権益の拡大競争と中国の諸軍閥間の内乱が続く不安定な状況にあった。日清・日露の戦争によって既に満州に鉄道をはじめとする諸権益を得ていた日本は、その一層の発展を図ることを基本的な対外政策としていた。特に関東州及び南満州にある鉄道の保護を任務としていた関東軍は、より積極的な保護と発展の機会を求める在満日本人の要求にも応え、次第に積極的な戦略論を展開するに至った。

当時、日本政府にあっては、日本の針路として、国際協定遵守の範囲内で大陸に発展する「幣原外交」と、軍事手段の行使と積極的な経済開発を進める「田中外交」とが競合していた。満州の治安と開発を重視する関東軍は、日本が満州の拡張に積極的に乗り出すことを希望し、中国本土からの分離政策の推進を図った。

このような関東軍の動向は、ひとつには在満日本人の心情を代弁するものであった。満鉄青年社員と青年実業家で構成された満州青年連盟は、中国ナショナリズムの高揚や軍閥の脅威から身を守り、権益を失わないために、日本政府に強硬な対応を求め、圧力をかけていた。

他方、日本国内においては、不況、特に農村の疲弊は、農村出身者が多勢を占める軍内部に革新運動を引き起した。彼らは、国内政治の改革と強硬な大陸政策の推進を求めた。民間における革新思想の高揚、若年軍人における革新陣営の拡大は、関東軍の中堅将校の思想と行動にも影響を与えるものであった。

満州の状況が悪化した一九三一年に板垣征四郎参謀は、満州が戦略的に重要であるのみならず、国民大衆の生存にとっても貴重な役割を果たすと強調し、領土も資源も貧弱である日本にとっては、「満州を領有してはじめて日本は資源の供給地と製品の市場とを確保し、工業国としての発展を期待することが出来る」と述べている。満州の領有は、日本の無産階級にとっても重要であると。この主張は、当時の関東軍の思想とも共通点が多く、関東軍の共感を得るものであった。

関東軍の軍事行動突入は、南満州鉄道で爆破事件が発生し、日本の守備隊と中国軍との戦闘が始まり、関東軍が奉天を占領したことを契機としたものである。「片倉日誌」は、満州事変の進行について、関東軍が吉林、長春等南満州各地の占領を続けるが、内閣からの強い反対で北満を含む満州全域の領有計画が厳しく受け止められたことに対し、関東軍の不満は強く、「陸軍大臣ハ何故政府ト正面衝突ヲ敢行スルノ決意ヲ以テ当ラサルヤ、今ヤ「断」ノ一字ノ外時局ヲ収拾スル何者ヲモ存セス」と強い反発を記している。政府としては、戦線がハルピンまで拡大することを防いだものの、天津における暴動の影響を受けて南満州の状況が悪化を続け、関東軍が錦州攻略に乗り出したことによって戦線が拡大すると、国際連盟では日本に対する厳しい討議が繰り返された。芳澤謙吉政府代表は、外務大臣に対して錦州作戦を阻止するように強く進言し続けた。連盟理事会は、日本と中国に対し、事態の悪化を防ぐために必要なあらゆる措置をとることを要求し、期限を設けて日本軍の撤退を求めた。それに対し、参謀総長は、天皇に拝謁して錦州に出動した部隊を奉天へ引き戻すという奉勅命令を出す強硬措置に踏み切ることにした。連盟においては、正式に現地に調査団を派遣することが提案された。

この間、関東軍は満蒙における自治体の発達を目指して、新たな指導対策の準備を開始した。関東軍は既に「満州占領地行政ノ研究」を作成していたが、自治体の発達を統一した原則のもとに指導し、監督するために「自治指導部」を設置し、部長には著名な政治家で長老の于沖漢の就任を図った。また、在満の日本人団体の指導者層もリーダー格で加わることとなり、この「自治指導部」のもとで地方政府としての機能を整え、中国政府からの分離を宣言させるに至った。独立政府の頭首としては、既に宣統帝が待機していた。

国際連盟において、満州における日本の軍事行動が重要な課題となり、国内政治と外交との複雑なプロセスを解消することが必要となっていった。満州における軍事行動が国際政治の影響を強く受けていたことが明らかになると、私は、外交史的な論点からも満州事変を対象とした調査を行う必要を感じ、外務省の外交文書室を訪ねた。幸い、外交文書室には「日支事件ニ関スル交渉経過(連盟及対米関係)」一二巻が未だ研究に供されることなく存在していた。私は、外交文書室に日参し、担当の栗原健、臼井勝美両氏の指導を得て資料の閲覧と分析に専念した。連盟理事会の厳しい討議にあって、政府は一方で関東軍に軍事行動の停止を要求しつつも、他方では列国に対し、満州において直面する市民の安全、利権の保護等の共通の利益と関心に理解を得るように努めた。特に政府としては、戦線がハルピンまで拡大することを防ぐことによって、連盟からの介入を阻止しようと考えたのである。当初においては、列国は、日本が速やかに鉄道附属地内に撤退することを要請しながらも、期限を規定するものではなく、「馬賊ソノ他満州ニオケル無法分子ノ行動」に対し、軍事的措置をとる権利は認めるという妥協的な対応に留めた。とくにこれは、日中間における軍事的取決めを禁止しようとするものでもなかった。

私は、当時、政府代表を務めていた芳澤謙吉に状況を聞くこととした。芳澤は、私の母方の祖父であり、当時の苦境をゆっくりと口頭で説明してくれた。当初の過程において、連盟は、期限を定めて日本軍の撤退を求めることも考えたが、欧米列国においては必ずしも強硬手段に出るまでの用意はなかった。外務省が連盟に対して正式に調査団の派遣を提案したことは、軍の反発を避けつつ、満州事変の処理に時間的猶予を得るという成果をもたらした。

この時、関東軍は、満州各地において独立のための活動を拡大し、新国家の建設を急いでいた。新国家樹立のための諸案は「民族協和」を基本とするものとされていたが、その構成分子に日本人を含むものであったことはいうまでもない。日本による満蒙の支配のために独立国を建設するという関東軍の国家論は、日本政府の構想と必ずしも一致するものではなかった。政府においては、純粋な軍事行動以外の満州問題については、総理大臣監督の下に満州事務委員会を設ける意図であったが、関東軍は、自ら絶対的な支配権を確保するとの決意のもと、満州における新国家建設を貫こうとした。

関東軍は、既に新国家建設の構想を進め、一九三二年の初頭には具体的な統治案を立て、満州各地の有力者との交渉を進めていた。特に復位を求めていた宣統帝を国家の主席とする満州国の独立計画は、政府および軍中枢部と明らかに異なるものであった。そもそも関東軍としては、満蒙の領有を目標としていたのであったが、政府中央の反対と列国の反発から、むしろ次善策として独立を企図したといえよう。

満州の軍事活動が急速に拡大する中で、戦線の拡大も、満州国の独立も阻止できなかった内閣は退陣し、犬養毅を首相に政友会内閣が成立した。組閣にあたって、天皇は西園寺から重臣に対し、軍部を統制し、事態の収拾にあたることを求めた。犬養自身は、長年、中国問題に関心を持ち、日中関係の改善を重視していただけに、個人的な経路を通じて中国要人と交渉を進めようとし、また、列国に対しても新国家の承認を遅らせようと図った。しかしながら、日本国内においては、国際連盟の調査団報告も満州国の承認を示唆するものであるとし、また、満州における日本軍の行動は日本の権益を守るものであるとして強硬論が高まり、犬養は総理官邸において、海軍将校に暗殺された。暗殺者は、海軍の尉官青年将校を中心とし、陸軍士官学校生等、国家改造運動等に連なる運動家であったが、軍の上層部には、政党政治を廃し、国内の革新を進め、満州と中国大陸における権益を最大限に確保しようとする志向も見られた。

犬養内閣後、政府は、満州国の樹立と開発に重点をおいた大陸政策を展開することとなった。満州国の開発、独立と承認を進めるなかで、日本は、国際連盟の調査団が「リットン報告」として提案した解決方法は日本の利益を否定するものであるとして強く反対し、国際連盟からの脱退を決定した。特に問題となったのは、報告書が満州を中国の主権の下に置き、日本軍の鉄道附属地外からの撤退を求めたことであった。

国際連盟からの脱退は、日本が過去数十年にわたって守ってきた国際協力政策を打ち切るものであり、また、意図して日本の国際協調外交を完全に断ち切るものとなった。満州事変を出発点として日本がたどった政治過程は、着実に「太平洋戦争への道」に向かって歩みを進めた。

二〇〇九年一二月、私は、国際協力機構(JICA)理事長として、中国東北部を訪問した。吉林省長春市の中心部にある円形の大同広場から幹線道路が四方向に放射状に伸びる街並みは、満州国の国都であった新京時代に整備されたものである。「満州」時代の多くの遺産が未だそのまま形を残しており、南満州鉄道や学校などのインフラも、丁寧に維持管理がなされ、当時と目的は大きく変わったものの、現在も十分に活用されていた。南満州鉄道を基盤として整備された鉄道網には、現在、新幹線も導入されている。一九二九年に南満州鉄道株式会社が奉天、現在の遼寧省瀋陽市に建設した「奉天ヤマトホテル」は、今も「遼寧賓館」として立派に使われている。フロントの脇にある著名な宿泊者が記されたパネルの中に、思いがけず私の祖父の名前を見つけた。当時フランス大使として国際連盟政府代表を兼務していた芳澤は、国際連盟における討議を終えて、犬養内閣の外相就任を承諾し、シベリア鉄道経由で帰任の途中にこの「ヤマトホテル」に立ち寄ったのであった。私は、このめぐり合わせに感動するとともに、当時の日本国内、さらには国際的な満州を巡る激しいやり取りの中で、祖父芳澤がこの一夜に何を考えていたのか、あらためて思いを巡らしたのである。

私は、一九五〇年代半ば、戦前の日本が破滅的な世界大戦に突入していった過程と理由に大きな関心を持って、満州事変を研究し、この論文を取りまとめた。歴史の考察は、現在、そして、将来に大きな教訓と示唆を与える。日本国内のみならず、アジア情勢、世界情勢が大きな変化に直面する時こそ、歴史を読み解き、歴史に学ぶことが必要である。本書の再刊にあたり、歴史研究の大切さ、意義をあらためて強調しておきたい。

二〇一一年七月

緒方貞子

目　次

第二部　事変の展開

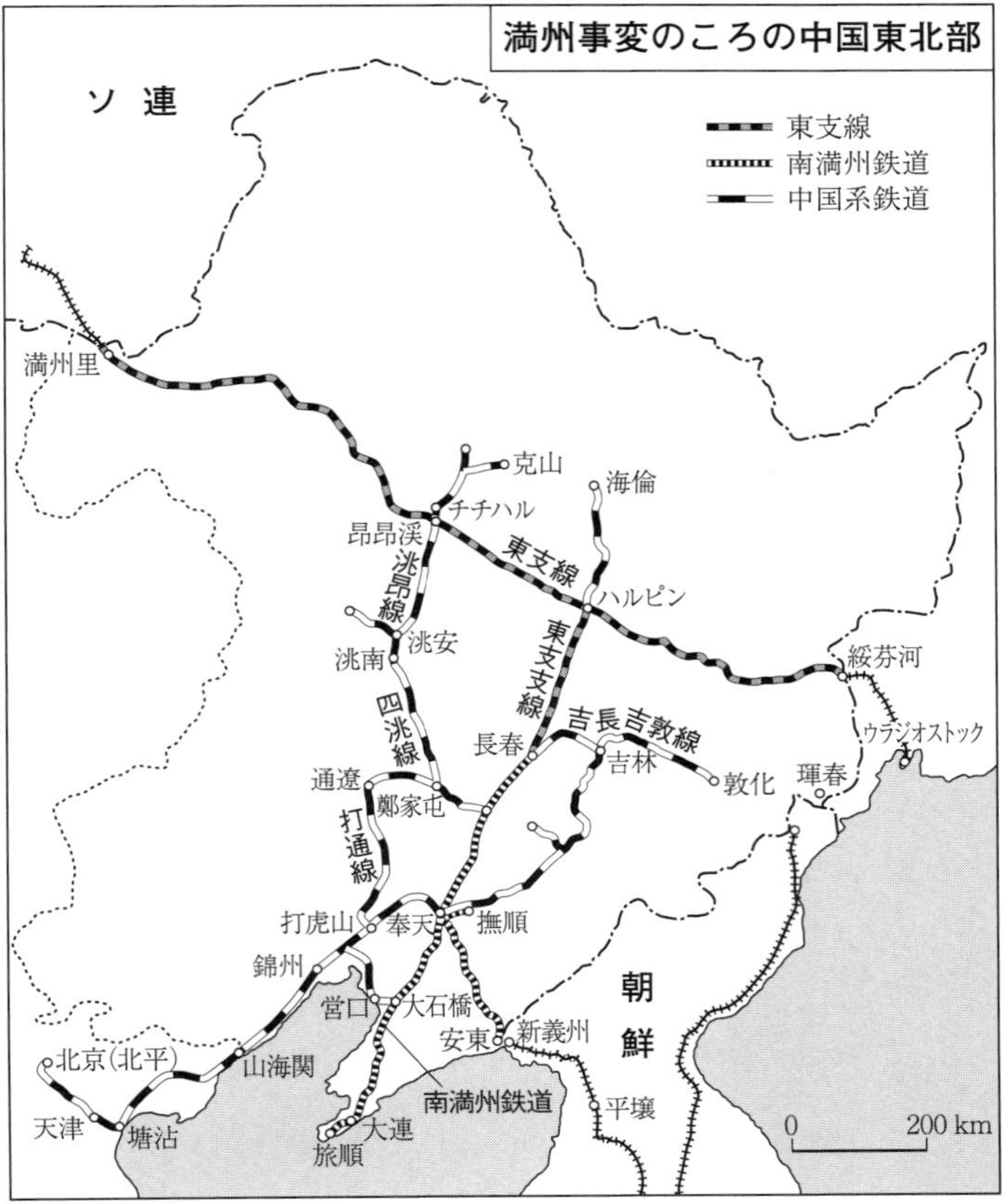
満州事変のころの中国東北部
ソ連
東支線
南満州鉄道
中国系鉄道
満州里
克山
海倫
チチハル
昂昂渓
洮昂線
東支線
ハルピン
洮安
洮南
東支支線
綏芬河
四洮線
吉長吉敦線
長春
吉林
敦化
ウラジオストック
琿春
通遼
鄭家屯
打通線
打虎山
奉天
撫順
錦州
朝鮮
営口
大石橋
安東
新義州
北京(北平)
山海関
南満州鉄道
平壌
天津
塘沽
大連
旅順
0
200 km

序論

昭和六年(一九三一年)に勃発した満州事変は、日本がアジア大陸に対して試みた一連の軍事行動の一つであるが、その規模においては決して特筆すべきほどのものではなかった。それにもかかわらず今日多くの人々に注目されるに至ったのは、満州事変を契機に国内においてアジア大陸に対する膨脹主義的傾向が顕著となったからである。

私は本書において、満州事変当時の政策決定過程を逐一検討することにより、事変中如何に政治権力構造が変化し、またその変化の結果が政策、特に外交政策に如何なる影響を及ぼしたかを究明することとしたい。このような変化は、対立する諸勢力間の争いの結果生じたものであるが、軍部対文官の対立ということで説明出来るような単純なものではなかった。むしろ、それは佐官級ならびに尉官級陸軍将校が対外発展と国内改革とを断行するため、既存の軍指導層および政党ならびに政府の指導者に対し挑戦したという、三つ巴の権力争いとして特色づけられるものである。

ワシントン条約後大陸への膨脹をはばまれた日本は、世界恐慌の余波を受けて経済的にも社会的にも不安な状態にあった。さらに中国ナショナリズムの擡頭とソビエト共産主義の出現とは、日本の在満権益に対する重大な脅威と考えられた。現状打破を願う気分は世間一般に漂っていたが、革新将校はこのような事態に対し何らの措置を講じようともしない既存指導層にあきたらず、自ら主導権をとり、日本のためにより輝かしい将来を獲得しようとして行動を開始したのである。彼らは強力な国家社会主義政府を樹立し、強硬な満州政策をもって中国の挑戦に対処し、さらに軍部ならびに文官指導層を革新して、日本の強化を計ることを目標としていた。

ここで私は革新軍部勢力の擡頭を、権力獲得の過程と行動目標との二側面から検討したいと思う。考察の中心は、陸軍、なかんずく関東軍の動向に向けられることとなるが、その理由の第一は、彼らが満州における軍事行動に成功することにより、軍部勢力の増強にもっとも大きな貢献を行ったからであり、第二には、関東軍が建設した新満州国の諸機構から彼らが達成しようとした革新的理想ないし目的を考察することが出来るからである。

まず軍が政治権力を獲得した過程を特色づけるものとしては、革新将校の急進性が挙げられなければならない。彼らの急進性については、テロの如き非合法手段の形をとる場合と、組織としての軍が合法的に圧力を行使する場合とに分けて考えることが出来るが、前者の場合は革新運動の活動源としてエネルギー的役割を果し、後者の場合は政策の立案および作成に参画することにより革新目標の実現化に貢献した。

右のような革新将校の動きに直面した軍部指導層は、軍内部においてその急進的要求と妥協しつつ、外部に対しては、彼らの急進性を利用して軍全体の勢力を拡大して行くことに努めた。ここで見逃すことの出来ないことは、組織としての軍に対する忠誠が、革新将校の急進運動を革命的な方向へ発展するのを阻止する上で重大な要因となったことである。しかし、急進的な革新運動が軍の統制に及ぼした影響は甚大であった。革新運動の結果、軍内部においては実際上の政策決定者と形式上の政策決定者との間が大きく分裂し、政策決定構造の完全な崩壊がもたらされた。

政府は軍部勢力の擡頭を防ごうとは試みたが、彼らの支配の全く及ばない満州で軍の行動が成功裡に進められると、なんら効果的な措置を講ずることが出来なかった。その上文官指導層には危局に対処し得るような建設的な政策がなく、また一致団結して軍を抑制するだけの強い決意と自信にも欠けていた。要するに、文官指導層は自己の責任と信念とを最後まで貫徹することなく、自らこれを放棄したのである。

次に、急進的革新将校が実現しようとした理想ないし目標は、近代日本政治思想史上の一過渡期を代表するものであると同時に、日本帝国主義の特殊な一断面を示すものでもあった。急進的革新思想は、第一次世界大戦後自由民主主義思想に啓発されて急速に成長しつつあった政党政治ならびにその基盤であった資本主義体制に対抗して形成されたものであり、特に資本主義と政党政治が階級闘争ないし政争を通じて国民の団結を弱める傾向がある点に強く反撥して発達したものであった。このように分裂的な効果をもつ制度を認めることは、対外発展に備えて強力な日本を建設するという最終目標を甚しく害するものであると考えられた。

右に述べたような自由民主主義思想との対立にもかかわらず、急進的革新思想は、自由民主主義の教義に内在する平等主義的な側面をある程度包含していた。より良い生活に対する人民大衆の権利、富の均衡化、階級的特権制度の廃止等は革新主義の綱領にも掲げられている。このように富をより広汎に分配しなければならないとする考え方は、国内における人民大衆の生活向上の問題を対外発展と結びつける上で重要な役割を果した。

本書においては、関東軍の政策声明ならびに綱領を中心として検討を進めたいと思う。関東軍首脳は、革新思想に強く影響されていたが、国内における革新将校とは異なり、彼らの思想を具体的なプログラムの形で提案する立場にあった。新満州国が採択した諸原則の多くは、当時の日本における政治的、経済的、社会的制度に対する批判の現れとして理解することが出来よう。さらに、関東軍は中国ナショナリズムの挑戦に対決しなくてはならなかったため、民族問題についても示唆に富んだ資料を提供している。関東軍は、在満日本人が少数民族としての地位の確保を期するため提唱した民族協和思想を受け入れ、満州事変を大アジア主義の大業にまで高めようとした。

アジア大陸に対する日本の政策は、西欧の支配からアジアを守るためにアジア諸国と提携することを必要とする反面、西欧列国との対抗上近隣するアジアの弱小諸国を支配しなければならないというジレンマに絶えず直面してきた。従って日本の唱える大アジア主義には常にある程度の宣伝的要素が含まれていたことは事実であるが、その程度はその時々の国内的・国際的状況に左右されるものであった。満州事変においては、中国ナショナリズムの圧力に対応する必要性があった上、人民大衆の福祉を原則的に支持しようという国家社会主義的政治思想が関東軍の中枢部に抱かれていたため、当時の日本の帝国主義の侵略性には、それなりの限界があった。

最後に、私は満州事変以後太平洋戦争にまで至る日本の帝国主義的発展が、満州事変期においてすでに後年の失敗を決定づけるような要因を含んでいたかを検討したいと思う。私は、軍の政策決定構造が満州事変の際に崩壊したことからみて、軍の権力獲得過程自体に根本的欠陥が存在したものと信じている。満州における政治的・軍事的成功は、しばしば、国策や軍上層部からの指令に反抗することによってもたらされた。軍の内部的結束は、軍が外部に向って勢力を拡大するのと反比例して崩壊して行った。その結果残されたのは「無責任の体制」のみであった。権威にたいする不信と反抗とから急進的軍革新運動が発展した結果、軍が政治権力を獲得した後も、軍内部の権威体制は不信や反抗によって絶えず揺ぎ、確立するに至らなかったのである。

満州事変の政策決定過程を分析すると、外交政策における選択——殊に目標の選択——の可能性が非常に限定されたものであることが明らかとなる。たとえば、日露戦争以後の日本では、満州における権益を拡大発展させることが国策となっており、議論の余地はその手段、時期、および程度に限られていた。さらに国内の権力構造の変化に伴い、外交政策に一層大きな制約が加えられるようになったことも事実である。満州事変において、外交政策の決定権は本来の外交政策決定者の手を離れて、新たに擡頭した軍の中堅層の手中に完全に収められるに至った。合法的に政策決定の権限を与えられていた内閣総理大臣以下閣僚は、軍部大臣を含めて、満州における事態の進展を決定することも統制することも出来なかった。しかも彼らとしては、そのような進展の結果生じた既成事実に対しては、これをその後の外交政策作成上の与件として甘受することを余儀なくされたのである。ここに満州事変に見られる外交政策の変化を説明する鍵が存在するものと思われる。要するに、本事変中における外交政策の変化は、関東軍の要求が国策に編入されて行く過程であり、当時の内部における権力関係を如実に反映するものということが出来よう。

第一部　背景

第一章　満州における日本権益の擁護と拡大

開国後約五十年間における日本の対外関係の最大の課題は、自国の安全を維持することであった。そもそも嘉永七年(一八五四年)、米国の要求をいれて江戸幕府が不本意ながらも開国を決意するに至ったのは、江戸湾に浮ぶ黒船の軍事的威力を怖れ、阿片戦争に敗れた清国の経験を自国に対する警告として受け取ったからにほかならない。日清戦争(明治二七年―二八年)は日本にとって最初の大戦勝であり、韓国から清国の勢力を駆逐するという戦争目的は達したが、対外的安全感を増大させはしなかった。ロシア、フランス、ドイツのいわゆる三国干渉に直面した日本は、勝利の大きな獲物であった遼東半島を放棄し、いまさらのように自国の劣勢を自覚したのである。しかしながら、日露戦争(明治三七年―三八年)の勝利は日本の対外関係に著しい変化をもたらした。清国に代ってロシアが韓国を支配下に置こうとするのを阻止した日本は、いまや韓国を自らの勢力下に置くこととなり、その上ポーツマス条約の結果ロシアの租借地であった関東州ならびに南満州における鉄道権益を譲渡され、もっとも若い帝国主義国家として、その発展の方向を隣接するアジア大陸に求めることとなった。日本の満州発展は、日露戦争の遺産である。

紛争の遠因

しかしながら、日本が満州に進出するにあたっては、対内的にも対外的にも多くの問題があった。まず対内的にみると、日露戦争中満州の軍事占領に主要な役割を果した陸軍が、対満政策の樹立に対して決定的な地位を獲得したことである。明治三九年(一九〇六年)、関東租借地と南満州における鉄道附属地とを管轄するために設置された関東都督府は、実際には日露戦争後満州の占領行政にあたっていた軍政機関を引継いだものであり、その後十年以上もの長い期間にわたって、関東都督には、在満陸軍諸部隊を指揮する陸軍大将または中将が就任した。

第一次世界大戦後の大正八年(一九一九年)、政府は漸く関東州の統治機構を純然たる民政機関に改めるとともに、新たに関東軍司令部を設置して、在満陸軍諸部隊の統率と、関東州ならびに南満州にある鉄道線路の保護にあたらせた。それ以後は関東軍が、対満急進政策の急先鋒として、必要とあれば武力の行使をも辞せぬ態度をとった。彼らは「其根底に於て満州を純然たる清国領土と認めず我勢力下に在る一種特別の地域として表裏共に之を措置せん」[1]とするが如くであった。

一方、これに反対して満州の経済発展を重視した人々は、半官半民である南満州鉄道株式会社を通じて日本の政治的、経済的権益の拡大を計ろうと努めた。彼らは満州を清国領土とみなし、日本政府による満州の直接統治に反対したのである。[2]かくて満州の開発という国家目的をめぐる急進的な武断政策と漸進的な経済中心政策との対立は、日本が満州に進出した当初から存在し、これら両政策を推進する人々の間の力関係によって大きく左右された。

また対外的には、日本の満州発展は西洋諸国の反対という困難な問題に直面しなければならなかった。戦争によって獲得した権益の維持発展に汲々としていた新興資本主義国日本は、国際資本の自由な競争の場として満州を開放することを望まず、特に米国の「機会均等」「門戸開放」政策と真向から対立した。米国の鉄道王ハリマンが南満州鉄道の買収を申し入れ、国務長官ノックスが列国へ満州鉄道中立化計画を提案し、また米国政府が満州の産業開発を目的とした四国借款団の組織を提案するなど、当時の米国は満州への経済的浸透を積極的に試みようとしていたが、このような動きに脅威を感じた日本は、かつての敵国であるが今では同様に米国の経済的進出を怖れるロシアと対中国外交に関して提携することになった。明治四〇年(一九〇七年)に締結された日露協商秘密は、協定により北満州をロシアの、南満州を日本の勢力範囲とすることを協定した。日本の満州発展はその後も引続き列国の監視と圧迫とを受けながら進められたのであって、対満政策は常に全般的な対外関係との関連において検討されなければならなかった。

日本の満州発展に不安をもたらしたいま一つの原因は中国の政治混乱であった。明治四四年(一九一一年)に起った辛亥革命は清朝の崩壊をきたしたものの、強固な革命政権を樹立するには到底至らず、中国の覇権をめぐって清朝旧勢力、袁世凱等の北方軍閥、ならびに孫文の南方革命派が長く相争ったため、中国の政治的安定の達成は全く期待出来ぬ状態にあった。かかる中国の脆弱性は、列国による「支那分割」を招来する危険が多分にあったが、第一次世界大戦前の日本は到底列国と争って「分割」に参加する実力がなかったため、かかる情勢に直面して著しい不安感にかられた。また、日本としては、東漸する西洋諸国の脅威からアジアを守るための盟友として長く中国に期待をかけていただけに、隣国の右のような状況は不安感を一層深刻なものとした。当時の日本の指導者は、清朝を支持した山県有朋にしても、革命派を援助した犬養毅にしても、中国との協力が日本の満州発展のための不可欠の条件であると考えていたのである。

かりに中国が「分割」の憂目を免れたとしても、満州における日本権益の将来が中国の内戦の進展に大きく左右されることは必至であった。明治四五年(一九一二年)袁世凱は中華民国臨時大総統に就任するや、米国および欧州諸国の財政的援助を受け入れることによって自己の権力を確立しようと試みたが、そのため日本は、満州における権益を確保し続けることにますます不安を感じ、ロシアから譲渡された関東州の租借権および鉄道権益の期限を早急に延長させようとつとめた。ロシアが明治三一年(一八九八年)に清国から獲得し、日本が継承した諸権益の期限は大正一二年(一九二三年)であり、眼前に迫った満期の後権益を保持出来るかどうかについてはなんらの保証もなかったのである。いわゆる「対華二一カ条の要求」は、満州における権益を永久化しようとする日本の願望が具体化されたものであり、さらに中国の他の地域にも日本の勢力を拡大して、当時第一次世界大戦に没頭していた欧州列国に対抗出来る地位を築こうとする意図の現われでもあった。この日本の「要求」に基き日中間に条約が締結され、関東州の租借ならびに南満州鉄道および安奉鉄道の権益に関する期限がいずれも九十九年に延長されたほか、日本は南満州ならびに東部内蒙古において他国より優先的に鉄道権益が与えられる確証を得、また日本人は南満州において自由に居住往来し、各種の商工業に従事し、建物の建設または農業の経営のために土地を借りる権利が保証された。

日本はかくのごとく高圧的な手段を行使することによって、満州における勢力を強化する目的を達することには成功したが、反面中国に反日感情を呼び起すという大きな代償を支払う結果となった。大戦終了後のベルサイユ平和会議において、日本が山東半島におけるドイツ権益の譲渡を要求し、この主張が中国の激しい反対にもかかわらず認められると、中国における反日気運はいよいよ高まり、いわゆる五・四運動といわれる熾烈な排日運動となった。それ以後、日本のアジア大陸における帝国主義的発展は中国ナショナリズムの激しい抵抗に対処しつつ進められることとなり、中国と協力しつつ満州の開発にあたるという従来の方針を踏襲することが、もはや不可能ではないかと考えられるに至った。

日本の満州発展を困難にしたのは中国の排日運動ばかりではなかった。第一次世界大戦後誕生した国際連盟は、加盟国が「連盟各国ノ領土保全及現在ノ政治的独立ヲ尊重ス」(3)ることを約し、かつ「戦争又ハ戦争ノ脅威ハ……総テ連盟全体ノ利害関係事項」(4)たることを声明したので、日本の一部では、国際連盟はあたかも現状維持の守護神のごとくみられ、しかもその現状は必ずしも日本が承服出来ないものと考えられた。また、かねてから日本の満州進出に対し対抗的な立場をとっていた米国は、大戦中日本が示した中国に対する積極的な態度をみるに及んでますます警戒の念を深め、自ら日本の大陸発展を抑制する手段を講ずるに至った。すなわち大正七年(一九一八年)日本は米・英・仏の諸国とともにチェコ・スロヴァキア軍救援を目的としてシベリアへ出兵したが、米国がこの共同出兵に参加した主な目的は日本が露国沿海州を勢力下に収める可能性を阻止することにあった。また米国は新たに四国借款団を組織することによって日本の対中国投資を国際協定の範囲内に抑えたばかりでなく、日本が大戦後中国の反対をおして譲り受けた山東半島におけるドイツ権益を、再び中国へ返還させることにも成功した。米国の主唱のもとに大正一〇年(一九二一年)から大正一一年(一九二二年)にかけて開かれたワシントン会議は、四国条約、九国条約および主力艦に関する海軍軍備縮小条約をとりきめたが、これらの条約により、米国はまさに国際条約を通じて日本が中国大陸へ発展するのを阻止しようと試みたのであった。なかんずく四国条約と九国条約の締結は、米国外交の一大勝利として特筆されなければならない。

まず、四国条約は締約国が領有する「太平洋ニ於ケル島嶼タル領土及属地」に存在する要塞および海軍根拠地の現状維持を取りきめており、これにより米国はフィリピン諸島に対して日本が侵略の野心を持たないことを承認させることに成功した。さらに、この条約は日英同盟をもはや存在の必要を失ったものとして破棄させた。日英同盟は米国が中国へ経済進出を計ろうとした場合、日本の防塞として久しく役立って来たものであったから、四国条約成立の機に日英同盟を破棄させたことは米国にとって重大な収穫であった。また九国条約は、「支那ノ主権、独立並其ノ領土的及行政的保全ヲ尊重スルコト」、ならびに、

「支那ノ領土ヲ通シテ一切ノ国民ノ商業及工業ニ対スル機会均等主義ヲ有効ニ樹立維持スル為各尽力スルコト」(5)をうたうことによって、締約国に米国対中国政策の伝統的二原則である「門戸開放」と「領土保全」とを遵奉させるに至らしめたのであった。すなわち、日本にとってはワシントン体制は日本が国是として進めてきた大陸発展の断念ないし過去において築いた地歩から後退さえ余儀なくさせるものであった。ワシントン会議は日本の「失権会議」(6)であり、米国に「支那侵入の手がかりを与え」(7)、日本の海外発展に「手枷・足枷」(8)をはめたものであると非難され、ワシントン体制に対する深刻な不満が日本の各階層の間にひろがって行ったのであった。

外交政策

ワシントン会議後の約十年間、日本の大陸政策は幣原喜重郎によって代表されるいわゆる「軟弱外交」と、田中義一の主唱するいわゆる「強硬外交」との一見対照的な二つの理念により推進された。しかしながらこの硬軟二様の外交政策は、中国ならびに満州における日本の権益を、次第に高まる中国の反日的民族運動と列国の監視の中で保持し発展するという基本方針においては一致していた。

幣原「軟弱外交」

まず幣原外交は、ワシントン条約によって成立した極東の新しい体制を承認することから出発した。ワシントン会議当時駐米大使であった幣原は、全権委員として会議で活躍し、日本の将来は「門戸開放」と「領土保全」とを尊重する国際協定の範囲内で中国における権益を保持し発展する外はないと信じるに至った。幣原外交は中国に対する進出は経済進出たるべきこと、また中国の内乱には不干渉主義をもってのぞむことを二大原則とした。

幣原の不干渉主義は、中国の内乱が日本ならびに列国の権益を侵害する危険をはらみ、中国派兵が内外から強く要請されるに至っても終始一貫して堅持された。すなわち、大正一三年(一九二四年)九月奉直戦争が起ると、幣原は不干渉主義を宣言し、閣僚の大半をも含めた人々が満州に戦争が波及するのを防止するために日本は張作霖を援助すべし、と要求するのを却けた。また、翌年一一月、郭松齢が満州において張作霖から離反した時も、幣原は断乎出兵に反対した。しかしながら満州にあった関東軍は、張作霖に対し実際上の援助を与えることによって郭軍を壊滅に至らしめたが、このような中央の方針に相反する行動を密かにとる傾向は古くから大陸における日本陸軍にみられたものである。昭和二年(一九二七年)北伐途上の国民党軍により南京事件が勃発し、ついで漢口にも暴動が起り、英国が共同出兵を主張して日本を誘うと、幣原の不干渉主義は第三および第四の試練に遭遇しなければならなかった。幣原は前回同様出兵に反対し、ついに列国の共同出兵を阻止することに成功して主義を貫徹することが出来た。しかしながら、このような幣原の対中国政策は、日本人の生命および財産を中国の暴行にさらしたとしてはげしい批難を受け、ついに第一次若槻内閣の総辞職の原因となった。

幣原としては、不干渉主義は中国における日本権益を擁護するという国策と完全に一致するものであると考えた。また、満州における権益は日本の国家の存続のために必要欠くべからざるものであり、条約に基いた合法的なものであって、中国の内乱や政治的変動の危険から保護されなければならないと信じてはいたが、保護の必要を生じさせるような危険をかなり限定し、条約破棄、ないしは租借地の侵犯の如き現実的違反のみを考慮の対象としていたことは疑いをいれない(9)。従って、幣原の不干渉主義からは日本権益を積極的に保護するような対策が生れることはあり得なかったのである。

むしろ幣原の不干渉主義の狙いは、中国を政治的変動に左右されない輸出市場として確保することであった。このような考え方は、日本経済が絶えず発展し続けることを前提としたことはいうまでもない。すなわち幣原のえがいた未来図は、工業化された日本が中国および極東の他の隣国を輸出市場として確保することであったが、日本は運送費と労賃が低いために、この地方において十分西洋諸国と競争し得ると考えた。(10) 外交の役割は、通商条約の締結や海外にある民間事業の援助等を通じて、もっぱら経済発展を助長することと信じた幣原は、大正一四年(一九二五年)一〇月、中国が北京において関税特別会議を招集するや、すすんで日本代表を参加させ、中国の関税自主権回復の提議に対し好意的考慮を払うべき旨を声明せしめた。(11) このように輸出に重きを置いた結果、幣原が満州よりむしろ中国本土との関係を重視したことは注目すべきであろう。満州は彼にとっては日本が擁護すべき多くの権益を所有していた中国の一部であり、満州権益の処遇をめぐって日中関係が悪化するような事態は、絶対に起り得べきことではなかった。幣原は以上述べたような意味において「中国第一主義者」であったといえよう。

ここで考えねばならないことは、日本が果して中国に純粋な経済進出を遂げ得たかという問題である。特に中国国民党が民族主義に基く国家統一運動に乗り出した後に至っても、日本は満州の諸権益を所有し続けられたであろうか。昭和元年(一九二六年)の北伐が南京や漢口において排外的な暴動を誘発し、また、国民党外交が中国の「不平等条約」を撤廃することを強調したことなどを思い起す時、答は当然否定的なものとならざるを得ないであろう。しかしながらここで注目すべきことは、中国が日本に対して行った要求は昭和六年(一九三一年)までは関税自主権の回復、治外法権の撤廃、ならびに通商条約の改正に限定されていたことである。当時日中間には、まず中国本土について不平等条約の改訂を進め、これを機会に日中関係の全般的な改善を計り、しかる後にはじめて相互の利害が複雑に交錯する満州問題を解決しようとする暗黙の了解が存在していた。[12] 事実、昭和二年(一九二七年)一一月日本を訪問した蔣介石は、時の首相田中義一と会見し、田中が中国の内乱のために日本の権利を犠牲にすることは出来ない、と述べたのに対し、「自分モ支那ニ於ケル日本ノ利益安全ナレハ支那ノ国利民福モ亦タ安全ニシテ畢竟両国ノ利害ハ共通ナリト信スルモノナリ」と答え、このためには「日本ハ吾人同志ヲ助ケテ革命ヲ早ク完成セシメ」ることが必要であると説いた。[13] 蔣介石を中心として、過激な左派の陳友仁や汪精衛をも含めた国民党の一部に、当時なお満州における日本の権益を容認する考えが存在していたことは、[14] 幣原の対中国政策が、かなりの現実性を有していたことを証明するものといえよう。

しかしながら、幣原外交が効果を発揮するためには、日本の権益に対し穏健な態度をとる蔣介石一派が中国の覇権を握ることが必要であり、共産党の勝利の如きは致命的な結果をもたらすものと考えられたことはいうまでもない。幣原が南京事件の際、英国の共同出兵提案を拒否した一つの理由は、蔣介石一派を苦境に追い込むのを防ぐことであった。後年幣原は述懐して、南京事件は共産党が蔣介石の国内的ならびに国際的地位を倒すために起した国際事件であるとし、列国が蔣介石に対し「強力な圧迫を加へてこそ事件は愈々重大となり、共産党員の蔣介石氏排斥の計画は成功」し得たであろうと述べたのであった(15)。

田中「強硬外交」

すでに述べたように、幣原の対中国政策は輸出を中心とした経済発展と内乱に対する不干渉主義との二原則に基いていたが、これに対し田中のいわゆる「強硬外交」はいくつかの著しく対照的な特徴を有していた。まず一言でいえば、田中は軍事手段の行使と権益の積極的な開発を中心として大陸発展を試みたといえよう。

そもそも大陸で事ある度に日本の出兵を主張する傾向は、常に軍においてみられたものであり、また政友会のしばしば支持したところでもあった。長州出身の陸軍大将、政友会総裁田中義一が総理大臣に就任するにおよび、この軍事手段行使の伝統は一段と脚光を浴びるに至った。田中内閣のもとで日本は実に三度――昭和二年(一九二七年)五月・昭和三年(一九二八年)四月ならびに五月――山東出兵を行ったのである。出兵の公式目標は、北伐が北支に波及しようとする際同地にある日本人の生命財産の安全を保護するためであるとされたが、その究極の目標は、日本の権益の集中している満州に中国の内乱が及ぶのを阻止することにあった。

田中の軍事中心政策は、昭和二年(一九二七年)六月に外務省幹部、在中国公使、総領事ならびに陸海軍、大蔵、関東庁、朝鮮総督府の各代表を集めて行われた東方会議の席上でひろく声明された。まず中国本土に対しては、日本は「政情ノ安定ト秩序ノ回復」とをもって「現下ノ急務」としつつも、「其ノ実現ハ支那国民自ラ之ニ当ルコト最善ノ方法ナリ」と認めたが、日本の「権利利益並在留邦人の生命財産ニシテ不法ニ侵害セラルル虞アルニ於テハ必要ニ応シ断乎トシテ自衛ノ措置ニ出テ之ヲ擁護スル」のを憚ることはなかった。この場合、田中が「自衛ノ措置」を必要とする状態と考えたのは、幣原の如く条約破棄や租借地の侵犯等の現実的違反のみではなく、日本権益が侵害され得るような不安定な政情をも含めたものであった。かくのごとく田中外交の「強硬性」は、軍事手段の行使という面のみならず、その行使範囲の広さからも特徴づけられるものである。次に田中は、満州は「国防上並国民的生存ノ関係上重大ナル利害ヲ有スル」地方であるとの観点から、同地方の平和維持と繁栄とに対し日本は「特ニ責務ヲ感セサルヲ得ス」となし、さらにすすんで満州の「有力者ニシテ満蒙ニ於ケル我特殊地位ヲ尊重シ真面目ニ同地方ニ於ケル政情安定ノ方途ヲ講スルニ於テハ帝国政府ハ適宜之ヲ支持スヘシ」と述べて、満州の内政に積極的に介入する用意のあることを明らかにした(16)。

満州を中国本土から切り離し、対満政策を対中国政策とは別個のものとして考えたことは、田中外交の重要な特色であろう。幣原は満州を中国本土の一部と考え、日本と中国との関係をもっぱら重視したのに対し、田中は日本の権益の存在する特殊地域としての満州を注目したため、満州との関係を優先的に考慮した。このような田中の「満州第一主義」は少くとも経済、軍事ならびに思想の三つの原因に基いていた。

まず経済面では、田中としても幣原と同様、輸出市場としての中国本土の重要性は認めていた。ただ、満州における日本権益の開発の方が、貿易の拡大よりも安全でかつ望ましい経済発展の道と考えた。[17] かくのごとく田中が権益の取得を好んだのは、彼の軍人的政治家的思考法に原因があったともいえよう。しかしながら、田中のこのような考え方は、山東出兵の結果激化した排日ボイコットによって対中国貿易が困難さを加えるにおよび具体的な行動となって現れた。その代表的な例が、満鉄総裁山本条太郎をして張作霖に対し、満蒙において新たに五鉄道の建設権を獲得するよう干渉せしめたことであった。[18]

次に軍事的にみると、田中は満州をもって北方ソビエト連邦の勢力と共産主義の侵入を防ぐための戦略的な障碍とすることを期待していた。ロシアの南下政策の不変を信じ、大正六年(一九一七年)には参謀次長としてシベリア出兵を卒先提唱した田中は、かねてから満州、朝鮮、シベリア沿海州を含む一大緩衝地帯をロシアと日本との中間に設けることを夢みていた。この構想は昭和二年(一九二七年)一〇月、ソビエト連邦へ政府特派経済調査委員として派遣された政友会の久原房之助によってスターリンに伝えられ、ソ連側の賛同を得たが、中国および日本国内からの反対により実現するに至らなかったといわれている。[19]

また、共産主義の恐怖が、田中の満州第一主義の思想的原因をなしていた。田中内閣下において、共産主義が非常な関心事となったのは、赤化しつつあるかにみえた中国が赤色ロシアと共に将来満州を侵害する危険を憂えたばかりではなかった。日本国内において、昭和三年(一九二八年)二月普選実現後はじめての総選挙には、大正一二年(一九二三年)の検挙によって一旦壊滅的打撃を蒙った日本共産党が非合法政党として加わった。その後三月一五日に共産主義者の大量検挙が行われ、世間一般に大きな衝撃を与えた。田中は治安維持法を改正して国内の思想対策にあたる一方、大陸においては満州を共産主義の危険から擁護しようとする努力をますます強化した。幣原と同様、田中もまた中国国民党の穏健派による中国支配を期待したが、共産党勢力を中国から駆逐することを強く決意した田中は、さらにすすんで蔣介石に対し、中国共産党を討伐して、揚子江以南の中国統一を計るのであれば、日本は援助を惜しむものではないと約した。[20] しかしながら、中国が国民党穏健派によって統治される確証が得られるまでは、満州へ国民党の勢力が波及することは阻止されなければならない、と田中は考えた。[21]

田中の満州分離政策は、具体的には二様の圧力となって実行に移された。すなわち、国民党に対しては満州を含む中国全土の統一を意図しないことを求め、張作霖に対しては満州にとどまって中国本土征服の野望を断念することを要請したのである。国民党に対する要求はすでに述べたように、三度にわたる山東出兵において示され、また田中・蔣会談の際には田中によって明らかに伝えられた。しかしながら、張作霖に対する要請は複雑な経過を辿ることになった。

そもそも、大正五年(一九一六年)までは満州の単なる一軍閥に過ぎなかった張作霖が満州の覇権を握るに至ったのは、主として日本陸軍の援助によるものであったが、その後の十年間に満州全土のみならず華北をも勢力下に収めた張は、日本にとっても次第に制御し難い存在となりつつあった。田中としては、軍の従来からの方針に基き、張作霖を援助することによって満州における日本の地位を強化確立することを考え、昭和三年(一九二八年)に至っても、満州に張作霖を首班とする自治政権を樹立し、国民党統治下の中国から分離させる構想を有していた。[22] しかし、張はすでに満州に対する外国の干渉を無視し、中国全土の覇権を獲得することに激しい野望を抱きはじめており、華北においては、張作霖軍と北伐途上の国民党軍との間に決戦がまさに開始されようとしていた。

このような切迫した状況に対処するにあたって、田中は再び高圧的な軍事介入と外交干渉に訴えようと試みた。しかし、時代はもはや田中にとって有利なものではなかったのである。昭和三年(一九二八年)五月一八日、日本政府は満州に動乱が波及する際の処置について張作霖および南京政府へ通告を発し、戦乱が「京津地方ニ進展シ其ノ禍乱満州ニ及ハムトスル場合ハ帝国政府トシテハ満州治安維持ノ為適当ニシテ且有効ナル措置ヲ執ラサルヲ得サルコトアルヘシ」とし、(23)同時に関東軍司令部を旅順から奉天へ移し、満州へ逃げ込む張軍の武装解除にあたるべく待機の姿勢をとらせた。関東軍は、今や傍若無人となった張を屈服させ、かつ在満日本権益を保護するために、出動命令を遅しと待ちあぐんだ。一方田中は、北京駐在公使芳澤謙吉をして、張に対し、関外へ撤退し、満州に動乱が波及することを防止すべき旨を伝えしめた。また、張軍の引揚げが国民党軍の追撃をともなわず相当の秩序が保たれている場合は、日本は敢えて武装解除を強行するつもりはない、と申し入れた。すなわち、張が中国統一の野望を捨てるならば、少くとも満州の覇権は保証しようというのが田中内閣の方針であった。(24)

張作霖がついに日本の圧力に屈し、漸く手中におさめた中国の首都北京を退こうと決した時、田中の「強硬外交」は成功の絶頂に達した。満州を中国から分離させ、張作霖には満州を、蔣介石には中国本土を統治させようという田中構想は、まさに実現されようとしているかにみられた。この田中の構想を無惨にも覆えしたのは、ほかならぬ在満日本陸軍であった。張作霖は、昭和三年(一九二八年)六月四日、奉天へ引揚の途次、関東軍一部の計画的な列車爆破により殺害されたのである。

張作霖の爆死後も、田中自身は満州分離政策を捨てず、張作霖の息子、張学良が国民党と和解することを阻止しようとして努力を続けた。しかし、田中が自己の政策を完遂させるためには、国内的に指導権を確立強化することが最大の急務であった。田中構想が敗退した真因は、田中の「強硬政策」の内部に存在する矛盾であったからである。

「新強硬派」の誕生

張作霖爆死事件は、その数年後に起るべき事態を予告する重大なものであった。満州における日本の直接統治を確立するためには、謀略的手段を行使し、中央の政策決定を敢えて無視しようとする強硬論がここに片鱗を示したのである。

爆死事件の経緯はすでに周知の通りである。すなわち、昭和三年(一九二八年)六月四日の早朝、日本の外野勧告を容れ、北京を後に満州へ引揚げる途中の張作霖は、その乗用列車が奉天駅に到着する直前、多数の随員と共に爆殺された。この爆破計画を指揮したのは、関東軍高級参謀河本大作であり、独立守備隊員数名も参加していた。

河本を直接行動にかりたてた原因は、張作霖軍を武装解除し、満州治安維持のために日本軍が介入することを禁止した参謀総長の訓令であった。すでに述べたように、関東軍は五月一八日以来張作霖軍の武装解除を行うべく出動せんと万全の準備を整え、一日千秋の思いで奉勅命令を待っていただけに、総長電を受領するや甚だしく落胆した。河本参謀の爆死計画が事前に関東軍司令官村岡長太郎、あるいは参謀長斎藤恒の承認のもとに進められたことを示す証拠はないが、彼等の意志に反したものでなかったことは明確であろう。日本が満州を支配するためには張作霖は追放されねばならず、またその軍隊も武装解除されねばならぬと強く信じていた村岡および斎藤は、軍中央部に対し繰り返し出動命令を求めており、張作霖の不慮の死はまさに望むところであったのである。

昭和三年(一九二八年)頃の関東軍首脳部は、日本が満州の統治に積極的に乗り出すことを希望し、中国本土から分離された満蒙に、「自治連省を日本の援助により設立すへき」ことすら考案していた。[25] 当時の関東軍が意図していた日本の満州支配は、単に親日的な中国政権を通して行う程度のものではなく、日本が直接治安維持の任にあたることまでを目的としていた。関東軍が、果して究極的には満州の永久的占領ないし併合を考慮していたかどうかは明らかではないが、従来の機能を著しく拡大し、全満州にわたって自由に出動出来る権限を獲得しようと試みていたことは誤りなかろう。従って、張作霖軍の武装解除にあたるのを機に関東軍が満州を占領することは、日本の支配権を確立するための極めて重大な第一段階であると信じていた。張作霖軍対北伐国民党軍の動乱が満州に波及する場合は、「満州治安維持ノ為適当ニシテ且有効ナル措置ヲ執ラサルヲ得サルコトアルヘシ」とする日本政府の張作霖あて五月一八日付通告について、関東軍首脳部は、まさに彼等の意図するところと同一の目標をもった強硬政策を内容とするものと解したのであった。田中首相が最後の瞬間に至って、米国からの意志表示により出動命令を撤回したと伝え聞いた彼等は、憤懣やる方なく、田中の優柔不断および軽卒を責めたてた。(26)

田中が実力行使を決定するにあたって逡巡したのか、(27)あるいは関東軍が政府の意図する政策を誤解したのかはさておき、(28)ここで注目すべきことは東方会議で確立されたかに見えた「強硬政策」には、融和されない二つの考え方が存在し、それが張作霖爆死事件となって表面化したことであろう。東方会議の最終日に発せられた「対支政策綱領」は、対満政策に内在する矛盾をそのまま示している。すなわち第七条では、「政情安定ニ至テハ東三省人自身ノ努力ニ待ツヲ以テ最善ノ方策」であるとしているにもかかわらず、第六条によれば、日本は満州の平和維持ならびに経済発展のためには特別の「責務」を持つとされており、しかも第八条においては、同地方における日本の特殊地位ならびに権益が侵害される危険があれば、日本は「機ヲ逸セス適当ノ措置ニ出ツルノ覚悟」があると宣言している。(29)従って、解釈如何によっては、東方会議において満州の内政に対する不介入と、日本の特殊地位を尊重するいかなる満蒙指導者をも支持する方針が樹立されたと解することも出来れば[30]、あるいは日本の判断に基き武力行使を辞することなく満州を完全に支配下へ置くべく邁進する決意を表明したとも受けとることが出来るのである。東方会議を促進した人々のうち特に外務政務次官森恪は、この会議をもって日本が平和維持に名をかりて満州で武力を行使する決意があることを宣言する機会とみなしていた。すでに会議開催前において、森は参謀本部作戦課の鈴木貞一少佐としばしば会見し、満州問題の解決には武力行使は不可避であるとの結論に達していた。彼等は満州を中国本土から分離させ、特別行政地区として日本の支配下におくことを考えたのであるが、これは満州に対する中国の主権を否定するものではなかった。

森恪、鈴木貞一等は、自分達の抱いていた政策を田中内閣によって実現させようと、非常な期待を田中に寄せていた。鈴木は昭和三年(一九二八年)頃から陸軍の近代化を研究する目的で会を組織し、有力な佐官級将校とともに毎週会合していた。会員としては、

二一期　石原莞爾

二二期　村上啓作　鈴木貞一

二三期　根本博

二四期　沼田多稼蔵　深山亀三郎　本郷義雄　土橋勇逸

二五期　武藤章

らがあり、永田鉄山も後には出席したことがあった。[31] 彼らは近代戦争軍事戦略上の諸問題のほかに、満蒙問題についても討論を重ねたが、鈴木の唱える強硬論を支持し、いずれは満州に軍事行動が開始されることを予測して陸軍部内の体制をととのえようと努めた。

森、鈴木らによって主張された強硬政策は、満州に日本の権力を樹立することを最大の目標としていた。彼らが満州統治の青写真を準備していた証拠はないが、従来の如く張作霖等の軍閥を操作することだけでは満足しきれなくなっていたことは明らかである。彼らは対満問題を重視し、列国との関係を従属的に考えていたが、大正一一年(一九二二年)に九国条約が締結された後においては、条約で承認された権利の範囲を僅かでも越えると考えられる行動は、国際的な干渉を受ける可能性が甚だ大きかったのである。彼らは、日本が大陸に発展するにあたって国際的な限界を考慮することは、いたずらに外国の息をうかがう「腰のない外交」であると考え、[32] 森は日本に「枷を嵌め」、不満足な現状維持を強要したワシントン条約を破棄することを主張した。[33] 国際的な拘束は無視するか、さもなければ力をもって破棄されなければならず、中国に起りつつあるナショナリズムもまた、実力によってその発展を抑制しなければならないと論じた。

このような主張の擡頭は、まさに「新強硬政策」とも称すべきものの誕生を意味し、従来日本が大陸発展を目ざすにあたって障害となっていたすべての要因を打破しようとするものであった。満州発展に関して文官や財界人の主唱する漸進論があったことは、前述のとおりであるが、新強硬論者達は武力行使によってこれら漸進論を却け、またさらには、政治社会制度の改造によって国内の主導権を漸進論者から奪おうとさえ考えた。満州事変は「新強硬政策」の結末といえよう。

満州における日中の対立

張作霖の死後、爆殺犯人の処罰に失敗して田中内閣は総辞職した。陸軍が事件の処置を軍の手で行うことを固執したためである。かくして日本外交は田中の「強硬政策」に代って、再び幣原の「軟弱政策」によって代表されることになった。

一方満州においては、張作霖の死は日中関係に重大な変化をもたらした。昭和三年(一九二八年)一二月二九日に行われた易幟は、今後日本が満州問題を解決するにあたっては、国民政府を対象としなければならなくなったことを示唆した。すなわち、奉天の官庁街に掲げられた青天白日旗は、東三省の国民政府に対する忠誠を誇示するかの如くひるがえったが、このような中国本土への合体を契機として、中国における反日的ナショナリズムは満州へも拡大することとなった。中国ナショナリズムが満州に対し当時すでに相当の影響を与えていたことは申すまでもないが、それまでのナショナリズム運動の中心地が北京、上海、漢口等中国本土内にあったのに対し、新たに設立された遼寧国民外交協会はナショナリズム運動を全満州に組織的に拡張するに至った。旅順、大連の租借地および南満州鉄道の回収ならびに領事裁判権の撤回が要求され、日本による鉄道敷設、撫順炭坑区拡張に対しては強い反対が表明された。日本人および韓国人を借家人または小作人にもつ中国人の家主や地主に対しては、家賃や小作料を値上げするか、あるいは契約の更新を拒否するように圧力が加えられ、日中間の衝突件数は日々増加の一途を辿った。

張学良政権の日本に対する最大の挑戦は大規模な鉄道の敷設であった。この鉄道は中国の鉄道により満州奥地からの貨物を営口まで運ぶことを目的とし、当時築港中であった葫蘆島と共に、完成の暁には南満州鉄道の取引を著しく圧迫するものであった。その上、張政権は鉱業、林業、製粉業、紡績業を含む大規模な工業発展にも積極的な指導にあたり、また農業開発についても多くの農地試験場を設けてなみなみならぬ意欲を示した。

張政権がこのような経済攻勢に出たのは、かなり強力な下地が出来ていたからにほかならない。第一次大戦後における中国資本主義の目ざましい発達は、日本に対する恐るべき競争相手の出現を意味した。満州に対する中国の投資総額は明らかでないが、外国資本の援助を受けることなくして鉄道敷設に着手したこと、また主要都市に中国銀行を創設したことは、満州に対する中国の経済進出があなどり難いものであったことを示している。また、すでに数十年にわたって満州は中国農民の移住地であったため、満州と中国本土との間では、これらの農民を通じて、社会的にも経済的にも密接な関係が出来ていた。明治四〇年(一九〇七年)から昭和五年(一九三〇年)までの間に満州における中国人口は千四百万人から二千八百万人と倍加しており、全満人口三千万中の主要な部分を占めるまでに至っていた。張学良の行った満州と中国本土との政治統治は、かかる経済的・社会的結合を基盤に打ち樹てられたものであり、当時まで優越を誇っていた日本の地位を深刻に脅かすものであった。

昭和四年(一九二九年)に起った世界恐慌は、満州における日本の権益に致命的な打撃を与えることとなった。南満州鉄道株式会社の昭和五年(一九三〇年)度収益は前年に比し著しく減少し、同社は車輛や線路の修繕を延期し、人員の整理を行わざるを得ない状態に陥った。また中小企業に従事している多くの日本人実業家は、すでに張学良のもとで組織的に推進されはじめた反日政策の圧力下に苦しんでいたが、今や恐慌による深刻な経済危機にも対処しなければならなくなった。在満日本人が、日本の権利と利益の保護のために団体を組織し始めたのはこのような環境のもとである。これらの団体中もっとも有力なものが満州青年連盟と雄峯会であるが、前者は満鉄の衛生課長であった金井章次のもとに満鉄の青年社員および中小企業経営者により構成された。これに対し雄峯会は同じく満鉄社員でありかつて猶存社社員であった笠木良明が指導し、概ね満鉄の知識層を網羅する団体であった。在満日本人はこれらの団体を通じ、満州問題に関し、再び強硬政策に踏み切るよう母国に訴え始めたのである。

このように緊張した満州をめぐる日中関係は、争議件数の増加にともない、ますますきびしさを加えていった。「強硬政策」を推進しようとする人々は、この状態を指摘して、「懸案五百余件」と呼び、未解決事件の迅速かつ積極的処理の必要性を繰り返し主張した。昭和六年(一九三一年)七月一日に起った万宝山事件は、それ自体灌漑用水の溝掘りをめぐる中国と韓国農民のさして重要でもない紛争であったが、韓国において激しい反中国騒動を誘発し、それがまたさらに中国全土にわたる排日ボイコットをも引き起す導火線となった。

この間幣原外相は、もっぱら南満州鉄道を梃子入れすることにより危機を回避しようと試みつつあった(34)。幣原は元外相内田康哉を総裁に任じ、同鉄道の利益を中国鉄道の挑戦的な競争から守るために張学良と交渉を開始するように命じた。南満州鉄道の保護を確立することは、昭和六年(一九三一年)の春、国民政府外交部長王正廷が国民党外交目標を発表したため、早急に取りきめられなければならない重大事となっていた。というのは、国民党が、まず第一に関税自主権、第二に法権、第三に租界、第四に租借地、第五には内河および沿岸航行権、ならびに鉄道およびその他の利権の回収を実現しようとする外交プログラムを公表したからである。関東租借地および南満州鉄道はともにこの国民党の回収目標に含まれていた。[35]日中両国の利益の対立は、こうして爆発点に向って突進しつつあったのである。

第二章　国内危機と革新運動の発展

第一次世界大戦の結果、日本の勢力は特に大陸において大きな躍進を遂げたが、そのことはまた中国および列国の反撥を増大し、日本の対外関係は次第に困難なものとなっていった。大戦はまた国内情勢の急速なる変化をもたらし、日本は対内的にも重大な危機に直面することになった。

政党政治

大戦が国内政治に及ぼした影響は極めて大きかった。日本の資本主義はこれを契機として急激な発展を遂げることになったが、その反面、大衆は物価の急速な上昇にともなう生活の逼迫に苦しんだため、大規模な労働不安が生じた。このことは、大戦以来工場労働者の数が著しく増加したのと比例して、ストライキの件数も参加人員も大きく増加したことにも示されている。[1] このような情勢の中で、吉野作造を中心とする自由主義的知識人は、政党政治の確立と普通選挙制の実現とを目指すデモクラシー運動を起した。この背景には、戦時中、ドイツおよびオーストリア・ハンガリー帝国の専制政治を打倒するため連合国側が鼓吹した民主主義理念、ならびにロシア革命に具現された社会主義思想の影響があったことは無視することが出来ないであろう。

大正七年(一九一八年)八月には、物価の暴騰に対する不満が遂にいわゆる米騒動として爆発した。政府は軍隊を出動させて漸くこの暴動を収拾したが、その後寺内内閣は総辞職し、後継内閣は、日本の憲政史上最初の平民出身者であり政党党首でかつ衆議院に議席を有する原敬によって組織された。当時まで依然として超然主義を固執し、政党内閣を嫌悪し続けていた元老山県有朋に原を内閣首班として奏薦させたのは、米騒動に現われた人民大衆の圧力に対する官僚内閣の無力を山県が痛感したからだといわれている。

しかし原内閣の成立は、普通選挙制への動きを助長するものではなかった。すでに相当の期間にわたって、労働組合および野党各派では、普通選挙制の実現を政綱に掲げていたが、大正九年(一九二〇年)には、野党であった憲政会および国民党はそれぞれ普通選挙法案を議会に提出、世論の喚起ならびに獲得を目指して、その急速なる成立を迫った。これに対して原内閣は、これらの法案は現存社会の秩序を脅かすものであるとしてこれを却け、議会を解散して買収と干渉とによる選挙を通じてこれらの諸党を惨敗させた。その後も憲政会と国民党とは繰り返し普通選挙法案を議会に提出したが、常に絶対多数を占める政友会により否決された。

大正一三年(一九二四年)、原内閣以後再び出現した官僚内閣に対抗するため、遂に政友会も憲政会および革新倶楽部と連合していわゆる護憲運動に乗り出し、従来の普通選挙に反対する態度を改めるに至った。このような変化は、政友会が民意に応じなければならぬ必要性を認識した結果に外ならない。護憲三派が大正一三年(一九二四年)五月の総選挙で圧倒的勝利を収めるや、普通選挙法は憲政会総裁加藤高明を後継首相とする三政党の連立内閣の下で成立した。日本における政党政治の制度的骨組がここに出来上ったのである。

しかしながらここで注目すべきことは、政党の指導者が自ら進んで大衆のために政治権力を獲得しようとして普通選挙法を通過させ、また政党内閣制の確立に努力したのではないことである。彼らは大衆の圧力を感じこれを恐れたため、時代に対する避け難い譲歩として選挙権の拡張を計ったに過ぎない。このことは、普通選挙法案を通過させた同じ議会の会期中に治安維持法案が成立したことにもっとも端的に示されているといえよう。

このような考え方に立つ政党は、普通選挙が実現した後もその支持層を新たに有権者となった大衆に期待せず、従来にもまして地主・都市有産階級とのつながりを密接にして行った。政党と地主・都市有産者との連繫が緊密であったため、次第に大規模な政党の腐敗が現出し、政党政治をその発足当初から泥まみれのものとしたことは日本の民主政治の発展のためには、まことに不幸なことであった。政党内閣として期待の大きかった原敬内閣のもとにおいても、政友会の首脳部はあるいは党勢を拡張するために利権を供与したとか、あるいは行政上の機密を洩らして株式市場で利得を収めたといわれ、議会や新聞紙上で攻撃された。原自身、政党首領を抹殺することによって政治の腐敗を矯正しようと信じた一青年により暗殺された。また特に政党と財閥との関係は公然の事実として知られるほど密であったため、加藤憲政会内閣は「三菱内閣」、原および高橋の政友会内閣は「三井内閣」と罵倒された。田中政友会内閣のもとでは、田中にまつわる数々の醜聞が広く報道され、爵位勲等にからむ閣僚の収賄も伝えられた。汚職をめぐる闘争は単なる論争にとどまらず、しばしば議場における怒号や乱闘にまで激化したため、政党政治に対する信頼は全く地に墜ちる有様であった。この結果、政治社会上の改革を求める諸勢力は、民主的な政党政治の下で達成される漸進的かつ合法的な手続による変革に絶望し、むしろこれを否定するような急進的な方向へ活路を求めることとなった。

労働運動

以上概観したように、大戦後の国内政治がいよいよ重大な局面に立ち至ろうとする時、日本はまた経済的な危機にも直面した。大戦が戦時景気をもたらせたのも束の間、大衆は好景気の恩恵に浴することもなく、最初は物価上昇に苦しみ、ついで大正九年(一九二〇年)後は殆んど慢性的な恐慌に喘えぐ身となった。特に昭和四年(一九二九年)に勃発した世界恐慌は日本へも波及し、中小企業の没落、失業者の激増、ストライキの頻発となって、ここに深刻な社会不安が生じた。恐慌によりもっとも大きな打撃を受けたのは農民であった。台湾や朝鮮からの低廉な米の輸入ならびに農産物物価の暴落は、農民を窮乏の極へ追いやった。小作争議は頻発し、従来保守的であった農民の間に左翼勢力の浸透を見るに至った。全国的組織をもつ最初の小作組合であった日本農民組合はマルクシズムの強い影響の下にあった。また、大正一四年(一九二五年)一二月、農民労働党が結成されたが、共産主義者が牛耳っているとの理由で政府は即日これを解散させた。

他方、都市労働者の困窮も農民と匹敵するものがあり、戦後の労働事情を特徴づける失業者の激増は、単に不況のみによったのではなく当時進行中の企業の合理化によっても促進された。労働争議の内容も好景気にあった戦時中とは逆に賃金引下げ反対、馘首反対に焦点がおかれ、各地に失業者を中心とする騒擾もひろがり、争議は暴力化の傾向を示した。しかも労働運動が、サンジカリズムおよびマルキシズムの影響下に発展していたため、政府は弾圧をもってこれにのぞみ、また政党指導者、有産階級ならびに一般国民は労働階級の擡頭を不安と恐怖とをもって見まもることとなった。しかも昭和三年(一九二八年)二月の総選挙において度々弾圧された共産党が再建され、公然と選挙に活躍したことや、三月一五日に共産党を始め労農党、日本労働組合全国評議会、無産青年同盟等の左翼関係者が千数百名検挙されたことなどは、労働階級の急進性を物語るものと世間一般に受け取られた。

国家社会主義

左翼勢力が擡頭するのを見て憂憤の情を禁じ得なかったのが国家主義者である。大正七、八年(一九一八、一九年)頃までの国家主義団体は政治的社会的プログラムを有することもなく、ストライキ破り等直接暴力をもって左翼労働農民組合に対決しようとするに過ぎなかった。しかるに大正八年(一九一九年)八月に猶存社が結成された後の国家主義運動は、対内的にも対外的にも急進的な現状打破を標榜し、資本主義と政党政治とを否定する方向で日本の再建をはかろうとして動き始めた。

猶存社の指導には満川亀太郎、大川周明、北一輝があたったが、特に大川と北とは軍を中心とする国家改造運動の理論的指導者として重要な役割を果した。北一輝は若くして中国に渡り、上海、武昌、南京等の各地において革命達成のために奔走した革命家であったが、大川の招きを受けて帰国し、国家改造運動に専念することとなった。彼の著「日本改造法案大綱」は改造運動の教典として多くの青年将校ならびに民間革新家によって愛読された。大川周明は東大哲学科を卒業し、満鉄東亜経済調査局に在籍中近世植民政策の研究により法学博士を授与され、後に財団法人東亜経済調査局理事長の要職にあった思想家である。大川は青年将校ならびに軍上層部と親密な関係を有し、彼らを通じて革新思想は軍内部にひろく浸透して行った。

北・大川を中心とする国家改造運動の最終目標は、積極的に対外発展に乗り出すことの出来る強力な国家を確立することであった。まず国家主義者であった彼らは、第一次世界大戦後の日本に生じた国家の一致団結を損う諸傾向を激しく非難した。すなわち、資本主義は階級闘争をもたらし、政党政治は政争に明け暮れ、西洋思想は日本精神を弱めたと考えた彼らは、日本を再建するために天皇を政治的中心とした一種の民主制の実現を主張した。この場合彼らが天皇と国民との直結、ならびに国民の間の権利の平等を強調したことは注目すべきであろう。北は「華族制を廃止し、天皇と国民とを阻隔し来れる藩屏を撤去」し、さらに「貴族院を廃止して審議院を置き衆議院の決議を審議せしむ」ことを提案した。(2) 大川もまた天皇と国民とは「父子の関係である以上、総ての国民が、天皇の下に平等であるべきは当然」であると述べている。(3)

国民間の平等関係は、経済組織上の諸制限によって保証されるものであった。北は「日本改造法案大綱」の中で次の三種類の制限を提唱している。

日本国民一家ノ所有シ得ベキ財産限度ヲ壱百万円トス……私有財産限度超過額ハ凡テ無償ヲ以テ国家ニ納付セシム

日本国民一家ノ所有シ得ベキ私有地限度ハ時価拾万円トス……私有地限度ヲ超過セル土地ハ之ヲ国家ニ納付セシム

私人生産業ノ限度ヲ資本壱千万円トス……私人生産業限度ヲ超過セル生産業ハ凡テ之ヲ国家ニ集中シ国家ノ統一的経営トナス(4)

大川もまた国家による経済統制の必要性を説き、「国家は、地即ち自然若しくは物を、国民全体即ち国家其者に最も善く役立つやうに支配し統制しなければならぬ」[5]と規定した。北や大川が計画していた国家改造は国家社会主義的原則に基くものであった。彼らは左翼の人々と同じように、国民の社会経済正義の名において資本主義ならびに政党政治を激しく批判したのである。

しかしながら、対外面における左右の主張にはかなり異なるものがあった。左翼が国家を超越した階級的連繫に現状を打破する行動源を求めたのに対し、右翼は国家的団結を重視した。国家主義者であった北や大川が国家権力の強化ならびに発展を主張したのは当然である。しかしながら社会主義者でもあった彼らは、資源に恵まれない日本を国際社会におけるプロレタリアと考え、日本の対外発展を国際社会における富の不均衡を是正する正当な行為であると説明した。北は「日本改造法案大綱」の中で、

> 国家ハ又国家自身ノ発達ノ結果他ニ不法ノ大領土ヲ独占シテ人類共存ノ天道ヲ無視スル者ニ対シテ戦争ヲ開始スルノ権利ヲ有ス。……英国ハ全世界ニ跨ル大富豪ニシテ露国ハ地球北半ノ大地主ナリ。散粟ノ島嶼ヲ劃定線トシテ国際間ニ於ケル無産者ノ地位ニアル日本ハ正義ノ名ニ於テ彼等ノ独占ヨリ奪取スル開戦ノ権利ナキカ、国内ニ於ケル無産階級ノ闘争ヲ認容シツツ独リ国際的無産者ノ戦争ヲ侵略主義ナリ軍国主義ナ

リト考フル欧米社会主義者ハ根本思想ノ自己矛盾ナリ。

……国内ノ無産階級ガ組織的結合ヲナシ力ノ解決ヲ準備シ又ハ流血ニ訴ヘテ不正義ナル現状ヲ打破スルコトガ彼等ニ主張セラルルナラバ、国際的無産者タル日本ガ力ノ組織的結合タル陸海軍ヲ充実シ、更ニ戦争開始ニ訴ヘテ国際的劃定線ノ不正義ヲ匡スコト亦無条件ニ是認セラルベシ。若シ是レガ侵略主義軍国主義ナラバ日本ハ全世界無産階級ノ歓呼声裡ニ黄金ノ冠トシテ之ヲ頭ニ加フベシ。合理化セラレタル民主社会主義其者ノ名ニ於テモ日本ハ濠洲ト極東西比利亜トヲ要求ス。如何ナル豊作ヲ以テストモ日本ハ数年ノ後ニ於テ食フベキ土地ヲ有セズ。国内ノ分配ヨリ国際間ノ分配ヲ決セザレバ日本ノ社会問題ハ永遠無窮ニ解決サレザルナリ(6)。

として、積極的に対外行動を起すことこそ日本の活路であると主張した。

さらにまた北・大川らは、日本が国際的不平等を是正するために起す戦争は、白人の支配下にあるアジア諸民族のための解放戦争であるとした。日本は「人類解放戦の旋風的渦心(7)」として指導的役割を演ずるよう運命づけられており、中国に対する政策も西洋諸国の勢力をここから駆逐することにあった。このように大アジア主義を標榜していたのにもかかわらず、彼らは日本がアジア大陸へ膨脹することを否定しなかった。むしろ彼らは日本が大陸の一部を領有することにより、アジアの保全が確立出来ると説き、[8] 特に南満州は帝制ロシアから獲得したものであって、日中親善の建前からも返還する必要がないと主張した。[9]

以上述べたように、北・大川ら国家社会主義者の帝国主義は、国家主義、社会主義ならびに大アジア主義の融和統合されたものであり、その特徴としては、第一に国内における社会主義の実現は対外膨脹と不可分であること、従って第二には膨脹の結果生ずる利益の恩恵に国民大衆は浴する権利があると考えたこと、そして第三には日本の膨脹をアジア民族の解放と同一視したことである。事実、猶存社の結成後誕生した多くの国家主義団体は、対外膨脹と国民の利益との二重目標を掲げている。

北や大川が国家革新運動の発展に大きく貢献したのは、彼らの思想が対内的な経済危機と対外的な行詰りに激しい不満を抱き、現状打破を願う人々に強く訴えたからであったことはいうまでもない。それと同時に注目すべきことは、彼らは行動面においても革新運動を強力に展開させる構想を有していたことである。歴史上の変革は常に高度に組織化された少数の精鋭によって達成されたと判断した北や大川は、革新運動の担い手を軍部に求めた。中国革命を体験した北は、特に青年将校に革命のエネルギーを期待したが、[10] これに対して大川は、「人民の敵たるを厭はぬ強大なる人格の出現するあり、民衆に抗して之を教へ、社会を克服せんとする努力ありてこそ、国家は向上登高の刺戟を与へられる」[11]と信じたため、どちらかといえば上からの改革をもって効果があるとし、陸軍の上層部と密接な関係を打ちたてることを努めた。このような行動方法に関する意見の相違からも推測出来る通り、北の国家改造案は大川のそれと比較すると、より徹底した革命的な経済社会上の変革を追求するものであった。北は国家改造そのものを重視し、対外発展に乗り出す以前若しくは同時にこれを完成しなければならないと強調したが、大川は対外危機によって国民感情を高揚させた上で国内改造を実現することを主張した。[12]彼らの間にあった見解の相違は、人間的相違とも相俟ってついに革新運動を二分することとなった。かくて大正一二年(一九二三年)猶存社は解散し、その後大川は大学寮、さらに行地社を中心に活躍を続け、北もまた一派をなし、革新陣営の中には相敵視する大川派・北派の二潮流が生じた。

大戦後の軍部

しからば革新運動の担い手と目された軍部は、第一次世界大戦後の日本で如何なる状態にあったのであろうか。また、彼らは如何にして革新運動に参加することとなったのであろうか。

ここでまず明記されなければならないことは、軍部内における革新の要求が北や大川に影響を及ぼす以前から彼らと無関係に存在していたことである。そしてこれは主として技術および指導者選定方法の双方における軍の近代化を求めて起ったものであった。

世界大戦に参加した軍人が大戦から得た最大の教訓は、欧州諸国と比較して日本の軍備ならびに戦略が非常に立ち遅れていることであった。彼らの中から軍の近代化を求める声が起った。たとえば、ヨーロッパ戦線において機械化された近代戦をつぶさに観察したフランス駐在の陸軍武官砲兵大佐小林順一郎は、パノラマ式眼鏡を輸入してその採用を求めた。これは丘陵などに隠れていながら敵への照準が出来る機械で、ヨーロッパでは一般に使用されていたが、陸軍上層部には「敵から身体を隠くして攻撃するなどという方法では士気が挙るものではない」、とする昔ながらの戦争観に固執するものが多く、パノラマ式眼鏡の使用は許可されずに終った。このような単純な改革さえ出来ない陸軍の現状に憤慨した小林は、軍籍を辞して「日本陸軍改造論」を公表し、その後国家主義運動に投じて軍の近代化による国防の確立を説いた[13]。

軍の近代化をはばむ最大の要因は、藩閥の跋扈にあった。日本憲政史は、明治以来緩慢ではあっても着実に藩閥勢力が後退して行くのを記録したが、陸海軍においては長州および薩摩の出身者が依然として強力な支配を保ち続けていた。特に陸軍においては、山県有朋を筆頭とする長州の勢力は牢固として動くことのない有様で、長州出身者のみが将官を約束されていたというのもあながち誇張ではなかった。しかしながら大戦は軍内部においても藩閥支配を揺がす契機となった。近代戦争に処するには、藩閥出身の上層部は余りにも無能であることが明らかとなり、また陸軍部内の封建性が大戦に敗れたドイツ・オーストリアの独裁制と同様に打破されるべきものと考えられたからである。ここにおいて反長州ないしは非長州分子の不満は結集され、次第に一つの勢力として動き始めることとなった。

軍を近代化しようとする試みが広く支持されたのは、大戦後多くの少壮将校が民主主義および社会主義思想に影響され、軍の既存体制に批判的となっていたからでもあった。平等原理に基くこれらの西欧思想は、軍隊内で絶対視されていた上下関係の基礎を揺がすものであった。従来ならば疑意を差しはさむ余地のなかった上官の命令に服従するにも、新しい理由づけが必要となった。北一輝が「兵営又ハ軍艦内ニ於テハ階級的表章以外ノ物質的生活ノ階級ヲ廃止ス」(14)ることを唱えれば、荒木貞夫は軍隊における階級と社会における階級の相異について次のように述べ、軍の統制を民主主義理念と関連させた上でこれを擁護するのに懸命となった。

抑も我軍隊の階級は、統制上必要なる体系であって、社会に於ける階級とは全く別個の存在である。外国の軍隊の中には、社会階級が其のまま軍隊内の階級に移され、将校は貴族、富豪の出身であって兵士とは生活、思想、感情を異にし、勢ひ兵士を奴隷視する弊風を生じた時代があった。此の対立関係は延いて軍隊の統制を破り、次いで大戦に際し此等対立関係は軍隊の構成に一大動揺を来し遂に軍隊を革命渦中に投ぜしめたものが少くない。

我国は明治五年の兵制改革によって、国民皆兵の実を挙げ、封建時代の弊風は一掃され、将校亦一般国民より自由に選抜任用せられ、其の社会的出身に於いて兵士と異るところがない。従って軍隊の階級は軍構成上より来れる秩序の上に立てるもので社会上の階級と何等の関係がないのである。(15)

荒木がこのような説明を試みたことは、民主主義思想が軍の統制に及ぼした特異な影響を示すものということが出来よう。大戦後の軍は、内部的には明らかに分裂化の方向へ動いていた。

しかしながら、軍と社会一般との関係からいえば、西欧の諸思想は逆に軍の結束をうながす効果をもたらした。戦後の日本はベルサイユ体制を謳歌し、世間一般も民主主義と平和とを賞讃する有様であったので、建軍以来初めて軍は日蔭者の不運を体験することとなった。軍人であるために嫁のなり手がないとか、軍服を脱いではじめて町を濶歩出来るなどといわれた時代にあって、軍が西欧民主主義の掲げる理念に強い不満を抱いたのは無理からぬことであった。民主主義が確立しようとする民主政治は、文官による軍部支配の原則を標榜した。民主主義が約束する国際平和と協調は、軍備ならぬ外交交渉によって実現出来るものとされた。このような状態において、軍としては自己の存立の必要からも固く結束し、社会一般の風調に立ち向わなければならなくなっていた。

すでに守勢にあった軍を、現存する政党政府に強く反対する方向へ決定的に傾けたのは軍縮問題である。大正一〇年(一九二一年)から大正一一年(一九二二年)にかけてワシントン会議がひらかれ、主力艦に関する海軍軍備縮小条約が締結されたが、国内においても軍縮問題が大いに討議されることとなった。大正一一年(一九二二年)与野党は相次いで軍備縮小と軍部大臣の任用に関する建議案を議会に提出して、いっせいに軍部を攻撃した。その結果衆議院は、陸軍縮小については「歩兵在営年限を二カ年から一年四カ月に短縮すると同時に、諸機関の整理を断行して年額経費四〇〇〇万円の節減を行うべし」という建議案を大多数で可決し、また陸海軍大臣の武官専任制の廃止も「軍部大臣任用の官制改革にかんする建議案」として採択された。これらの建議案は、衆議院のほとんど総意によって可決され、政党政治の意気を示すものではあったが、実際上の効果はなかった。軍部が実行困難を理由に反対を続けたからである。しかしながら、その後年々繰り返される軍縮決議案に接し、軍部は、一層強く政党政治からの圧迫を意識するようになり、それとともに政党に対する嫌悪の情もまた一段と激しくなって行った。政党が軍縮を厳しく迫ったのは、折柄次第に深刻になって行った不況の中で軍事費を節減し、ここで得た財源を生産的な支出へ切りかえる必要があったからでもある。この政党の要求はまたブルジョアジーの強い支持を得たものであった。ブルジョアジーは将来の国際競争は、もはや軍備ではなく、総合的な生産力によって決定されるものであると考え、企業の合理化と生産力の向上に邁進しようとする気構えであった。一般大衆はまた日常生活の逼迫を少しでも緩和するものとして軍縮を望んだ。

昭和五年(一九三〇年)、ロンドン海軍軍備縮小条約の締結をめぐって、軍部対政府ならびに議会の対立は遂に頂点に達した。かねてから海軍は対米七割を主張していたが、浜口内閣は国際協調の立場からこれを譲歩し、軍令部の強硬な反対を押し切って条約を成立させた。ここにおいて軍令部は極度に憤慨し、国防用兵の責任者である軍令部の意見を無視して国際条約を取りきめたのは統帥権の干犯であるとし、さらに軍令部長加藤寛治は、条約で規定された兵力をもって完全な国防計画を確立することは出来ないとの理由で辞任した。その後海軍部内においては、加藤を中心とするいわゆる艦隊派と海軍省を中心とする条約派との対立が続き、大きなしこりを残すこととなった。

財政緊縮と国際協調とを基本政策としていた浜口内閣にとって、ロンドン条約を締結し得たことは大きな成功であった。しかしながら軍令部の反対を強引に押切って条約を成立させたため、政府は海軍部内のみならず、陸軍部内ならびに民間側国家革新論者を甚しく刺戟する結果となった。その上、昭和五年(一九三〇年)夏から秋にかけて農村へ波及した恐慌は、これらの革新論者を一層急進的な反政府の方向へ駆りたてた。特に軍の場合、国家改造運動を推進していた少壮将校の多くは中産階級または中小地主層の出身であり、しかも彼らが兵営生活において接触する兵士達の多数は農民階級に属していた。政党内閣のもとで、外、満州において日本の権益が脅かされ、内、世界恐慌下において中小企業が没落し、農民階級が深刻な窮乏に陥って行き、そして軍縮が軍の存立そのものを圧迫するのを見て、彼らは断乎として国内政治を刷新するため行動しなければならないと決心した。

陸軍における国家革新運動

軍内部に国家革新を目標とする組織が次々と結成されたのは、以上のような第一次世界大戦後の状勢を背景としていた。陸軍における最初の革新組織は一夕会であった。しかしこれは、藩閥中心の陸軍人事刷新を基本目標としており、その発足は大正一〇年(一九二一年)春、ドイツのバーデンバーデンでスイス駐在武官永田鉄山、ソ連へ駐在赴任の途にある小畑敏四郎、欧米派遣中の岡村寧次がかわした密約にまで遡るといわれている。彼らはいずれも優秀な成績で士官学校を卒業し、永田と小畑とは陸大も同期の軍刀組であったが、閥外にあったため必ずしも前途が保証されているわけではなかった。藩閥という「大磐石を打破するには、少壮将校が団結して、上の方に突進する外はない」と考えた彼らは、ヨーロッパから帰国後同志の獲得に努めることとなった。そして昭和三、四年(一九二八、二九年)には、これを例会と会員を持つ一つの組織にまで発展させた。

この会が一夕会と呼ばれるようになった時期ならびに会員についてはいくつかの説があるが、土橋勇逸の述懐するところによれば、「一夕を楽しむ会」という意味で一夕会と名づけられたのは昭和四年(一九二九年)八月の会合からであった。一夕会が目的としたのは人事の刷新、すなわち会員を逐次陸軍省および参謀本部の重要なポストにつけることであり、彼らを通じて対内的にも対外的にも革新的な政策を遂行することであった。従って彼らは非合法手段に訴えて革新を行うことを考えたのではなかった。会員には長州閥は無論のこと、その他石川閥や宇垣派と目された人々の参加もなく、前述した永田、小畑、岡村らを中心として会合していたグループに、第一章で述べた鈴木貞一主宰の研究会グループが合流したものとみるべきであろう。会員は次の通りであり、一般にいわれているように第一一夕会と第二一夕会とに分れていたのではない。

一四期　小川恒三郎
一五期　河本大作　山岡重厚
一六期　永田鉄山　小畑敏四郎　岡村寧次　小笠原数夫　磯谷廉介　板垣征四郎
　　　土肥原賢二　小野弘毅
一七期　東条英機　渡久雄　工藤義雄　飯田貞固　松村正員
一八期　山下奉文　岡部直三郎　中野直三
二〇期　橋本群　草場辰己　七田一郎
二一期　石原莞爾　横山勇
二二期　本多政材　北野憲造　村上啓作　鈴木率道　鈴木貞一
二三期　坂西一良　清水規矩　根本博　岡田資
二四期　沼田多稼蔵　土橋勇逸　本郷義雄　鈴木宗作　深山亀三郎
二五期　下山琢磨　武藤章　田中新一(16)

一夕会は中堅将校層における横断的な結合であった。彼らの多くは満州事変勃発の際には、すでに重要な地位を占めており、陸軍省においては、永田軍事課長の配下に鈴木貞一、村上、土橋があり、岡村は補任課長をつとめ、参謀本部においては東条が編制動員課長、根本博は支那班長の要職にあった。特に関東軍においては、板垣と石原が参謀をつとめ、また土肥原は奉天特務機関長として活躍していた。一夕会はその後永田と小畑との対立から分裂したが、有力な中堅将校が革新を目標として結合したことは、少壮将校が同じように組織化へ進むのを奨励する結果となった。

一夕会と前後して結成された会に天剣党と桜会とがある。これらはいずれも非合法手段を用いて国家改造を実行しようとする秘密結社であり、一夕会とは性格を異にしていた。天剣党は昭和二年(一九二七年)七月、西田税が主として陸軍の青年将校中の少壮革新分子を糾合して結成を計ったものであるが、ただちに憲兵の知るところとなって弾圧されたため、ついに正式結成に至らないで終った。西田は士官学校在学中に満川亀太郎、北一輝らを知り、特に北の「日本改造法案大綱」に深く共鳴して大正一四年(一九二五年)軍職を退き、大川の行地社に入って革新運動に専念した。その後大正一五年(一九二六年)には大川を離れて北の下に走り、爾来西田の自宅に士林荘と称する会を作って尉官級青年将校の間に急進的革新思想を普及することに努めた。彼らが教典として信奉したのは北の「日本改造法案大綱」であり、西田は大正一五年(一九二六年)五月には三千から四千部の「日本改造法案大綱」を青年将校に与え、その後さらに八千部を配布したといわれている。[17] 西田の影響下にあった青年将校は陸軍部内でもっとも急進的な分子を構成し、後に五・一五事件に連坐した海軍士官の首謀といわれた藤井斉、また村中孝次ら二・二六事件の主要メンバーを含んでいた。

天剣党の究極目的は「日本国家ノ合理的改革ナルト共ニ此ノ革命日本ヲ以テ不義非道ニ蔽ハレタル世界人類ノ革命的旋風ノ渦心トナスニアリ」となっていたが、主たる関心は飽くまで国家改造にあった。天剣党大綱は国家改造の実行を次のように規定している。

> 吾党ノ目的ハ上ハ天子ヨリ統治ノ大権ヲ盗奪シ下全国民ノ上ニ不義驕恣ヲ働ク此ノ亡国的一群ヨリ国家ヲ奪還スルコト、敵中ニ囚虜ノ屈辱ヲ受クル天子皇室ヨリ国家改革ノ錦旗節刀ヲ賜フト考フルカ如キハ妄想ナリ
>
> 要ハ我党革命精神ヲ以テ国民ヲ誘導指揮シテ実ニ超法律的運動ヲ以テ国家ト国民トヲ彼等ヨリ解放シ――彼等ガ私用妄使スル憲法ヲ停止セシメ、議会ヲ解散セシメ吾党化シタル軍隊ヲ以テ全国ヲ戒厳シ、何人ニモ寸毫ノ抵抗背反ヲ容サヽル吾党ノ正義専制ノ下ニ新国家ヲ建設スルニアリ、吾党同志ハ徒ニ坐シテ大命ノ降下ヲ待ツ如キ迷蒙ニ堕ツヘカラス[18]

要するに、天剣党が企画したのは現存指導層の破壊であり、彼らは革命後建設される新国家よりも革命行為そのものに情熱を傾けた。

革命ハ古来青年ノ業、然モ正ヲ踏ミ義ニ死スルノ年少志士カ纔カニ其ノ頸血ヲ渺キ（ママ）、生命ヲ賭シテノミ贖ヒ得ヘシ、吾党同志ハ死シテ悔イサル鉄心石腸ナルヘシ(19)

と述べているのは、日本特有の志士的革命家の心理を如実に物語るものであろう。

桜会も天剣党とほぼ同じように国家改造の実現を目的として昭和五年（一九三〇年）に結成されたが、天剣党ほど破壊一本槍ではなく、会員中には改造後の建設を主目標と考え準備に努めるものもあった。桜会の発起人は参謀本部ロシア班長橋本欣五郎、陸軍省調査班長坂田義朗、東京警備司令部参謀樋口季一郎の三中佐以下約二十名であったが、最年長の橋本が実際上の首領であった。橋本は志士的な行動家であり、駐在武官としてトルコに在任中ケマル・パシャの革命を見るに及んで、これを日本においても実現しようという意気に燃えて帰国し、桜会を結成した。橋本らは軍部クーデターを起して政権を奪取し、軍人中心の強力な政府による対外膨脹を行うことを企てた。しかしながら会員中には政権の奪取を重視する破壊派と、改造後の政策に重点を置く建設派とその中間の日和見派とがあったため[20]、一年後には分裂、解体することとなった。

桜会は、昭和五年(一九三〇年)五月頃には百名を越える中佐以下の少壮将校を会員に持っていたといわれ、またその短い存在期間中二度のクーデターを試みるほどの隆盛を示した。陸軍部内において桜会がこのような成長を遂げた第一の理由としては、桜会が国内政治の現状に不満を持ち、差し迫る軍縮に反撥してなんらかの行動に移りたいとする少壮将校の心情を代弁したこと、また第二には、桜会の意図を容認ないし支持した人々が上層部ならびに中堅将校の間にあったことであろう。

桜会に馳せ参じた少壮将校が、どのように日本の現状を把握し、彼ら自身の使命をどのように解していたかを示すもっとも良い資料として桜会趣意書がある。彼らはまず国勢の衰運を嘆じた後、その原因を論じて

而して我国が斯くの如き状態に至りし所以のものは其の基由する所多々あるべしと雖も吾人は先づ其の核心たるべき為政者の重大なる責任を指摘せざるを得ず試みに眼を挙げて彼等の行動を見よ国民の師表として国政を燮理し上陛下に対し奉り重責を担ふべきに拘らず其大本を没却して国是の遂行に勇なく大和民族興隆の原素たる精神的

方面は恬として之を顧みず唯徒らに政権、物質の私慾にのみ没頭し上は聖明を蔽ひ下は国民を欺き滔々たる政局の腐敗は今やその極点に達せり。

国民も亦挙げて此の弊風を感知しあるも意気消衰せる現社会の雰囲気に同化せられ既に何等の弾力なく政界の暗雲を一掃して邦家の禍根を剪除すべき勇気と決断とは到底之を求むるに由なく国民は挙げて自ら墓穴を深うしつつあるものを独り左傾団体にのみ見出さざるべからざるの奇現象は果して吾人に何ものを教示するか而して今やこの頽廃し竭せる政党者流の毒刃が軍部に向ひ指向せられつつあるは之れを「ロンドン」条約問題に就て観るも明かなる事実なり然る混濁の世相に麻痺せられたる軍部は此の腐敗政治に対してすら奮起するの勇気と決断とを欠き辛うじて老耄既に過去の人物に属すべき者に依りて構成せられある枢密院に依りて自己の主張せざるべからざる処を代弁せられたるが如き不甲斐なき現象を呈せり

と述べ、政治家、国民、軍指導者の責任を追求し、さらに

……吾人軍部の中堅をなす者は充分なる結束を固め日常其の心を以て邁進し再び海軍問題の如き失態なからしむるは勿論進んで強硬なる愛国の熱情を以て腐敗し竭せる

為政者の腸を洗ふの慨あらざるべからず

との決意を披瀝した上、次の如く結論した。

以上内治外交の政策上の行詰は政党者流が私利私慾の外一片奉公の大計なきに由来するものにして国民は吾人と共に真実大衆に根幹を置き真に天皇を中心とする活気あり明らかなるべき国政の現出を渇望しつつあり、吾人固より軍人として直接国政に参劃すべき性質に非ずと雖一片皎々たる報公の至誠は折に触れ時に臨みて其の精神を現はし為政者の革正、国勢の伸張に資するを得べし吾人茲に相会して国勢を慨し自ら顧みて武人の操守を戒むる所以も亦此の埒外に出づるものに非ざる也(21)

趣意書にも示されたように、桜会は「直接国政に参劃」することを目的としており、それを実現するため昭和六年(一九三一年)三月および一〇月にクーデターを計画することとなった。彼らをかかる大胆な行為にまで至らしめたのは、陸軍部内有力者の桜会に対する寛大な態度である。中でも、軍務局長小磯国昭、参謀次長二宮治重、参謀本部第二部長建川美次は積極的に桜会を支持し、運動費をも与えていたといわれている。また軍事課長永田鉄山、補任課長岡村寧次はじめ多くの有力な中堅将校は、自分達もすでに一夕会を結成して革新政策の実現を意図していたため、桜会の動きには同情ないしは黙認の態度をとっていた。さらに桜会を勇気づけたのは陸軍大臣宇垣一成の政治的野心であった。最初のクーデター計画であるいわゆる三月事件は、宇垣の出馬を前提として進められたものである。

橋本らのクーデター計画は、まず建川に打ち明けられ、彼の賛同を得て陸軍次官杉山元、二宮、小磯に説明された。橋本は、もし自分達の「決心を断行し得ざるに於ては参本、陸軍省同志一同明日より出勤せず」と脅して四人の同志を得た、と手記にしるしている。[22] クーデター計画は、大川周明が浪人、大衆を動員して東京を混乱に陥れ、それに乗じて戒厳令を布き、宇垣内閣の樹立を計るということであった。[23]

しかしながら、三月事件は未遂で終った。その理由としては、橋本らの計画が甚だずさんであったことのほか、実行段階において上層部の支持が得られなかったことを挙げなければならない。特にクーデター計画を途中で決定的に挫折させたのは、首相に予定されていた肝心の宇垣がいよいよ蹶起を促されると計画の中止を命令したことであった。宇垣の真意についてはいまだに結論が出ていない。橋本らは、「宇垣決行の一週間前位に決心を翻」したとみており、[24] 宇垣は、三月六日に大川からの手紙でクーデター計画を知り、さらに部内からも参加を求められたが中止を命じた、と「宇垣日記」で述べている。[25] 宇垣はかねてから政党政治の現状に痛憤し、政党を評して「政治を標牌とする株式会社見た様なもの」とし、「斯の如き朦朧会社は打ち壊して更に清新なるものを建造することが邦家前途の為に必要である。余は此の主義の下に進まんとす[26]」と決心していた程であったから、宇垣の言動は革新将校にとって好意的と受け取れるものが多分にあったことは想像に難くない。しかし彼の「変心」が、果して宇垣が民政党総裁として迎えられる公算が大となり、クーデターによらなくとも合法的に政治権力を把握出来る見通しがたったからであるか、あるいはまたクーデター計画の内容を知るに及んで反対する態度を定めたものかは明らかでない。なお、宇垣の中止命令を受けて、小磯、二宮、杉山らの決心も後退し、宇垣にさからってまで桜会のクーデターを支持しようとは試みなかった。

永田、岡村、鈴木貞一らも、クーデター計画の具体的な内容が明らかになるにつれて、積極的な反対に転じた。彼らは、三月事件後は非合法手段を用いることを排し、むしろ陸軍の主導下に漸次国家改造を実現させようと努力することとなった。特に満州事変中軍部の政治力が著しく強化され、クーデター方式を用いることが必要でなくなるにつれ、彼らは部内において急進的革新運動を抑えて統制を確立した上、高度国防国家を建設し、対外発展に備えることを主張するようになった。

未遂とはいえ、三月事件の影響するところはまことに大きかった。それは第一には陸軍部内の規律を破壊し、下克上傾向を助長したことである。三月事件が失敗に終るや桜会の急進派は中堅将校に依存する戦術を改め、運動の重点を地方の尉官級将校へ移し、ますます過激化して遂には二・二六事件を引き起すこととなった。第二には、クーデター寸前にある陸軍の脅威が披露された結果、軍上層部がこれを最大限に利用して軍全体の政治権力の増大に努めるようになったことである。しかしながら後者の点は、満州事変中に計画された十月事件後特に顕著となったものであるので、詳細を論ずるのは後の章に譲りたいと思う。

革新陣営の概況

しからば、ロンドン条約問題を契機に結束を固めた革新陣営全般の勢力はどのようなものであったであろうか。まず組織力においても、行動力においても、革新陣営の主力が陸軍にあったことは、すでに述べたことからも明らかであろう。陸軍部内には、北・西田の影響下にあった青年将校を底辺にして、その上に中佐以下の少壮将校を網羅する桜会があり、さらにその上には一夕会を中心とする中堅幕僚層が存在し、しかも上層部には、部内の革新運動を積極的に推進させせようとする同調者も少なくなかった。陸軍における革新運動は、未遂とはいえ、昭和六年(一九三一年)三月のクーデター事件を経てすでに実力行使の段階に移らんとしていた。革新将校の間には、取るべき方法や時期について見解の相違こそあれ、国内政治の改革と強硬な大陸政策を要求することにおいては、上下一丸となって当ろうとする気概が示されていた。

陸軍に対し、海軍が革新陣営内で占めた地位は決して大きくはなかったが、無視することの出来ない急進分子を擁していた。すなわち、昭和三年(一九二八年)藤井斉を中心に国家改造を目標として結成された王師会は、その後古賀清志、山岸宏、三上卓らを加え、陸軍青年将校や民間右翼とも連絡して活発な運動を続け、ついに五・一五の大事を引き起すに至った。また昭和六年(一九三一年)、ロンドン条約問題で海軍部内の不満が最高潮にあった時、橋本欣五郎の呼びかけに応じて成立した陸海中堅将校を網羅する星洋会があったが、海軍側に中心となる人物がなかったため、自然消滅した。[27] ロンドン条約後の海軍は、部内が条約派と艦隊派とに二分され、加藤寛治、末次信正らの艦隊派は海軍部内の青年士官グループや陸軍の革新派とも接触して何かと動揺を企み、もっとも不安定な時期にあった。しかしながら、海軍には陸軍にみられたような大規模な横断的結合が成立せず、五・一五事件が突発するや峻厳な態度で被告に臨み、急進的な士官を予備役に編入するなどの措置に出たため、結局海軍は革新運動に大きな役割を果すことなく終った。

民間においては、大川周明、北一輝、西田税がそれぞれ軍部内の革新運動に強い影響を与えていたことは、本章中すでに指摘した通りである。その外、昭和六年(一九三一年)頃には、従来分散的であった右翼が大同団結の動きを見せ、資本主義の打倒を標榜し、「労働権の確立」や「耕作権の確立」をうたって大衆の支持の獲得に努めようとする傾向を示した。このような動きは、全日本愛国者共同闘争協議会と大日本生産党の構成を実現した。前者は大川周明が中心となって、古くから存在していた玄洋社系と、経綸学盟系の諸団体と行地社とを一丸としたものであり、後者は内田良平のひきいる黒竜会が中核となって主として関西方面の右翼団体を吸収して出来た団体であった。

右翼が国家社会主義のもとに団結したのと同じように、左翼からも国家社会主義へ転向するものが出現したことは、この時期の一つの特徴であった。この傾向は、満州事変勃発後著しくなるが、このことは後の章に譲ることとする。無産政党としてその後も存続した社会大衆党の内部においても麻生久、亀井貫一郎らの軍部に接近する動きが現われ、三月事件に際しては大川は麻生と交渉し、無産政党による大衆運動に乗じてクーデター決行を申し合わせたといわれている。(28) 軍を中心とする革新運動は労働者政党にも浸透し始めたのである。

この時期における民間革新運動のいま一つの流れとして農本主義的革新運動を無視する

ことが出来ない。農村の窮乏が青年将校を国家改造へ駆り立てたのと同様、農本主義者権藤成卿や橘孝三郎も、恐慌下の農村の状態に刺戟されて国内革新を実現するため行動するようになった。特に橘は昭和六年(一九三一年)四月、愛郷塾を設立して、農村の救済ならびに国家の救済を目的に大地主義を唱道していたが、海軍青年将校の共鳴するところとなり、ついに五・一五事件には農民決死隊をひきいて参加することとなった。農本主義者とは定義し難いが、橘と密接な関係にあった井上日召もまた農村の困窮状態を見て国家改造の決心を固めたといわれる。彼のひきいる血盟団は「一人一殺」を誓う純然たるテロ組織で、政財界指導者の暗殺を計画していたが、それと同時に井上は藤井斉と提携し、彼を通じて陸海軍青年将校と親密な関係を結び、国家改造の実現を計るために奔走した。

昭和六年(一九三一年)八月二六日、日本青年会館において、革新を目指す陸海軍青年将校ならびに西田税、井上日召、橘孝三郎ら民間側革新運動家による全国会議が開催された。三月事件に刺戟された彼らは、いよいよ近い時期に旗挙げすることを決意し、クーデターを予想した各派の統一行動を協議するために会合したのであったが、ここに集った青年将校中の海軍グループには五・一五に進んだ藤井斉、三上卓、古賀清志、山岸宏らがあり、また陸軍グループには後年皇道派青年将校の中心として活躍した菅波三郎、大岸頼好らがみられた。(29) 皇道派青年将校は、最初荒木を擁して国家改造を実現しようと考えたが、荒木一派の衰退後は統制派と鋭く対立し、やがて永田軍務局長殺害事件、二・二六事件へと進んだ。また井上日召、橘孝三郎、西田税はそれぞれ血盟団事件、五・一五事件ならびに二・二六事件に連坐した。日本青年会館の会合は、まさに急進的革新勢力の勢揃いともいえる画期的な事件であった。

最後に注目しなければならないのは、この頃政党の中からも革新運動に共鳴ないしは迎合する動きが出て来たことである。政友会は、ロンドン条約を民政党攻撃の具としてとらえ、議会において民政党の軟弱外交ならびに緊縮財政を痛烈に非難した。中でも幹事長森恪は、昭和六年(一九三一年)春頃から従来の議会政治擁護の態度を捨て、政友会と軍部の提携による独裁政治の実現を強く主張するようになった(30)。彼は、国内革新を断行して政治権力の強化と統制経済を確立することにより、はじめて日本は大陸へ膨脹することが可能であると信じ、陸軍の鈴木貞一、小畑敏四郎、海軍の石川信吾、外務省の白鳥敏夫、大蔵省の大久保偵次、青木一男、商工省の吉野信次、小金義照らと連絡をたもち、自己の構想の実現に努めた(31)。森はまた平沼騏一郎と接近し、彼を通じて国本社を中心とする高級官僚グループとも提携し、民政党政府の顚覆を目指して奔走した。

このように、国内政治の革新と強硬な対外政策の樹立を要求して革新勢力がまさに攻勢に出ようとした時、恐慌に苦しむ国民大衆は、より良い未来を保証する新指導者と新天地を切実に求めていた。ここにおいて、政党政治の腐敗をつき、満州の重要性を強調し、中国ナショナリズムの挑戦から日本権益を守るために積極的に行動すべしとする革新派の主張に、多くの人々が共鳴するようになったのは当然の成行であった。政友会代議士松岡洋右は、昭和六年(一九三一年)一月、次の通り議会で演説したが、これは野党のセンセーショナルな政府攻撃として見逃すにはあまりに多くの人々の心情を代弁していた。

我国民の現に差当り今日求めて居るものは何であるか。吾々が求める所のものは、生物としての最少限度のものである。即ち生きんことを求めて居る。息を吸ふだけの余地を求めて居るのであります。……大和民族は最少限度に於て生存権を主張して居るのであります。世界の平和を顧念するに於て、日本国民は何国人にも一歩を譲らぬのであります。併し窒息死に至らば、世界の平和も何もない。然るに徒に世界の平和に藉口して自分の生存権さえも之を主張し得ないのが今日の外交である(32)

満州こそが、日本国民に「生きる」こと、「息を吸ふ」ことを約束する「余地」であった。

昭和六年(一九三一年)に至り、いよいよ深刻となった国内危機の克服には、若槻内閣が緊縮財政の実施で国内の不況を乗り切るか、また外交交渉により満州の日本権益を擁護し得るかにかかっていた。しかしながら内外の情勢は、若槻内閣の努力を忍耐強く見守るにはあまりにも切迫していた。日本の運命は、革新勢力による大規模な国家改造計画がまず決行されるか、あるいは満州における日中の対立関係が国内改造を待たずに爆発するかの分岐点にさしかかっていたのである。

第三章　関東軍および在満日本人の満州問題解決策

昭和六年(一九三一年)初頭、対満積極政策を求める声は一段と高まりつつあった。満州における日中関係は悪化の一路を辿っていたが、国内においても、民政党による政党内閣とその「軟弱政策」を一挙に粉砕せんとする革新勢力の攻勢は激しさを加えつつあった。すでに述べたように、満州における日本権力の確立は、国家社会主義的革新運動の重要な目標となっていたのである。

本章においては、対満積極政策を強く主張した関東軍ならびに在満日本人の思想と政策とを検討するが、これは満州事変とそれに引き続く満州の政治的再建が彼等によって押し進められた関係上、彼らの抱いていた信条、意図、計画が、満州事変を思想的、政治的あるいは政策的に評価する上で重要な意義を有すると考えるからである。

在満日本人の不満

さきにも述べたように、張学良政権による組織的な経済的および政治的排日策は、満州における日本の権利、利益のみならず、日本人の存在そのものをも脅かすものであると考えられた。在満日本人は、中国側の圧力から自分達を守るために団結を計ると同時に、日本政府に対し積極的に対満「強硬政策」の採択を迫った。これら日本人の多くは、日露戦争後二十年も過ぎた今日、彼等の社会的経済的本拠を満州に置くに至っており、故国にあった田地財産をすでに手放しているような場合が多かった。広大な大陸に馴れた彼等の眼に映った日本は余りにも狭く、魅力のないものとなっていた。(1) 日本政府が昭和製鋼所の設営地を韓国に決定したことは、満州設置を望んでいた在満日本人をいたく失望させた。政府としては、日本国外にある産業に対し助成金を付与することは出来ず、その上外国の製品に対しては関税をも課さなければならないことが日本の領土内に製鋼所を設けるに至った主たる原因であったが、(2) これを見て彼らは政府の処置は在満日本人を「継子扱い」(3) するものであるとみなし、故国は彼らになんら援助を与える用意がないとさえ信じるに至った。彼らの間にはいつしか「満州日本人」としての意識も発達していたのである。(4)

このような状態の中にあって、在満日本人は切迫した満州の危機を内地に訴えるために、幾回かにわたり遊説隊を内地に派遣し、世論の喚起に努めた。それと同時に彼らの抱いた絶望感は種々の思想および政策主張を生み、後の満州建国に重大な影響を与えたのであった。これに関し特に満州青年連盟の果した役割は注目に値する。青年連盟は約三千人の満鉄青年社員と青年実業家により、満州における日本の権利および利益を擁護することを目標に昭和三年(一九二八年)一一月に組織されたが、これら青年会員が共通に抱いていたのは在満日本人先輩のリーダーシップに対する不満であり、また日本における政党指導者に対する不信であった。彼らは日本を今日の行詰り状態から復活させ、強固な満蒙対策を樹立させるためには、もはや古い世代の指導者に事態を任せて置くことは出来ないと考えるに至った。[5] 彼らの考え方は、本国の革新論者と相通ずるものがあったが、彼らは日々優勢となりつつある中国ナショナリズムの挑戦にも効果的に応じなければならなかった。

すでに述べた如く、張学良政権の排日政策は満州における反日感情を著しく強めたが、この政策は満州と中国本土とが経済的にも、社会的にも、また国民の願望の上でも次第に結びつきを密にして行っているという事情によるものであった。中国ナショナリズムの自然の趨勢は、将来満州に日本人の活躍する余地を残すことがあろうとは、もはや考えられない状態にまで達していた。日本政府に中国ナショナリズムと対決する強力な処置を期待し得ないとの見通しに立った在満日本人は、彼らが「弱小民族」であるとの「意識を判然」とさせ、「満蒙在住の目覚めたる、更に又圧迫と搾取にあへぐ諸民族と相提携し、純理純情の上に立って民族協和に精進し、日本文化を背景とする共和の楽園を満蒙の天地に招来することで無ければならぬ」[6]と結論するに至った。すなわち、彼らが求めたのは、中国ナショナリズムの願望を満たしながらも、「弱小民族」が共存し得る可能性を認める原理であった。

このような要求を背景に、満州青年連盟の母体となった大連新聞主催の第一回満州青年議会(昭和三年五月)において提出されたのが、「民族協和」の原理に基いた「満蒙自治制」である。すなわち、満蒙は中国に対し特殊な地域を構成しているとの前提に立って、そこに在住する三千万の住民が中国軍閥の圧政に苦しんでいるのを救うために、日本人を含めた全住民のために、住民の手による新国家を創設しようとするものであった[7]。この提案は、被圧迫者たる人民大衆と施政者たる軍閥とを区別することにより、日本人が現住民と共に満州における中国政権に対抗し得る大義名分を生み出したと同時に、在住諸民族の協力関係の可能性を破壊する効果をもつ中国ナショナリズムに代って、和合的な「民族協和」を原理として打ち出した点においてまことに重要である。

またこの提案は、日本人の伝統的な忠誠心という点からみれば革命的な意味を有していた。それは単に封建的な中国政府を大衆運動によって打倒せんとするにあたり、日本人が積極的な役割を演じるということだけではない。日本人が、新たに成立する国家に真の国民として参加しようとすることはまさに破天荒な考え方であった。「満蒙自治国家に参加する暁には、日本人も国籍を移さねばならぬのではないか。若し然りとすれば吾等の本旨に悖らざるか」との質問は深刻な疑意を表明するものであったが、これに対し「満蒙自治制」の提案者は、「満蒙に日支人の融和した平和郷が建設されるならば我々は悦んで其の国籍に入るべきである」と答えた。(8) 満州における日本の権益の擁護が国策として支持されていた時にあって、日本人の参加する満蒙自治国家の成立を唱えることは、国家としての日本がきわめて重大な植民地を失う可能性をも敢えて認めることであった。(9) その後満州国の独立が実現し、日本の満州支配が確立した後は、在満日本人は新国家の発展に貢献することにより祖国により多く貢献することが出来ると論じられたが、いまだ当時においては、満蒙に新自治国を創設する運動を起そうとする提案は、青年連盟議会においても幾多の論議の後結局保留となり、早急には採択を見るに至らなかった。

しかしながら昭和六年(一九三一年)六月一三日、満州青年連盟は「満州ニ於ケル現住諸民族ノ協和ヲ期ス」ことを正式に決定し、さらに一〇月二三日にはすでに南満州全体を占領下においていた関東軍司令官に建白書を上進し、満州問題の唯一の恒久解決策として

「満蒙自由国」の建設を強く主張した。「満蒙自由国」は「民族協和」と「人民自治」の原理に基くものとされたが、この場合「人民自治」とは、中央、省、県の三段階より成る委員会行政制度を意味していた。すなわち最下位の委員会は、県自治会と称せられ、県民の選挙した者および県知事の推薦した地方における学識または徳望のある者によって組織された。県自治会の代表は省執行委員会に参加し、さらに省執行委員中の代表者により中央執行委員会が組織される仕組みとなっていた。(10)

「民族協和」および「人民自治」の原理は、共に中国政治思想の中に見出されたものである。当時金井章次ならびに満州青年連盟中の一部は、王永江、于沖漢を中心とする反張学良グループの文治派の人々と親交を結び、彼らと「民族協和」や満蒙新国家建設につき討議していた。後に満州事変中青年連盟の主張する「満蒙自由国」案の主要部分が関東軍の採択するところとなり、また満州側の文治派指導者が新国家建設に参加することとなるが、戦前において満州青年連盟が文治派と提携したことは、満州事変の際現住民の願望をある程度反映させたプログラムをつくることを可能にした。(11) また張孤を中心とする一部の中国人は、満州を取り巻く強力な隣邦——日本、中国ならびにロシア——の侵入から同地域を保護すべく、六大民族である日・中・露・蒙・満・韓の共同自治国家を建設することを試みた。(12) 満州青年連盟の会員中には張孤と親交をもった者もあり、彼らはこの張孤の計画を満鉄社員や関東軍首脳部に伝えた。[13]

関東軍の満蒙問題処理案

前述のごとく在満日本人は満州に異民族の協和に基く自治国の設立を意図していたが、事変後における関東軍はどのような計画を有していたであろうか。関東軍は、川島浪速の二度にわたる満蒙独立運動[14]の際に与えた援助にも示された如く、しばしば満州政治に介入したのであったが、彼らの目的は常に親日政権の樹立を通して満州における日本の権力を確立することであった。張作霖爆死当時は関東軍首脳部は満蒙を中国本土から分離させ、ここに満蒙「自治聯省」を設立することを考えていたが、この「自治聯省」は日本の直接支配下に置かれる計画であった。

昭和六年(一九三一年)当時関東軍の実権を握っていた参謀板垣征四郎および石原莞爾は、満州を積極的に日本の支配下に置こうとする関東軍の伝統的信条を踏襲していたのみならず、さらに進んで満州の領有を意図していた。[15] また、彼らは以前の関東軍首脳と異り、一夕会、あるいは昭和二年(一九二七年)頃鈴木貞一が主催した研究会等への参加を通じ、国内における革新運動の気運にもふれていた。その後満州事変中彼らは従来の満蒙領有論を捨て、青年連盟の提案した独立国論を採用するに至るが、その主要な仲立ちとなったのが彼らの抱いていた革新思想であったと考えられることは注目すべきであろう。

板垣および石原の意図していた満蒙領有計画は、その積極性において全く過去に類を見ぬものであった。このことは、彼らが如何に満州の軍事的価値を高く評価していたかということと関連している。元来、関東軍の戦略態勢はロシアを目標として樹立されていたが、中国ナショナリズムの擡頭、ならびに排日運動の満州への波及に応じ、昭和三年(一九二八年)には中国をも目標とした計画が新たに準備されることとなった。しかしながら、基本的には満州は依然としてロシアの南下に対する要塞として評価され、ロシアがソ連邦となり、共産主義が中国革命に大きく影響することが明白になるに及んで、満州の対ソ戦略上の価値はますます重要なものとなった(16)。

関東軍の戦略がソ連を目標としていたことを示すいま一つの証拠は、板垣、石原計画が北満を日本領有の対象としていたことである。関東軍としては、ソ連の勢力が東支鉄道を拠点としている限り、日ソ戦争は北満の平原地帯で戦われることとなり、このような条件のもとでは日本は膨大な陸軍を満州に駐屯させなければならないが、いったんソ連勢力が西はバイカル湖、北は黒竜江ならびに興安嶺の自然的国境線の彼方まで退けられれば、満州の擁護は容易となり、ソ連の極東方面への拡張は回避することが出来ると考えた(17)。かくて彼らは、北満の領有によってのみ日本は北方の防衛問題より解放され、国家利益の求めるままに自由に南方に向って発展出来ると主張したのである。[18]

この北満領有計画は、対満積極政策の推進者をも含め、軍中央部の支持するところとならなかった。彼らは満州戦略の北方限界を長春と洮児河とを結ぶ線上に定めた。すなわち、南満州鉄道ならびに洮昂線の洮南附近以北における軍事的経略を意図しなかったのである。[19]このような北満をめぐる関東軍と軍中央部との見解の相異は、関東軍がソ連の膨脹を阻止することをもって緊急の用務と信じたところから起ったものであり、北満経略の問題は満州事変中関東軍と軍中央部間との論争の主要点となるに至った。

戦略上の目標をソ連邦とみた板垣・石原は、理論上はアメリカ合衆国をもって日本の大陸発展を阻害する最大の挑戦者であると断定した。米国は近来経済力もますます増強し、極東に対する関心もとみに高まりつつあったが、石原は日米戦争の到来を想定し、日本が「東洋文明ノ中心タル位置ヲ占」め、米国もまた「西洋文明ノ中心タル位置ヲ占」め、「飛行機ガ無着陸ニテ世界ヲ一周シ得ル」時期においてこの戦争が起ることを予測した。彼は日本も、米国も、航空技術が必ず発展し続け、世界最大の殲滅戦争へ突入すると考えたが、またこの大戦の後には、永久平和の黄金時代が出現することを信じて疑わなかった。彼は将来起るべき日米戦争は、具体的には日本の満州への進出を契機とするものであると断じた。[20]

板垣も対米戦については石原と見解を同じくしていたが、昭和六年(一九三一年)三月、彼は士官学校教官に講話し、アメリカ合衆国が「門戸開放」「機会均等」主義を樹立して以来、特にワシントン会議以後の極東外交を観察すると、日米の衝突は将来中国問題をめぐって起り、また日本の満州進出を阻止するのは米国以外の何ものでもないと結論せざるを得ない、と述べた。[21]

いったん米国との間に戦争が起れば、戦闘の主たる責任は海軍が負わねばならないことは論ずるまでもなかった。しかしながら、日米戦争論は、軍事の資源供給源ならびにソ連邦に対する要塞としての満州の価値を一段と強調するという意味において、関東軍の主張を援助する直接的効果を有していた。板垣および石原は満州を戦略上の拠点のみならず、日本の将来にわたる大陸発展ならびに対外戦争に備えるための資源の供給地としても高く評価していた。昭和四年(一九二九年)、関東軍は特に調査班を設けて満州が占領された場合の行政研究にあたらせたが、この目的とするところは満州資源の有効な利用方法を検討することであった。「満州占領地行政ノ研究」と題された報告は、当時の関東軍の意図を伝えるものとして極めて重要であると考えられるので、以下緒言の一部を紹介すると、将来戦ノ状況ヲ考察スルニ内愈々国力ノ充実全国民ノ訓練総動員的計画ニヨル全戦争能力ノ統制整備ノ切要ナルコトヲ痛感スルト共ニ外戦争ノ指導ニ関シテモ帝国現有資力ニノミ依ルコトナク進ムテ所謂「戦争ニヨリテ戦争ヲ養フ」ノ策ヲ以テ成ル可ク速ニ且広ク敵側ノ某地方ヲ占領シ其占領地ヨリ吸収スル資源財源ノ有効ナル利用ニヨリテ全般ノ戦争ヲ有利ニ進展セシムルコトヲ図リ以テ成ル可ク帝国自体ヲシテ疲弊セシムルコトナク長期ノ戦争ヲ遂行スルノ覚悟ト準備ノ必要ナルヲ肝銘セサルヲ得サルモノアリ

是レ即チ純作戦目的ノ外資源獲得ノ目的ヲ以テ大陸ノ某地方ヲ占領セントスルノ著意ヲ要スル所以ニシテ之カ為先ツ著目セラルヘキハ支那本土及満蒙地方ナリトス

支那本土ノ占領ニ関シテハ暫ク之ヲ措キ右ノ見地ニ基キ着手最モ容易ナル満蒙地方ノ状態ヲ観察スル(22)

関東軍が「戦争ニヨリテ戦争ヲ養フ」政策を採ったことは、如何に関東軍が限定された経済的な枠の中で彼らの膨脹政策を遂行しなければならなかったかを示すものであろう。まず冒頭において占領地行政の一般方針を述べた後、満州占領地は概ね自立出来るのみならず、行政地内の産業を発達させることによって戦略資源の供給、および経済の振興をも期待することが出来ると記している。[23] この研究は、満州の占領行政が日本にとって経済的な負担とならないことを強調し、現在中国による満州の行政費が、広大な地域を対象としているのにもかかわらず、軍事費を控除すれば極めて僅少なものであり、日本の統治は中国側の現在の費用程度で充分であろうことを指摘している。[24]

またこの研究によれば、日本の統治は在来の中国行政の如き「貪官汚吏ニヨル苛斂誅求」を排除する結果「課税の軽減」を実現することが出来ると述べたが、[25] 日本の占領費は占領地において徴集される課税と、徴発される物資や武器により賄い得ることとされていた。石原は占領地行政を研究するにあたって最も重要な点は、「占領地ガ果シテ幾何ノ軍隊ヲ養ヒ得ヘキカ其治安維持ニハ幾何ヲ要スヘキヤ等ニツキ具体的成案」を得ることであると強調した。[26] このように、関東軍の諸計画は深刻な経済危機下にある日本の状態に適合して樹てられなければならなかった。

すでに観察した如く、満州事変前の関東軍政策にはいくつかの特筆すべき傾向がみられた。板垣および石原が国内革新の必要を是認していたことはすでに述べたが、彼らは満州が戦略的に重要であるのみならず、日本の国民大衆の生存にとっても貴重な役割を果すと強調した。現下の恐慌が世界的な不況に因るものであると認めつつも板垣は、工業の基礎が薄弱な日本は国内的な手段のみでは到底これを打開することは出来ない。領土も資源も貧弱であるのにかかわらず、急速に増加する人口を抱えた日本は、現在の低い経済水準を維持することすら困難であろう。満州を領有してはじめて日本は資源の供給地と製品の市場とを確保し、工業国としての発展を期待することが出来ると述べて、対外発展が唯一の苦境の打開策であると主張した(27)。

ここで満州が日本の無産階級にとっても重要であると論じられたことは意味深い。板垣は満州の重要性は

我国ノ経済界ヲ支配スル資本主義ノ立場カラ申シマシテモ勿論テアリマス又無産階級ノ立場カラ申シマシテモ国内ノ富ノ平均ヲ図ルコトカ固ヨリ必要ナル要求テアリマセウカ元来富裕ナラサル我国ノ世帯ノ範囲丈テハ国民全般ノ生活ヲ保証スル根本策ヲ発見セントシテモ結局詰ル外ナイノテアリマス(28)

と述べたが、石原も満州の開発が経済活動を活発にし、それによって日本の失業問題が解消することを期待していた(29)。関東軍首脳部は、当時明らかに日本の人民大衆の福祉と対外発展とを関連性のあるものとして把握していたが、このことは国家社会主義者の主張する帝国主義思想が容易に彼らの信奉するところとなり得ることを示すものであった。

しからば関東軍首脳部は、彼らの達成しようとした日本の人民大衆の福祉の増強と、必然的に在満人民の征服を意味する彼らの満州領有計画とを、どのように調和させたのであろうか。彼らは青年連盟と同様、満州の三千万人民を軍閥の圧政に苦しむ大衆とみることに答を見出さんとした。満州の人民は「天恵ノ土地ニ居住シナガラ文化ノ恵沢ニ浴」することの出来ない実に哀れな人々であり[30]、彼らは張学良政権下において戦争、インフレーション、重税等に苦しみ、まさに危機に瀕した毎日を過していた。在満日本人もまた張政権の排日教育および排日政策の結果甚だしく困難な状態に置かれていた。このように情勢を分析した関東軍は張学良政権をもって日本人を含む全満人民の敵とみなし、板垣および石原は、張政権を打倒することをもって日本人の使命であると主張したのである[31]。

「満州占領地行政ノ研究」は日本による満州の占領ならびに統治がただちに在満人民の幸福を意味するものであると論じ、もし日本がこれにあたれば、

治安ハ確保セラレテ居住交通ノ安全ハ忽ニシテ保証セラレ従来ノ秕政ハ公正ナル善政ニ代リ従テ民衆ノ経済的負担モ亦漸次ニ軽減シ交通ハ益々開発セラレテ自然産業ノ発展ヲ促進シ満蒙ニ与ヘラレタル天恵ハ遺憾ナク其価値ヲ発揮シ以テ民衆ノ福利ヲ増進スルニ至ルヘキコトハ朝鮮及関東州ニ於ケル我統治ノ跡ニ就テ見ルモ明ニシテ玆ニ初

メテ彼等ノ渇望シテ得ラレサル所謂保境安民ヲ実現[32]ヘキ民衆ノ福祉ニ比スレハ敢テ問題トスルニ足ラサルヘキハ信シテ疑ハサルナリ[33]」、と日本占領のもたらす不幸についてはひどく楽観的な見解を示していることは興味深い。

占領のもたらす好結果についての大言壮語が、将来の占領の在り方を示す良い資料となり得ないことは当然であるが、占領地行政の機構ならびに人員の配置に関する叙述を検討すると、関東軍は日本人総督もしくは在満日本軍司令官の統治する軍政の実施を計画していたと考えられる。この軍政機関は中国側中央行政機関に代って設置されるものであったが、在来の地方行政機関はこれを存置せしめ、引続き地方行政にあたらしめることとなっていた[34]。満州地域内の中国軍については武装解除した上、捕虜として抑留するか地域外に追放することとし、また中国警察機関は廃止を予定していたが、行政官吏については、県長以下は現職にとどめるか、他の中国人をもって代らしめようとした。ただし高級官吏についてはすべて中国人を辞職させ、これに代って日本人を任命する方針であった。いわゆる「要人」として認められていた声望ある中国人のうち、日本軍に恭順の意を表したものはその生命および財産を保護し、軍政下に居住することを許すのみならず、これを「要人」として遇し、かつ日本軍政機関の顧問または嘱託として任命することが考慮された。在来より鉄道、郵便、電信、電灯、工廠、銀行、鉱山、学校等の公共事業に従事するものは、日本の監督のもとになるべくその職にとどまることが期待された。

概して関東軍の占領地行政は、一般住民の日常生活には努めて干渉を避けようとするものであった。[35]「満州占領地行政ノ研究」は、「直接民衆ノ生活ニ関スル事項ハ軍ノ要求ニ反セサル限リ寧ロ在来ノ制度又ハ習慣ニ基キテ自然ノ発達ニ委スルヲ得策トシ同化主義的指導又ハ文化的教導ヲナスノ必要ナシトス」[36]と論じている。すなわち、関東軍が意図していたのは、満州の領有ではあったが、在住諸民族の文化的社会的性格の改革をも含んだものではなかったといえよう。彼らは、各民族に各自の特性を発揮させることによって、国家主義的および経済的欲望を満たさせることがいかに重大であるかということを認めていたと推察されるが、石原は「眼前ノ小事ニ拘泥シテ日本人保護ニ偏重スルコトナク……真ニ共栄共存ノ実ヲ挙ケシムル」ことが日本の満州占領統治の成果を決定するものであると主張している。[37]

また「満州占領地行政ノ研究」によれば、

占領地ニ於ケル対人的行政ニ関シテハ在満支那民衆ヲ第一ノ対象トシ　併セテ邦人

ノ占領地殖民ヲ考慮スルヲ必要トス
蓋シ被占領地人民ノ向背ハ直接間接ニ於テ最モ我統治ヲ左右シ延イテハ帝国ノ為重大ナル関係ヲ与フルモノナレハナリ支那人民衆ニ対シテハ彼等ニ対シ福利ヲ享受セシメテ我統治地域ニ安住セシメ以テ彼等ヲ従来ノ不安定ナル生活ヨリ救済シ一ツハ彼等ヲシテ我統治ヲ謳歌セシメ

ることが日本の行政の主眼であるとされた。そしてまた、治安を確保し、課税を軽減し、産業、交通、ならびに金融の諸制度を発達させることが、在満中国民衆の心服を得る最良の方法であると考えられたのであった。[38]

ここで特筆すべきことは、関東軍の満州領有案と満州青年連盟の独立案とは一見相反するものであったが、この両案の基礎となっていた政治的、社会的ならびに人種的観点については、すでに示した如く多くの共通点があったことである。関東軍が、在満人民大衆の現状が悲惨なものであり彼らにもよりよい生活を期待する権利があると認めていたことは、特に注目すべきであろう。このような考え方は、日本国内の現状を不満とする革新思想の反映であると推測されるが、在満人民大衆の民族的および経済的状況が改善されなければ、中国ナショナリズムとソビエト共産主義の侵入を阻止し難いのではないかとの観点から、強く信奉されるに至ったものといえよう。

関東軍の戦略

関東軍は満州領有案に加えて、満州に出兵する時期と方法についても積極的な計画を有していた。彼らはまず中国の動乱は長期にわたるものであって、いつかは必ず満州に波及すると考えていたが、日本はこれに対し全面戦争に訴えることにより満州の日本権益を擁護することは可能ではあっても、このような実力行使は必ず国際干渉を招くものであると信じていた。[39] 板垣ならびに石原が、満州出動の期限を昭和一一年(一九三六年)と定めたのは、国際関係の機微を考慮した結果であった。

特に彼らが注目したのは、中国に多大の利害を有するソ連、米国ならびに英国の動勢である。まずソ連は当時革命後の再建に忙しく極東に軍を集結させることは出来なかったが、東支鉄道を根拠として北満における自国の勢力を保持することに多大の関心を有していた。従って、経済復興五年計画の進捗に伴い、極東方面に積極的な行動に出ることも可能となろうことは、着々と軍事力の増強が進んでいる状況からも予測することが出来た。[40]

米国もまた当時不況後の国内問題に没頭していた。しかしながら対米関係において、日本がなるべく早期に軍事行動を起すべきだとの主張を成り立たせたのは、ロンドン条約が日米海軍力の比率を次第に日本に不利なものとしたからである。[41] その上、ロンドン海軍軍縮条約の有効期間は昭和一一年(一九三六年)とされていたから、米国はその後海軍の大拡張計画に乗り出すことも可能であった。ただ英国のみは、華中における利益が侵されない限り、満州問題に関し日本に対抗するものではないとみられていた。[42] このように考察した場合、日本の満州に対する軍事行動は、ソ連の復興と米国の海軍拡張が実現し得る遅くとも昭和一一年(一九三六年)までに開始されなければならなかったのである。[43]

列強の圧力は日本が欲しいままに満州で事を起すことを阻止してはいたが、その反面日本が行動をとるとすればかなり近い将来とならざるを得ないことを示すものであった。ひるがえって国内の情勢をみると、国民の大部分には満州における軍事行動を支持する用意は到底出来ていないように思われた。それのみならず、満蒙に対する積極策をもって「侵略的帝国主義」として反対する人々すらある現状においては、[44] 日本の国民に満州の実情を理解させるよう啓蒙することが最大の急務である、と石原は主張した。[45]

このように満州に対する積極行動を主張した関東軍は、国内改造の必要性をも認めていたのであったが、両者の時期的な優先関係を如何に考えたのであろうか。まず第一にいえることは、関東軍が桜会と同様の熱意をもって国内改造を推進しようとはしていなかったことである。石原は満州出動と国内改造との関係を次のように述べている。

我国ノ現状ハ戦争ニ当リ挙国一致ヲ望ミ難キヲ憂慮セシムルニ十分ナリ　為ニ先ツ国内ノ改造ヲ第一トスルハ一見極メテ合理的ナルカ如キモ所謂内部改造亦挙国一致之ヲ行フコト至難ニシテ政治的安定ハ相当年月ヲ要スル恐少カラス　又仮ニ政治的安定ヲ得タリトスルモ経済組織ノ改変ニ関スル詳細適切ナル計画確立シアラサルニ於テハ我経済力ノ一時的大低下ヲ覚悟スルヲ要スルコト露国革命ニ就テ見ルモ明ナリ

若シ戦争計画確立シ資本家ヲシテ我勝利ヲ信セシメ得ル時ハ現在政権ヲ駆テ積極的方針ヲ取ラシムルコト決シテ不可能ニアラス殊ニ戦争初期ニ於ケル軍事成功ハ民心ヲ沸騰団結セシムルコトハ歴史ノ示ス所ナリ　戦争ハ必ス好転セシムヘク爾後戦争長期ニ亘リ経済上ノ困難甚シキニ至ラントスル時ハ戒厳令下ニ於テ各種ノ改革ヲ行フヘク平時ニ於ケル所謂内部改造ニ比シ遥ニ自然的ナリトイフヘシ

故ニ若シ政治的安定ヲ確信シ得ヘク且改造ニ関スル具体的計画確立シ而モ一九三六年ヲ解決目標トセサルニ於テハ内部改造ヲ先ニスルヲ必シモ不可ト称スヘカラサルモ我国情ハ寧ロ国家ヲ駆リテ対外発展ニ突進セシメ途中状況ニヨリ国内ノ改造ヲ断行スルヲ適当トスヘシ(46)

右の一文に示された如く、石原にとっても、社会構造の改革と統制経済の導入[47]とを含めた国内改革は、国家の総力をもっとも効果的に結集させる手段として評価されていた。しかし彼は、改革の結果が一時的にせよ国力の弱化や破壊をもたらすことを恐れたのである。彼は相当の年月を必要とする国内改革よりも、一挙に効果のあがる満州進出を好んだのであって、彼の主張は軍中央部においては永田鉄山および鈴木貞一と相通じるものであった。

昭和一一年(一九三六年)を期限とし、しかも国内改革に優先して、何時満州における軍事行動は開始されるべく計画されたのであろうか。昭和六年(一九三一年)八月、関東軍の「情況判断ニ関スル意見」は同年の参謀本部の情況判断を批判し、「満蒙問題解決国策遂行ハ急速ヲ要ス[48]」と主張した。参謀本部は満州問題の解決方策を三段階に分け、第一段階においては外交交渉を主として日本権益の確保を試み、第二段階においては親日政権の樹立を考え、第三段階において満州の軍事占領を企図していたが、当時はいまだ張政権を相手とした外交交渉により事態の解決にあたり得る段階にあると判断していた[49]。これに対し、関東軍はすでに満州の軍事占領のみが残れる手段であると信ずるに至っていたのである[50]。関東軍は、参謀本部が断乎たる決意に欠けるものとしてこれを非難した[51]。在満日本人の絶望的な気運と、緊張した日中関係の現状に接していた関東軍は、もはや偶然の機会を待って軍事行動に移るのではなく、現に存在する多くの抗争をとらえて自ら行動に出る機会を作ろうと望んでいた。彼らは国内情勢が公然と満州への出兵を容認するのが困難な場合でも、「軍部ニシテ団結シ戦争計画ノ大綱ヲ樹テ得ルニ於テハ謀略ニヨリ機会ヲ作製シ軍部主動トナリ国家ヲ強引スルコト必スシモ困難ニアラス[52]」と考えたのであった。

昭和六年(一九三一年)盛夏、関東軍は出動準備を万端ととのえ、一挙に満州を占領せんものと待機していた。一方国民党政府はすでに革命外交の目標を公表し、日本の管轄下にある旅順、大連ならびに満鉄の回収を意図していることを宣言した。満州における日中間の種々の衝突は次第に数を増して行った。満州青年連盟はすでに第一次遊説隊を内地に派遣、切迫した満州の状況をひろく訴え、張政権打倒のため日本軍がひとたび出撃するや八千万同胞の支持を得るよう、世論の喚起に努めた[53]。在満日本人は、軍人であると民間人であるとを問わず、軍事行動の開始を切望していたのである。

第二部　事変の展開

第四章　奉天事件と戦線の拡大

関東軍が満州問題解決のための具体案を確立し、その実現を強く要求するに伴い、軍中央部もその政策を再検討する必要性を痛感するに至った。満州問題を担当していた参謀本部および陸軍省の中堅将校の多数は、将来武力の行使が不可避であるとの結論に達していた。しかしながら、満州における軍事行動を、いつ、いかなる方法で行うかについては、まだ意見の一致はなかった。

計画および準備

満州における軍事行動を予測した最初の重要文書は、参謀本部作戦部長建川美次が第二部長当時（昭和四年八月—昭和六年七月）委員長として作成した「満蒙問題解決方策」である。第二部は久しく急進的革新分子の温床であったが、参謀総長、参謀次長、陸軍大臣、陸軍次官等を含む陸軍上層部により採用されたこの「解決方策」は次の通りのものであった。

一、満州に於ける張学良政権の排日方針の緩和については、外務当局と緊密に連絡の上、その実現につとめ、関東軍の行動を慎重ならしめることについては、陸軍中央部として遺憾なきよう指導につとめる。

一、右の努力にもかかわらず排日行動の発展を見ることになれば、遂に軍事行動の已むなきに到ることがあるだろう。

一、満州問題の解決には、内外の理解を得ることが絶対に必要である。陸軍大臣は閣議を通じ、現地の情況を各大臣に知悉せしめることに努力する。

一、全国民特に操觚界に満州の実情を承知せしめる主業務は、主として軍務局の任とし、情報部は之に協力する。

一、陸軍省軍務局と参謀本部情報部とは、緊密に外務省関係局課と連絡の上、関係列国に満州で行はれている排日行動の実際を承知させ、万一にもわが軍事行動を必要とする事態にはいったときは列国をして日本の決意を諒とし、不当な反対圧迫の挙に出でしめないやう事前に周到な工作案を立て、予め上司の決裁を得てをき、その実行を順調ならしめる。

一、軍事行動の場合、如何なる兵力を必要とするかは、関東軍と協議の上作戦部に於て計画し上長の決裁を求める。

一、内外の理解を求むるための施策は、約一ケ年即ち来年春迄を期間とし、之が実施の周到を期する。

一、関東軍首脳部に、中央の方針意図を熟知させ、来る一年間は隠忍自重の上、排日行動から生ずる紛争にまきこまれることを避け、万一に紛争が生じたときは、局部的に処置することに留め、範囲を拡大せしめないことに努めさせる。(1)

軍の上層部は満州における行動の可能性を正式に認めたが、国際的影響の重要性を考慮したため、政策の立案にあたっては、関東軍よりもはるかに慎重であった。陸軍省軍事課長永田鉄山および参謀本部作戦課長今村均は、「満蒙問題解決方策」に基き、それぞれ政治的ならびに軍事的計画の細目を準備するよう指令された。今村は昭和六年(一九三一年)八月一日作戦課長に就任するやただちに以上の指令を受けたのであったが、当時を回想して、満州作戦の主たる目標は張学良軍ではなくソ連であり、日本が満州に進出すればソ連が干渉する可能性があると考えられたため、軍中央部は細心の注意を払わざるを得なかった、と述べている。(2) 総じて、満蒙問題に臨む軍中央部の態度は慎重なものであり、このことは、満州における軍事行動のために一年間の準備期間をおくという方針に最も端的に表明されていた。

しかしながら、昭和六年(一九三一年)の夏、軍中央部のすべてが一致して満州問題に対し慎重であったとはいい難い。関東軍の速戦論に対する好意的な反応は軍中央部の各処にみられた。特に第二部の支那課には多くの賛同者があり、支那課長の陸軍大佐重藤千秋は、早期に軍事行動を開始するため秘かに画策していた。外交手段を通じて反日感情や反日行動を阻止することが出来ないとすれば、物量において優る張軍を壊滅するため、関東軍側から先制攻撃をしかけることが戦略的に絶対必要である、とこれら速戦論者は考えた。このためには、まず軍事行動を引き起させるような事件が作り上げられなければならなかった。五月に入ると、重藤課長はじめ支那課員は陰謀的手段を用いることを決定、関東軍幕僚と緊密な連絡を保つようになった(3)。

当時の満州の状況は、日本がいつ行動を開始しても不思議と思われないような緊迫した事態にあった。反日暴動、日中両軍の偶発的な衝突、中国内乱の満州への波及など、いずれも全面的な軍事行動の導火線となり得るものであった。重藤等の陰謀に関する信頼すべき資料は現存しないが、彼らは中国人をして日本権益に攻撃を加えさせることを考えたとみることが出来よう(4)。この間、支那課は、建川第二部長および鈴木重康作戦課長より、宣伝工作と陰謀により中国側の行動を誘発させるような準備をととのえるよう関東軍に指令する許可を得た(5)。

昭和六年(一九三一年)の初夏に行われた二つの会議は、関東軍と軍中央部との間の連絡の程度を示すものとして注目に値する。まず第一回の会合は六月に開かれた。この会議には、奉天特務機関の花谷正少佐が秘かに参加し、同年秋には満州において行動を開始したい、との関東軍の強い希望を伝えた。関東軍は、当時の事態が第三段階、すなわち軍事占領を行う時点に達していると判断していた。しかも、関東軍の実際的指導者である板垣および石原はすでに二年以上満州に在勤しており、いつ転勤の命令を受けるか判らぬ状況にあった。

板垣は、張作霖爆死事件後の関東軍大異動の際、河本大作の後任として昭和四年(一九二九年)六月満州に配属された。一方石原は、かつて大正七年(一九一八年)陸軍大学を優等の成績で卒業した際、これら軍刀組の多くが欧州に派遣されるならわしがあったにもかかわらず、自ら漢口勤務を願い出たほど大陸問題には古くから深い関心を有していたが、昭和三年(一九二八年)一〇月、作戦担当の参謀として関東軍に配属された。板垣および石原は、関東軍をイデオロギー的にも、政治的にも、また戦略的にも指導していたので、軍司令官および参謀長は、単に名目上の統率権を有しているにすぎなかった。行動開始を遷延することは、彼らを関東軍から失うおそれが生ずることを意味していた。

花谷の早期行動開始要請に対して、次の者が同意を与えたといわれている。すなわち、建川第二部長、重藤支那課長、橋本欣五郎ロシア班長は真先きに賛成した。永田鉄山軍事課長も賛意を示したが、根本博支那班長、東条英機動員課長は、準備の不完全を心配しながらも結局同意し、二宮治重参謀次長および小磯国昭軍務局長もこれを諒承した。かくのごとく、満州への出動は軍中央部の最有力者の間で極秘裡に承認されたのである。(6)

第一回の会合が非公式な秘密会議であったのに対し、第二回の会合は、八月初旬、新任の関東軍司令官本庄繁が同参謀長三宅光治、高級参謀板垣征四郎とともに師団長、軍司令官会議出席のため在京していた際に開かれた。公式会議後の秘密会において、関東軍参謀は満州で軍事行動に移る用意がある旨を二宮参謀次長、杉山陸軍次官、建川および小磯ならびに関東軍、朝鮮軍、台湾軍の各司令官に対し表明した。(7)朝鮮軍に対しては特に援軍を求めたが、朝鮮軍司令官林銑十郎は、関東軍の危機に際しては朝鮮軍は援助を惜しまぬ決意があることを明らかにした。参謀総長金谷範三および陸軍大臣南次郎は、この軍事行動計画決定に参加しなかった。天皇に対し直接責任を有する軍の最高指導者が謀略手段を前提とする計画に参画するのは適当でないと考えられたからである。(8)

関東軍の計画が軍中央部有力者の承認を得たことは、その後二四サンチ榴弾砲二門が東京から奉天へ移されたことからも裏書される。二四サンチ榴弾砲は城壁に囲まれた奉天を最少限の時間と犠牲とで攻略するには不可欠なものであった。[9]

一方、軍中央部は満州の緊迫した状況を宣伝することにより来るべき軍事行動に際して世論の支持が得られるよう工作に努めた。また、このように危機感を煽ることにより民政党内閣が計画中の行政整理ならびに翌年二月の世界軍縮会議に備えての軍事予算削減を阻止しようとした。[10] 七月初旬、厳しい緊縮財政に対処するため、軍部は自ら軍制改革案を作成した。この案は或る程度の軍隊の縮小と再編成とを内容としていたため、陸軍部内において不満や反対が起ることは必至とみられていたが、軍の上層部としてはこれ以上の縮小ないし再編成は不可能と考えており、議会による削減を防止するためにも、満州における危機状態を強調することが必要であった。

師団長会議における演説において、陸軍大臣は軍備縮小に関する政府の権限を正面から非難して一大センセーションを巻き起したほか、さらに満州における緊迫した戦争の危険に対して準備を怠ってはならないことをも強調したが、これは右のごとき事情を背景としたものであった。[11] 原田熊雄はその日記の中で、軍部は自己の軍制改革案の予算通過を阻止することにより内閣を打倒してでも実行に移すつもりのように思われたと述べ、それに失敗した場合には、軍は「満蒙に対する頗る強硬な態度を激成しておいて、なんとか転換の途を講じようとしてゐるのだ。とにかく現在の政治の状態に頗る不満であるから、実際においては統制のとれてゐない陸軍においては、いつ何事が起るかもしれない。[12]」と記している。満州出兵の噂は昭和六年(一九三一年)の八月から九月にかけて次第に広まり、総理大臣および外務大臣は満州における戦争の時期をしばしば新聞記者に問われるような状態であった。[13]

関東軍の首脳部は、「謀略ニヨリ機会ヲ作製[14]」することによって軍事行動を促進しようと考え、謀略の準備のためのグループを設けたが、板垣および石原がこのグループの指導に当っていたことは疑いなかろう。花谷少佐および張学良顧問今田新太郎大尉もこのグループと密接な関係を有していた。独立守備隊第三中隊長川島正大尉その他数名の少壮将校も計画に参加していた。このグループが、東京で満州出兵を画策していた重藤、橋本、根本らと連絡をとっていたのである。[15]

満州における日中関係は、昭和六年(一九三一年)夏中村大尉事件をめぐって最も険悪な状態となっていた。中村大尉は満州の奥地で中国兵に殺害されたが、中国側は、日本の厳しい抗議を緩和するため、調査団を派遣して殺害犯人を追求していた。これに対し関東軍がいよいよ強硬処置に出るか否かは、一にかかって九月一六日に提出を約束されていた中国調査団の報告にあると考えられていた。関東軍は九月中旬には司令官による隷下部隊の巡視と検閲のため夜間演習を行っていた。このような事態を背景として、関東軍による鉄道爆破が九月二八日に予定された[16]。

一方東京にあった政府首脳は、緊迫した満州の状況を著しい不安の念をもって見守っていた。天皇は、西園寺の進言を入れ、海軍大臣および陸軍大臣をそれぞれ九月一〇日および一一日に召喚、軍紀について質問した[17]。海軍大臣は天皇のかかる関心に大いに驚き、以後軍の統制を維持強化することを約した[18]。陸軍大臣は天皇の召喚の趣旨を予知していたごとく「軍紀の件下問せんとせしに却而陸軍大臣より先に陳情あり。近来、若き将校等、外交軟弱を論難する者有之……彼等言葉の足らざるため種々世間の誤解を来し軍紀上面白からざる事実を認むるも当局に於ては外交を国策と認むる者にて決して彼等の言分を是認する者にあらず、充分取締る意向なる旨上奏[19]」したのであった。

陸軍大臣は九月一四日に西園寺を訪問したが、天皇および西園寺の譴責を避けるため、参謀本部作戦部長建川美次を満州に派遣して、関東軍の自重を求めることになった。しかるに、関東軍参謀長はすでに九月一二日と一三日の両日にわたり陸軍大臣に電信を送り、緊迫した満州の状態を視察するため建川ならびに軍務局長小磯国昭を満州に派遣するよう要請していた[20]。小磯は軍制改革および予算問題に忙殺されていたので、建川のみが選ばれて、陸軍大臣および参謀総長の命のもとに九月一五日東京を出発、関東軍の早急な行動を抑え、中央の支持が与えられない旨警告することとなった[21]。

しかしながら、建川派遣の目的は、彼の到着前にすでに関東軍に通報されていた。橋本がひそかに奉天特務機関の花谷に打電し、建川派遣の目的が関東軍の軍事行動の防止にあることを伝えていたのである[22]。ここにおいて関東軍の鉄道爆破計画者達は二つの対策を考えるに至った。一つは即時行動を開始することであり、いま一つは、参謀本部の支援が得られぬ限り、行動開始を延期することであった。この二つの主張のいずれを採るべきか結論が出ないため、くじにより決することになったと伝えられるが[23]、いずれにせよ建川派遣が通報された結果、爆破計画は一時中止された。その後板垣と石原は、建川が東京の自重論を関東軍司令官に通達する前に行動を開始するという決定を下したが、この決定は即時行動を主張した花谷を除外して行われたものであった[24]。

軍事行動の開始

建川到着の公電が関東軍司令官ならびに参謀のもとに到達したのは、九月一七日遼陽における演習を終えた関東軍司令部の一行がまさに旅順への帰途につこうとする時であった。一行は予定どおり旅順へ向ったが、一人板垣だけは東京からの使者建川を迎えるために奉天に残ることとなった。建川に対するもてなしは丁重を極めた。建川は到着後ただちに料亭「菊文」へ案内され、ここで酔いつぶれる程酒食の歓待を受けた。九月一八日午後一〇時頃、奉天北方の南満州鉄道で爆破事件が勃発した。引続いて、日本軍鉄道守備隊と中国軍との間で戦闘が行われ、関東軍は翌朝までに奉天占領を完了した。

建川については、計画を知りながらこれに協力するため陸軍大臣の命令を伝達せずに一夜を無為に過したとしばしばいわれる[25]。無論われわれは推測しか出来ないのであるが、客観的状況はこの見方を裏付ける。建川は桜会の後援者であり[26]、関東軍の主張する軍事行動を支持していた。陸軍大臣および参謀総長から満州における戦闘勃発の阻止を正式に命ぜられた建川としては、作為的に命令の伝達を遅らせるほかなかったのではなかろうか[27]。

しかしながら、関東軍は建川とは全く無関係に行動を開始した。鉄道守備隊と中国軍との衝突の報を受けるや、板垣は奉天駐屯部隊をただちに援軍として派遣した。ここにおいて、日中両軍の小衝突は本格的な軍事行動に拡大するに至った[28]。旅順における関東軍司令部は衝突の報を午後一一時過ぎに受領、参謀長は幕僚をただちに召集した。

満州事変の貴重な資料であり、本研究の基礎となっている「片倉日誌」は「本記録ハ該事件ヲ突発事件トシテ書キ起セリ[29]」と述べ、奉天事件の原因については何ら言及していないが、日中衝突後の関東軍の内情を次のように記している。

「当時司令官ノ心中ハ未ダ攻撃ニ決セス先ツ軍ノ主力ヲ奉天ニ集中シ、武装解除ヲ行ナワントスルノ腹ナリシモ幕僚ハステニ交戦ニ及ベル今日奉天城ハ其攻撃ヲ前ニ師団長ノ部署ニ委シ、営口、鳳凰城ハ先ツ武装解除ヲ断行シ長春ハ之ヲ監視スルヲ可ナリトシ是認スルトコロトナレリ(30)」

幕僚が危惧したのは、軍隊を奉天に結集させて敵の反応を待つという司令官の作戦が軍中央部の命令に関東軍を応じさせる余地をつくり、その結果張作霖事件における河本大作の失敗を繰り返すことになることであった(31)。

司令官は幕僚の強硬な主張に直面し、かつ戦闘拡大の報告を受け、ついに幕僚の作戦計画を承認するに至った。翌一九日午前三時三〇分、司令官は幕僚とともに旅順を出発、約八時間後、すでに完全に日本軍の手中に陥ちた奉天に到達した。長春では依然として戦闘が続いていたが、戦況好転の見込みもたち、また朝鮮軍が援軍を派遣するとの報が入った。ここにおいて司令官は幕僚の進言を容れ、陸軍大臣および参謀総長に打電して、「軍ガ積極的ニ全満州ノ治安維持ニ任スベキ必要ヲ献案シ三ケ師団ノ増兵」を要請した。また、「特ニ将来軍ガ全満治安維持ニ任スルモ、ソノ経費ハ自給自足シ得ベキ」ことを力説した(32)。

これに対し東京からは、戦闘の拡大に反対する旨の正式命令が伝えられた。一九日午後六時頃相前後して到着した陸軍大臣および参謀総長電は、「十八日夜以後ニ於ケル関東軍司令官ノ決心及処置ハ機宜ニ適シタルモ」と認める一方、政府の不拡大方針に基き「今後軍ノ行動ハ此ノ主旨ニ則テ善処セラルベシ」とするものであった(33)。また、ついで到着した朝鮮軍司令官の電報も、参謀総長が朝鮮軍の再三の要請を容れず、増援隊の派遣を禁じたことを伝え、朝鮮軍は新義州以南に待機する旨を述べた。朝鮮軍の援助なしには大規模な軍事行動は不可能であったが、かくのごとく関東軍の大謀略がまさに挫折されようとしている窮状について、「片倉日誌」は、「軍司令官以下軍参謀部ノ空気極メテ緊張シ板垣、石原其他各参謀ハ更ニ善処ノ道ヲ謀議ス」と記している(34)。

すでに述べたごとく、軍中央部は、謀略により満州事変を引き起すことに同意したのでもなければ、またこのような計画の存在を承知していたのでもなかった。金谷参謀総長は、朝鮮軍の動員をもって早計であるとし、満州への増援軍の派遣は奉天の状況から判断して不必要であると考え、これを禁止した。

南陸軍大臣は一九日朝の閣議において、奉天における戦闘は中国軍の挑発に対する関東軍の純粋な自衛行為であると報告した。このような状況のもとで、参謀総長および陸軍大臣は関東軍に対し戦線の拡大を禁ずる電信を発したのである。

しかしながら、これは参謀総長および陸軍大臣が関東軍の援軍要請を全く無視しようとしたのではなく、関東軍の行動に対して陸軍中央部は一致して好意的な取計いを行う十分の用意があった。その上たとえ戦線の拡大は意図しなくても、軍指導者には今回の軍事行動を成功裡に終結させるように指導する責任があった。現に朝鮮軍は出動命令を待機中であった。参謀総長と陸軍大臣は、一方で政府の不拡大方針に同調すると同時に、他では政府に対して一万余の日本兵が二十六万の中国兵と対峙している危険を指摘、増援軍の必要性を強調した。[35]南陸相は戦局を憂慮する若槻首相に対して「朝鮮から兵を出す」、あるいは「既に出したらしい」と述べ、若槻が政府の命令なしに朝鮮から出兵したことを詰問したところ、「田中内閣の時に、御裁可なしに出兵した事実」があり、この先例に従って処置を行った旨答えたと「原田日記」は伝えている。[36]この会談は一九日夜以前に行われたと記されているが、陸軍大臣は、朝鮮軍と関東軍の暴走を阻止することが出来ないと感じたか、あるいは事態の緊迫を政府に告げて軍事行動の拡大に対する政府の承認をとりつけようと努めたものと推測される。

時局の重大化

今や戦局の拡大を防ぐことは不可能ではないかと懸念されるにいたり、政府は重大な危機に直面することとなった。九月一九日夜若槻の招きで首相官邸を訪れた原田は、若槻が非常に困惑した様子で「自分の力で軍隊を抑えることは出来ない」、しかも、天皇の裁可なしに軍隊が出動した場合、どのような処置をとればよいのかわからないと嘆息した、と述べている。[37] また、若槻は閣議で決定した事項を出先軍部に実施させることも困難な状況にあると憂慮していた。[38]

原田から若槻訪問の報告を受けた宮内大臣一木喜徳郎、侍従長鈴木貫太郎、内大臣秘書官長木戸幸一等宮中関係者は、若槻の自信喪失に不満を禁じ得なかった。九月一九日の「木戸日記」は次のように記している。「余ハ此難事ニ際シ首相ガ之ガ解決ニツキ所謂他力本願ナルハ面白カラズ。内閣ノ宜シク幾度ニテモ亦何日ニテモ閣議ヲ反復開催シテ国論ノ統一ニ努メ内閣自身確固タル決心ヲ示スノ外途ナシト信ズト主張ス」。[39] 原田は、若槻が宮中関係者の援助を求めたのではないとしているが、[40] 原田は若槻の不安を宮中関係者達に語り、また彼らの言を若槻に伝えて、「かういふ重大事に閣僚の結束が鈍いやうに思はれる故「たびたび閣議を開いて、閣議を以て事々に陸軍を抑へて行くより途はないかと思」うと述べた。[41] このように、内閣は軍部の圧力と正面から対決する中心的政治力となることが期待されたのである。西園寺は九月二〇日天皇に対し、「万一そんなことはあるまいが、政府内に辞意があっても、今日の場合、陛下は絶対にこれを御許しになることはいけない。この事件がすべて片付くまでは、辞職を御聴許になることはよくない[42]」と進言した。

しかしながら、首相はじめ閣僚が自信を喪失するには、それだけの根拠があった。今回の日中衝突も軍部の陰謀によって引き起されたのではないかとの疑いは、次第に広く抱かれるようになっていた[43]。外務大臣幣原喜重郎は、奉天事件は偶発的なものではなく、関東軍によって事前に計画されたものの一部にすぎない、との報告を受けとっていた。事件発生前、奉天総領事林久治郎は、撫順鉄道守備隊が軍事行動を九月一八日に開始する計画を有することを洩らした旨、本省に打電していた[44]。戦闘が開始されるや、林は、関東軍が「満鉄沿線各地ニ亘リ一斉ニ積極的行動ヲ開始セムトスルノ方針ナルカ如ク推察セラル[45]」ること、ならびに、板垣が「中国軍ハ我カ軍ヲ攻撃セルヲ以テ、徹底的ニヤルヘシトノ軍ノ方針ナリ[46]」と語ったことを本省に報告した。南満州鉄道株式会社総裁内田康哉も、外相に対し次のように報告している。

本回ノ事件ノ拡大性ニ付テハ領事館員ニ対スル板垣参謀ノ口吻ヨリ察スルニ満鉄沿線ニ於ケル支那側兵用地ノ軍事占領続行スルモノト思ハル鳳凰城ヘノ進軍ハ其一例ナリ支那側ノ態度ハ頻々タル総領事ヘノ電話要求ニ依リ察スルニ皇姑屯事件ノ際ノ如ク

無抵抗主義ヲ執レリ此ノ結果外交上至難ナル事態ヲ惹起スルハ想像ニ余リアリ此ノ軍事占領ノ理由ハ北大営ニ属スル支那兵カ鉄道ヲ破壊セリト謂フニアルカ唯今迄我社保線係ヲ三度現場ニ差向ケタルモ入場ヲ拒絶セラレ或ハ「レール」ヲ外セリトカ或ハ爆弾ニテ破壊セリトカ情報区々ナリ今回軍隊出動ノ計画ハ既ニ十四日以来非常演習トシテ予行セラレタリ(47)

奉天総領事はさらに建川が秘密裡に奉天に到着したとの情報を報告し、「今次ノ事件ハ全ク軍部ノ計画的行動ニ出テタルモノ」と断じた(48)。幣原がこれらの現地からの報告電報を閣議で披露したため(49)、閣僚達は今次事件の内容に関し疑念を深めたといわれている。関東軍ないし陸軍全体がどの程度計画に加わり、またどの程度の軍事行動を目標としていたかは不明であったが、満州で戦線が拡大しているという事実、ならびに軍が故意にこのような拡大を計っているのではないかという疑いは、内閣にその無力を痛感させた。

軍部と政府との対立はまず奉天で表面化した。九月一九日、関東軍司令官を訪問した林は撫順守備隊長の件に言及し、今回の事件との関係を追求した。板垣は林の言葉に著しく憤慨し、かかる重大事を軍に計ることなく外相に打電した軽卒をなじり、陳謝を求めた。翌二〇日、陸軍中央部からの電報は、今回の事件につき外務省は疑問をもって注視していることを告げた。関東軍参謀長は林を訪問して、撫順中隊の行動開始と今回の戦闘に関し、いかなる報告を行ったかを詰問した。[50]参謀長は、両者の関係を強く否定し、今回の事件は中国側の攻撃によって引き起されたものであると力説した。「片倉日誌」によれば、林は外務大臣に対し取消の電報を発することを約したとあるが、[51]同日の林電は、関東軍参謀長は吉林やハルピンにまで戦線を拡大する意向を有する如くであると報じている。[52]関東軍は、軍中央部が関東軍の軍事行動を承認せず、とくに朝鮮軍の増援を禁止したのは林の報告によるものと信じるに至ったため、関東軍と総領事館との関係は甚しく緊迫することとなった。[53]

その後の軍事行動

関東軍は政府を誤り導くものとして奉天総領事を非難する一方、九月二〇日には軍事行動の拡大を禁止する中央部の命令にいかに対処するかという重大決定を下さなければならないこととなった。すなわち、命令に従って待ちに待った満州の軍事占領の機会を放棄するか、あるいは吉林、ハルピン地方に伝えられる不穏状態を利用して戦線を全満州に拡大するかの二者択一に迫られたのである。

「片倉日誌」は、関東軍が戦線を拡大する政策を決定するに至った過程を次のように記録している。

参謀長、板垣、石原、新井、武田、中野各参謀片倉大尉ハ午後十二時過先ツ瀋陽館二号室板垣参謀居室ニ於テ会同シ向後ノ対策ニ関シ謀議シ全員吉林派兵ニ決ス

参謀長ハ浴衣ノ儘司令官ノ寝所ヲ訪ヒ二回ニ亘リ軍司令官ニ建言セルモ軍司令官ハ同意スル所ナシ、片倉大尉ハ石原参謀ニ作戦主任自ラ作戦上ノ立場ヨリ献言セラレテハ如何ト提議セルカ石原参謀ハ既ニ参謀長ヨリ二回ニ亘リ具申セリ、此際幕僚全員ニテ動カスヲ可ナリト信スト称シ一同私服ノ儘七号室寝所ニ至ル、新井参謀ハ先ツ吉林ノ情況ヲ説明シ次テ石原参謀更ニ用兵上ノ見地並ニ軍ノ企図上ヨリ吉林派兵ヲ説キ引続キ板垣参謀ハ軍ハ断乎トシテ所信ニ向ヒ邁進スヘキヲ進言シ沈痛ノ空気ニ閉サレタリ、軍司令官ハ板垣参謀ノ「軍カクラツイテハ」ノ言ニ色ヲ為シ参謀長、板垣以外ノ幕僚ヲ退ケ板垣参謀トノ間ニ二時間ニ亘リ議論セラレ終ニ吉林派兵ニ決セリ、時正ニ午前三時ナリ、本夜ノ幕僚会議ハ事閣議決定事項ニモ及ヒ悽惨ノ状ヲ極メ軍司令官ハ大ニ心痛セラレタリ

幕僚ハ此際吉林軍ヲ覆滅スルハ事態茲ニ至レル以上絶対ニ必要ニシテ満蒙問題解決

上ノ一契機ヲ為スモノト深ク確信シアリ、之ヲ遂ニ行セスンハ連袂辞職ヲ厭ハサリシナリ[54]

このようにして吉林への独断派兵が決定されると、ただちに第二師団長に対し出動命令が下された。しかしながら、この出動決定は陸軍大臣、参謀総長および朝鮮軍に対しては三時間後の午前六時まで報告されなかった。「軍司令官ノ決裁ノ報告ヲ遅延セシメタルハ、再ヒ中央部ノ干渉ヲ虞レ所要ノ部署ヲ行ヒ、仮令中央部ノ指示アルモ部隊ハ行動後ナル如ク工面」したからである[55]。

事実、吉林における状勢は不穏であった。在住日本人は総領事石射猪太郎に対し、中国側の攻撃から彼らを保護するために軍隊の派遣を要求するよう働きかけていた。石射は、かかる場合の援助に関し、関東軍の意向を確認しようと努めた。しかしながら石射は回顧録の中で、吉林における不穏状態は吉林特務機関長大迫通貞が故意に造り出したものであり、大迫は手先の浪人を使って市の中心部にある日本人経営の店にピストルを打ち込ませたりしたと述べている[56]。大迫に対し、吉林において不穏状勢を造り出し、更に派兵を要求するように命じたのは石原であった[57]。関東軍は、一方においては謀略により混乱状態を引き起し、他方においては正規の政策決定機関を通して軍事行動をとるという二面作戦を続けたのである。吉林派兵は、同軍が独自の計画を遂行するために、軍中央部の命令と政府の政策に反して、満州における戦線拡大に踏み出した最初の正式決定として重大な意味をもつものである。

朝鮮軍は、関東軍の決定にただちに応じた。九月二一日正午、朝鮮軍司令官は混成第三九旅団を独断で出動させた旨関東軍に通報した。(58) この報せは関東軍を大いに喜ばせた。本庄軍司令官が吉林派兵の断を下したのは、「朝鮮軍ヲ引出スコトニ依リ兵力ヲ増加」せしめ、(59) 満州占領を可能ならしめるためであったからである。しかしながら、軍紀の点からいえば朝鮮軍の独断派兵は非常な重大事であった。そもそも、関東軍司令官がその管轄下にある関東州ならびに鉄道地帯の外にある吉林に出兵を決意したのは、独断とはいえ軍司令官の権限を拡大解釈したものであった。朝鮮軍の満州出動はこれとは性格が異り、朝鮮の防衛任務にあたっている朝鮮軍が天皇の指揮を受けることなく、国外へ出兵したという大権干犯問題を含んでいた。

朝鮮軍出動の報告を受けた陸軍大臣と参謀総長は、非常な苦境に立つこととなった。朝鮮軍司令官は軍中央部に対し、中止命令を出せるものなら出すことが出来るようにとばかり、あらかじめ朝鮮国境を越える正確な時間を打電してきた。(60) 参謀本部は天皇の裁可が与えられるまでは朝鮮軍を朝鮮国境内にとどめておこうと努力した。しかし勅裁は容易に下らなかった。

九月二二日の閣議において陸軍大臣は、関東軍の兵力不足を訴え、朝鮮軍の満州派兵の許可を求めたが、閣議の認めるところとならなかった。内閣としては、かかる増援軍の派遣は戦局の拡大を意味し、満州問題を国際連盟の討議の対象とし、将来の撤兵を一層困難なものとすると考えていたからである。[61] その後陸軍大臣は、朝鮮軍の一箇旅団がすでに朝鮮を出発したことを首相に告げた。また参謀総長も天皇に対し、朝鮮軍司令官が独断専行を行ったことを非公式に報告したが、天皇が閣議の決定を経ていない出兵に裁可を下すことはなかった。すでに前日の二一日、西園寺は天皇に対し、「御裁可なしに軍隊を動かしたことについて、陸軍大臣或は参謀総長が上奏した時に、陛下はこれをお許しになることは断じてならん」と進言してあった。[62] 陸軍大臣と参謀総長は首相に対し、翌朝閣議で出兵を認める旨今夜中に天皇に奏上させようとしたが、首相はこれを拒絶した。[63]

天皇は二三日朝首相に対し、「事態を拡大せぬといふ政府の決定した方針は、自分も至極妥当と思ふから、その趣旨を徹底するやうに努力せよ」と命じた。[64] 参謀総長は再び首相に朝鮮軍の出兵を承認するよう要請したが、若槻は再びこれを拒絶した。その日の午後の閣議においては、朝鮮軍の独断専行をめぐり激しい議論が行われた。特に幣原外相と井上蔵相は、裁可なしの出兵について陸軍大臣を厳しく詰問した。[65] また政府の方針を承知で実行しない陸軍の態度に憤慨して、政府のあずかり知らない行為に対しては金を出す必要がないと主張するものもあった。しかし結局は、「出兵しないうちならとにかく、出兵した後にその経費を出さなければ、兵は一日も存在出来ない」と判断した首相は、朝鮮軍派兵の経費を政府が支援する考えであると天皇に上奏し、天皇が出兵に対し事後の裁可を与えることを可能にした(66)。その時すでに朝鮮軍の一箇旅団は満州に到着していたが、事後とはいえ、独断越境を合法化する重大な勅裁は漸く下ったのであった。しかしながら天皇は裁可に際して参謀総長に、「将来を慎しむよう」注意し、軍首脳に対し不快の意を示した(67)。他方、軍部も天皇の態度に甚だ不満であり、木戸の集めた情報によれば、「首相、陸相ニ対シ曩ニ陛下ヨリ、事件ハ此上拡大セザル様努力ストノ政府ノ方針ハ誠ニ結構ナリ、充分努力スル様ニトノ御諚アリシコト等モ、側近者ノ入智恵ト見テ、軍部ハ憤慨シ居レリ」とのことであった。このような軍部の態度からして木戸は、「今後ハ不得止場合ノ外御諚等ハナキ方ヨロシカルベク、又右ノ如キ事情ナレバ、軍部ニ反感ヲ有セリト目セラルル元老ノ上京ハ却テ軍ヲ硬化セシムルノ虞アリ(68)」と結論した。

奉天事件以来、政府は戦線の拡大を阻止しようと努力していたが、事件発生後三日間における関東軍の行動は敏速かつ大規模であった。奉天は一夜にして陥落し、二一日、土肥原賢二を市長とする臨時市政府の統治下に置かれた。軍中央部は関東軍に対して、直接軍政を行うことを禁じ、治安維持程度の任にあたるように指示したが、関東軍はすでに「満州占領地行政ノ研究」により、占領地行政のための青写真を所有していたため、それに基き早急に占領地域内の民生を正常に復帰させることが出来たのであった。[69] また同じく二一日、吉林省主席代理熙洽は、吉林を破壊から救うために日本軍の無血占領を承諾した。長春はすでに一九日に日本の勢力下に入り、安東、鳳凰城、営口等の南満州鉄道沿線の重要作戦地点も二〇日には占領されることとなった。

関東軍は、南満州の各地を次々と占領したが、一方ハルピンからも不穏な状勢が伝えられてきた。中国側はハルピンにおける爆破事件等は、日本軍が軍事行動を行うための口実を得るために煽動したものであると主張したが、在ハルピン総領事大橋忠一は在留邦人の安全を憂慮し、軍隊の派遣を繰り返し要請した。[70] 関東軍は在ハルピン甘粕正彦を通して密かに同市における不安情勢を挑発していたが、軍中央部に対し四千の日本人を保護し、北満における日本の経済的拠点を確保するために北満に兵を進める許可を求めた。これに対し、参謀総長は「今ヤ新企図ニ関シテハ予メ中央部ノ指示ヲ待ツ」よう訓令し、陸軍大臣もまた、「事件ノ拡大ヲ阻止スル為寛城子附近以北ニ軍ヲ進メス」南満州鉄道以外の管理を行わないという政府の根本方針を通達した。その上、陸軍省兵務課長安藤利吉は、陸軍大臣の不拡大方針の意向を直接伝えるため飛行機で来奉した。[71]

このような決定に抗議して、大橋総領事や関東軍首脳は再度にわたり出兵を懇請したが、[72]参謀総長は九月二四日、「事態急変スルモ出兵セス」[73]と訓令し、陸軍大臣は「哈市居留民ノ現地保護ハ之ヲ行ワス要スレハ在留民ヲ引揚ケ派兵セサル旨去二二日総理ヨリ上奏」されたと伝えた。[74]参謀総長ならびに陸軍大臣は、政府の不拡大政策を遵奉していたのである。ここにおいて、関東軍は再び全満州占領の大計を阻む障碍に直面しなければならなかった。「片倉日誌」は、当時の関東軍司令部の空気を伝えて次のように記している。

> 噫　政府ノ真意那辺ニ在ルヤ、陸軍大臣ハ何故政府ト正面衝突ヲ敢行スルノ決意ヲ以テ当ラサルヤ、今ヤ「断」ノ一字ノ外時局ヲ収拾スル何者ヲモ存セス、幕僚間或ハ憤慨シ或ハ嘆息シ軍司令官亦沈痛ノ体ナリ[75]

軍中央部の強硬な反対に直面した関東軍は、南満、北満を含む全満州を領有しようとする計画を再検討せざるを得なくなった。関東軍首脳は、軍中央部内において通常彼らに対し同情的な人々さえも今度の事件の勃発について疑意を抱いていることを知り、[76]彼らをこのような不利な立場に至らしめた責任は奉天総領事にあると考えた。そしてこれに対する報復として、いっさいの情報を総領事館に与えないこととし、満鉄に対しても同様の措置を総領事館に対してとるようにと命令した。[77] 総領事館と関東軍との関係は著しく悪化し、もはや総領事は職務の遂行が困難な事態に立ち至った、と内田満鉄総裁は次のように記している。

木村理事帰連内報スル処ニ依レハ軍ノ奉天占領前後ヨリ総領事ハ職務施行上頗ル苦境ニ立チ居ルモノノ如ク例ヘハ支那官憲ヨリ絶対抵抗ヲ為ササル様言明セルニ付我軍ノ砲撃中止方交渉アリシニ付軍ニ其意ヲ通シタルモ顧ミラレサルノミナラス支那官憲要人ハ敵人ナルヲ以テ帝国政府外交官カ之ト交通スルコトハ差控ヘ然ルヘシト抑制セラレ支那側トノ接触モ避ケ居ル由ナリ而シテ北寧四洮吉長諸鉄道ノ占領管理ノ如キ重大問題モ政府代表タル同総領事ニ於テ何等承知スル処ナク着々計画セラレ我出先社員ニ命令セラレ居ル実情ナリ其他奉天城及商埠地ノ軍政施行モ総領事ニ何等協議ナシニ軍事行動ノ一部トシテ行ハレ居ル由ニテ総領事ニ於テハ今回ノ軍事行動ニ関シ的確ナル帝国政府ノ方針ヲ以テ訓令モ受ケス奉天占領ノ法的性質支那鉄道ノ占領管理ノ法的根拠等ニ付疑念ト憂慮ヲ懐キツツ拱手軍ノ為ス儘ニ委スルヨリ外手ノ付ケ様ナキモノト思ハル在奉天領事団及在留外人ニ於テモ前記ノ諸点ニ付疑念ヲ懐キ……居ル由ナリ必スヤ支那カ国際聯盟、太平洋会議ニ提議シ米国諸新聞ニ宣伝シ我軍ノ奉天並河北占領軍政施行ニ付問題ヲ起スハ明カナルヘク重大ナル外交問題トナルヘキニ付我政府ノ代表タル総領事カ重要国際問題ニ付最初ヨリ協議ヲ受ケ又ハ充分発言ノ権ヲ得ル様致シ置ク事肝要ナリヤニ思考ス(78)

林総領事ももはや自分達の力では如何ともし難い状態に立ち至ったと述べ、政府の断乎たる処置を要求して次のように打電した。

翻テ思フニ現在ノ事態ハ累次電報ノ如ク我国ニ執リテ最極度ノ重大性ヲ帯ヒ来リ然モ尚日増ニ悪化シツツアリ之ヲ防クカ為ニハ政府ニ於テ万遺漏ナキ御処置ヲ執ラルルト同時ニ出先タル当館ニ於テモ全力ヲ挙ケテ事態ノ悪化ヲ阻止スルニ努メツツアルモ不幸ニシテ本官ノ微力ヲ以テシテハ如何トモスヘカラサル状態トナリ将ニ唯傍観ノ已ムナキニ立至ラントス本官ハ唯此ノ際中央ニ於テ政府カ軍部ヲ充分ニ御戒飭ノ上彼等ノ行動ヲ速ニ軌道?(?はママ)ノ上ニ復帰セシメラレン事ヲ切望シテ已マス(79)

戦線をハルピンまで拡大することを阻止した政府は、たとえ暫定的にせよ軍の統制に成功し、九月二四日、日中紛争に関する最初の正式声明を発した。当時政府の声明が容易に発表されなかったため、「軍部と政府との間にそごがあり、疎隔があるかの如き印象」[80]はひろがりつつあった。政府はこの声明を通して、「事態ヲ拡大セシメサルコトニ極力努ムルノ方針」を確認し、長春より吉林へ出動した部隊は「同地方ノ軍事占領ヲ行ハムカ為ニ非スシテ満鉄ニ対スル側面ヨリノ脅威ヲ除カムトセルニ外ナラス従テ此ノ目的ヲ達スルニ至ラハ我出動部隊ノ大部分ハ直ニ長春ニ帰還スル筈」であり、「満州ニ於テ何等ノ領土的慾望ヲ有セサルハ玆ニ反復縷説スルノ要ナシ」と断言した。[81]

国際連盟理事会は九月二二日の決議で、日中両国に対し、「現状ヲ悪化シ又ハ問題ノ平和的解決ヲ害スル虞アル一切ノ行為ヲ為ササルヘキ緊急通告」を送ることをきめ、さらに「両国カ各自ノ軍隊ヲ直ニ撤退シ得ヘキ適当ナル手段ヲ支那及日本ノ代表ト意見交換ノ上探求スルコト」を宣言した。[82] それに対し日本政府は、九月二四日に声明書の趣旨に従った回答を行い、撤兵の意志を強調することにより融和的態度を表明した。しかしながら、日本は、撤兵は「事態今後ノ改善ニ伴ヒ」行われるという重大な留保をつけ、また日中紛争の解決に理事会が介入することを拒絶した。[83]

国際関係

奉天事件発生以来、日本政府の連盟に対する基本政策は、紛争を「連盟ノ問題トナラザル様」に努めることであった。[84] 従って、日本は日中両国政府が直接交渉により事態の収拾にあたることを主張し、連盟が中立的な視察団を現地調査のため満州へ派遣するというような提案は断乎拒否する態度をとった。一九日早朝、日中の衝突が伝えられると、在上海公使重光葵はただちに国民政府財政部長宋子文を訪れ、今回の事件に関し日中両国が協力して解決にあたるべきことを申し入れた。両者はすでに中村大尉事件につき交渉中であったが、宋子文は重光に対し責任をもって事態の処理にあたるため満州へ重光と同行することを提案した。[85] 国民政府は満州全土をその統治下に回復することを外交目標としていたが、満州事変勃発時においてはいまだ日本との交渉に応じる意志があったと思われる。

二一日、日本は宋子文の申し出を受け入れ、重光に対し宋と交渉に入るように訓令した。同時に政府は、連盟理事会の日本代表芳澤謙吉に中国側の意図を伝え、日本は連盟の介入を受けることなく中国との直接交渉により紛争の解決にあたる方針である旨を通報した。[86] しかしながら、同日、中国政府は正式に連盟に対し規約第十一条[87]に基いて事件を理事会に提訴し、同時に米国にも援助を求めた。また日本に対しては、直接交渉の提案を撤回する旨を通達したが、それは軍事行動がすでに満州全域に広まっており、日本政府はもはや軍部を統制し得ないとの判断に立つものであった。[88]

日中間の直接交渉が不可能となったにもかかわらず、日本政府は直接交渉の原則を固執し、理事会においても中国政府とただちに交渉に入る用意がある旨を主張し続けた。九月二五日、日本は英国政府が提案した調査団派遣案を拒否した。その三日後、中国は日中間に撤兵の取りきめを成立させるため、中立的な委員会の援助を求める提案を行ったが、この案もまた日本の拒否するところとなった。外務大臣はこのような日本の態度を諸理事国の大使に説明して、日本は満州の現状を隠蔽する必要はないが、視察団を連盟が派遣するようなことになれば軍も国民も非常に刺戟され、政府は苦境に立つことになる、と語った[89]。日本は、「事態ヲ拡大セシメサルコトニ努ムルノ方針」を公表し、漸次撤兵を実行しているのであるから、連盟としては日本の善処を待つ態度をとることを希望したのである。理事会は日本政府より「日本ハ保証占領ヲ為スニアラサル[90]」旨の了解を得て、三〇日に休会したが、その時、次のような希望的観測に基く決議を採択した。すなわち、日中両国政府は、「両国間ノ平和及良好ナル諒解ヲ攪乱スル一切ノ行為ヲ避ケンコトヲ欲スルヲ信シ」、両国が「通常関係ノ恢復ヲ促進」するため、「一切ノ手段ヲツクスヘキコト」を求めたのであった[91]。

満州事変外交の初段階において、日本は自己の立場を有利に導くことに成功した。奉天事件勃発後の数日間、連盟は満州の情勢に非常な不安を抱き、日本の行動を非難したため、いまだなんらの情報も入手していなかった日本代表は甚だ苦しい時を過した[92]。しかしながら日本政府が不拡大方針を声明し、戦線の拡大を阻止しようと努めていることが明らかになると、連盟における日本の立場は次第に好転し始めた。その上、日本は当時の国際情勢によってもまた大いに助けられたのである。理事会は「本件ノ処理カ聯盟ノ威信ニモ関スル重大事ナルニモ顧ミ……何トカシテ之ヲ手際ヨク片附ケントシテ焦慮シ」ていた[93]。中国政府は「急遽内争ヲ片付ケ統一シタル力ヲ以テ……先ツ国際聯盟及不戦条約ノ筋ヲ辿リテ米国ニ縋リ……内外宣伝ノ力ト相俟テ我軍ノ撤退ヲ強要スルノ方策ニ出ツルコト」が期待された[94]。しかも、「欧州ノ現状ハ各種ノ不安ニ覆ハレ就中最近英国ノ恐慌ニ禍ヒセラレテ極東ノ事件ニ夫程深キ関心ヲ払フ精神的余裕」もなかった[95]。

事実、満州事変は「英国が断乎とした行動をとるのには最悪の時期に起った[96]」のであった。挙国一致内閣は成立後一カ月にもならず、経済問題に忙殺されていた。その上、英国世論は日本の行動をもって「決して正統化され得ないものではない[97]」と好意的であった。タイムズ紙は、「日本は十分な言い分をもっているにもかかわらず、残念なことには不必要な程悪い立場に自らを追いやってしまった[98]」と評した。英国政府もまた過去における中国の混乱と日本の満州開発の業跡とにかんがみ、日本の行為をもって「基本的には正義」であるとし、満州が「中国軍閥によって破壊されるよりも日本の手で善政が施された方が良い」と考えていた。従って、英国が満州の状勢に介入する理由は、全般的な文明の利益の観点からも、あるいは特に英国の利益の立場からも見出せなかったのであった[99]。しかしながら、国際連盟のもっとも有力な加盟国でもあった英国は、連盟機関を通じて戦闘の拡大防止ないし中止を実現するために尽力し、連盟の立場を強化することを目的に米国の協力を得ようと試みた。また、米国を含む中立国の中国駐在武官よりなる調査団を派遣する計画を押しすすめることを急いだ。

米国は、満州事変勃発後の二、三週間は紛争の解決になんら積極的な役割を果そうとはせず、英国の調査団派遣の提案を承諾しなかった。米国政府は、満州事変により米国の利益が侵されることはないと考え、また「満州における日本軍は、東京の許可なく進撃しているのであるから日本政府を不戦条約違反の廉で非難することは出来ない[100]」と見ていた。スチムソン国務長官は、「連盟が彼に対し「うるさく小言をいう」のに秘かに憤慨さえしていた」。彼としては、「日本が米国に対して敵意を抱いたり、日本内部で軍部の勢力が強化されるような行為は回避したい[101]」と望んでいたからである。国務長官は、日本は「若槻―幣原グループ」と「狂暴な軍部」との二陣営に明白に分れており、米国は「日本人に対して米国が注目していることを知らせ、同時に正義の側にある幣原を援助し、しかも国家主義的な煽動者の利益にならないような方法でこれを行う[102]」ように計らねばならないと信じていた。当時幣原は、いかなる形での第三国の介入をも阻止しようと苦慮していたが、スチムソンは特に幣原に対する信頼と配慮から、英国案に反対の態度をとったのであった。(103)

スチムソンの満州事変に対する態度は、「ジュネーブと南京以外の殆んどすべての場所」で好評であった。(104)ジュネーブと南京からは、「あるいは米国に対しより強固な態度を要求し、あるいは全不戦条約調印国が行動することを要請し、さもなければ中国が最後手段としてロシアへ接近すると威嚇する」(105)等の様々な希望が伝えられた。しかしながら、国務長官はワシントン駐在中国代理大使に彼が従来の静観政策を維持する旨を確認し、「われわれは善悪の問題に立ち入ろうとしているのではない。……われわれは一方に加担していない……一方のひいきをしようともしていない」(106)と述べた。

日本が満州に進出するにあたって介入が恐れられていたソ連も、満州事変の勃発に挑発されることなく、終始慎重な態度を示した。これは必ずしもソ連が事態の重大性を看過していたからではなく、むしろ国内およびヨーロッパでより緊急な問題に直面していたからであった。(107)外務人民委員リトビノフは、日本の行動を「帝国主義のあらわれ」と定義し、「明白な不戦条約違反」と非難しつつも、(108)最終的な可能性として恐れられたソ連領土に対する日本軍の直接攻撃さえなければ、ソ連は干渉する意図を示すようなことは慎しもうとしていた。ソ連の余りにも慎重な態度を見たモスクワ駐在の列国外交官の間では、日ソの間にはなんらかの了解が成立しており、「日本がある限界以上進まなければソ連政府は正式抗議を行ったり介入したりしない」約束がかわされているのではないかと疑うものもあった。(109)

諸大国が関東軍の膨脹計画を阻止しようとせず、消極的な態度をとったことは、はたして日本政府を援助する結果となったであろうか。スチムソンの「ひいき」をしない政策は、事実彼が望んだように若槻―幣原グループに支持を与えたことになったであろうか。それは、あるいは若槻内閣がただちに崩壊するのを防ぐのに貢献したかも知れないし、また大国が参加する大戦争の勃発を防止したかも知れない。しかしながら、大国が軟弱な態度をとったことは、かえって関東軍指導者をして政府に反抗してますます過激な手段をとっても大戦争の危険はないと判断させ、結果的には彼らの慢心を強め、独走を促進したと解釈すべきであろう。

第五章　関東軍の満蒙問題解決策の変遷

満州事変勃発後の一週間、関東軍、軍中央部ならびに政府間の力関係には、なんら決定的な発展は見られなかった。関東軍は南満各要地の占領に成功したとはいえ、中央からの厳命によりハルピン進出を阻止されていた。しかしながら政府は一応戦線の拡大を防ぐことは出来ても、到底満州の軍事的政治的状況に影響を及ぼす力はなかった。そして不安に満ちた世界の眼は、日本の動きを静観していた。

この事変勃発直後の時期には中央の不拡大方針がきわめて強固であったため、関東軍は事変前から唱えていた満蒙領有論を修正せざるを得ないと感ずるに至った。九月一九日、陸軍大臣および参謀総長から事態を拡大しないという閣議方針が通達されると、関東軍幕僚は来奉中の建川と会見し、従来の満蒙領有論の方針に基いて断乎行動することを主張した。それに対し建川は、関東軍の行動を拘束しないことを約束したが、翌二〇日、本庄司令官および参謀らとの会談において次の意見を述べた。

東支線ノ性質ト現下一般ノ情勢ニ鑑ミ長春以北ニハ兵ヲ派セザルヲ可トスベキモ吉林、洮南等ハ一刻モ早ク打撃ヲ加フルヲ有利トスベク又現東北政権ヲ潰シ宣統帝ヲ盟主トシ日本ノ支持ヲ受クル政権ヲ樹立スルヲ得策トスベシ(1)

建川が長春と洮南を結ぶ線より北へ出兵することに反対したのは、対ソ関係の悪化を憂慮したからにほかならなかった(2)。また建川の提案は、南満において張学良政権を撲滅することであったが、その後に再び親日地方政権を樹立する意向であり、満蒙の領有、あるいは中国本土から独立した新国家の建設などを示唆するものではなかった。

このように満蒙問題については、軍中央部中もっとも強硬と思われていた建川でさえ、関東軍からすればはるかに穏健な意見を持っていた。その他中央部においては、参謀本部支那課長重藤千秋は張学良政権を放逐した後は国民党の長老居正を起用して東三省の統治にあてることを考えていたし(3)、一九日朝会合した参謀次長二宮治重、軍務局長小磯国昭、教育総監部本部長荒木貞夫は、今回の出兵を機会に張学良に日本権益の尊重を強要させることを申し合わせた(4)。要するに、彼らのうち、満州に対する中国主権を否定しようとするものはなかった。このように軍事行動を開始したものの、その後の満州に対する政策については、軍中央部内においても、また中央部と関東軍との間においても、見解の統一は行われていなかったとみられる。中央部と関東軍内の強硬論者の間に成立していたのは出兵に関する取りきめにとどまり、軍事行動の規模についてさえ意見の一致は存在していなかった。そのため、後に北満経略が中央部と関東軍とを対立させる一大論争を引き起したのである。

九月二二日案

建川との会談後、関東軍は一応親日地方政権の樹立を目標とすることを決定し、事変前以来の持論であった満蒙領有案から後退した線で解決を試みることとなった。この親日地方政権の樹立は謀略手段によって実現されることとなり、同日、関東軍の幕僚会議が行われ、新方針に基いた「満蒙問題解決策案」が採択された。

この会議には、板垣、石原、片倉各参謀の外、奉天特務機関長土肥原賢二が参加し、日本政府も列国も到底日本による満蒙の領有を承認する見込みが立たないため、「実質的ニ効果ヲ収ムル(5)」ことを申し合わせた。「満蒙問題解決策案」は左の通りである。

第一　方針

我国ノ支持ヲ受ケ東北四省及蒙古ヲ領域トセル宣統帝ヲ頭首トスル支那政権ヲ樹立シ在満蒙各種民族ノ楽土タラシム

第二　要領

一、国防外交ハ新政権ノ委嘱ニ依リ日本帝国ニ於テ掌理シ交通通信ノ主ナルモノハ之ヲ管理ス

内政其他ニ関シテハ新政権自ラ統治ス

二、頭首及我帝国ニ於テ国防外交等ニ要スル経費ハ新政権ニ於テ負担ス

三、地方治安維持ニ任スル為概ネ左ノ人員ヲ起用シテ之ヲ鎮守使トナス

熙　洽(吉林地方)

張海鵬(洮索地方)

湯玉麟(熱河地方)

于芷山(東辺道地方)

張景恵(ハルピン地方)

(右ハ従来宣統帝派ニシテ当軍ト連絡関係ヲ有ス)

四、地方行政ハ省政府ニ依リ新政権県長ヲ任命ス(6)

ここで関東軍が意図していた新政権は、独立国になれるほど徹底したものではなかった。なお本案中「在満蒙各種民族ノ楽土」を建設することを掲げたのは、久しく青年連盟が唱えていた民族協和の理念を関東軍が政策綱領に初めて採択したものとして注目に値するものと思われる。

九月二二日の「満蒙問題解決策案」に基き、関東軍はただちに新政権樹立のための謀略活動を開始した。中国側指導者に独立宣言を行わさせるための具体案が次々と実行に移されて行ったが、「片倉日誌」の二五日、二六日はその経過を記し、

一、二十二日今田大尉ヲ吉林ニ向ヒ出発セシメ熙洽ニ連絡セシム。
（二十三日第二師団長、大迫顧問、今田会合、新政府組織ヲ約セシム）[7]

二六日には「吉林、熙洽独立準備成リ本日羅振玉来奉之ヲ伝フ、尚大迫ヲ経テ……熙洽ヲシテ間島独立ヲ勧告スル如ク指導セシム」こととなった[8]。ハルピンに関しては、「二十二日板垣参謀密ニ奉天張景恵宅ヲ訪ヒ最後ノ決心ヲ促シ」次いで「二十三日荒井宗治ヲ附シ張景恵ヲ哈爾賓ニ帰任セシ[9]」めた。二五日および二六日のハルピン電報は、「荒井宗治ヨ

リ張景恵ニヨリ特別区ガ愈々中央政府ニ独立宣言ヲナスコトニ決定[10]」したと伝えた。また吉林から「今田大尉ハ二十五日更ニ洮南ニ向ヒ洮南公所長河野正直ヲ通ジ張海鵬ト連絡セシ」めたが、すでに「今田到着前河野ハ張海鵬ニ帰順ヲ進言シ承諾」を受けていた[11]。「二十四日大矢進計ヲ于芷山ノ下ニ差遣」したが、「大矢ハ予テヨリ計画アリ。詳細石原参謀ト連絡」ずみであった[12]。なお、宣統帝に対しては「九月二十二日午後四時天津軍司令官ニ宣統帝、羅振玉、徐良等ヲ其ノ保護下ニ置クベキヲ通告[13]」した。板垣は羅振玉に招電を発し、「羅振玉ハ二十二日来奉二十三日板垣参謀ト面談、同夕吉林熙洽ト連絡シ更ニ南ニ到リ張海鵬ト連絡[14]」した。

このように数日もたたぬ中に、関東軍は満州地方の指導者と連絡し新政権樹立のための政治工作を開始した。関東軍の予定した順序に従えば、

一、九月二十八日熙洽ニ独立ヲ宣言セシム。
　引続キ張景恵、張海鵬、于芷山ニ独立ヲ宣言セシム。
二、奉天城内ハ一週間位ノ後張学良ヲ推戴セザルノ決議ヲ声明セシム。
三、溥儀ハ先ヅ吉林、次テ洮南ニ位置セシム。
四、各方面ニ顧問ヲ附ス。

吉林　大迫中佐
哈市　吉村予備中尉
張 海 鵬 ｝和田勁、甘粕正彦
甘珠爾児

こととなっていた。[15] さらに、「錦州附近ニ張作相ヲ首席トシ東三省政府樹立ノ報」があったため、「錦州ハ飛行機ニ依リテ爆撃シ脅威ヲ加フ」[16] ことが決定された。

関東軍は、これら一連の新政権工作が部外へ漏洩することを警戒し、満鉄副総裁および関東庁長官に対し、「支那要人ト軍部トノ接触記事ヲ部外ニ発表」しないように通告した。[17] しかしながら、程なく外務省は在満総領事館からの報告により、新政権運動が開始されたこと、中国側指導者による治安維持委員会結成の動きを関東軍が扇動し監督していることを知らされた。吉林総領事石射猪太郎は九月二六日、関東軍が熙洽を吉林省内の治安にあたらせようと策動しており、この場合治安の維持とは軍事も含めた広範な行政権の確保を意味していることを打電した。[18] 後年石射は当時を回想し、熙洽に対しては吉林占領にあたった第二師団幕僚が銃を突きつけ、「独立宣言か死か」と迫ったため、熙洽は「絶体絶命これを承諾した」と述べ、[19] 関東軍の政治工作の実体を暴露した。また同じく九月二六日、奉天総領事林久治郎は新政権運動について次の通り報告した。

情報ニ依レハ予テ関東州ニ引退中ノ清朝ノ遺臣羅振玉ハ某方面ノ慫慂ニ依リ二十三日当地ヲ経テ吉林ニ赴キ旧知ノ間柄ナル前参謀長熙洽及前財政庁長栄厚等ヲ説キ吉林省政府ヲ国民政府ヨリ独立セシムル事トシ二十八日頃宣言書ヲ発表スル事トナレルカ哈爾賓ニ於テモ張景恵主トナリ同シク二十八日頃国民政府トノ関係離脱ヲ宣言スル計画アル由ナリ真偽不明ナルモ不取敢[20]

関東軍の九月二二日付「満蒙問題解決策案」はただちに軍中央部に報告され、折り返し参謀次長からは「謀略開始ノ意見ヲ承知ス」[21]る旨の返電があった。さらに三日後参謀次長は、「錦州附近ニ樹立予想セラルル奉天政権ヲ軍ノ実力ヲ使用スルコトナク覆滅スベキ企図」を伝え、また小磯軍務局長は、「吉会線ノ即時敷設、塩税差押等ヲ希望[22]」する旨通知して来た。関東軍は、これらの指令をもって軍中央部が関東軍の諸計画を支持する意志表示であると解釈した。

しかしながら、謀略による新政権樹立の計画は、奉天事件の陰謀の場合と同様、参謀総長および陸軍大臣には打明けられなかった。また陸軍次官も新政権樹立計画からは疎外されていた。それは、金谷、南ならびに杉山らと革新将校らとの間に相互信頼関係がなく、対外政策の面においても、対内政策の面においても意志の疎通を欠いていたことのほか、軍の最高責任者であった金谷や南は必然的に政府の方針を受け入れ、これに協力しなければならない立場にあったため、謀略計画からは除外されたものと思われる。

参謀次長から新政権樹立のための謀略の開始を承認した電報を受領した九月二五日、関東軍は陸軍大臣ならびに陸軍次官から、「満州ニ新政権ヲ樹立セントスル運動ニ干与スルヲ厳禁(23)」する旨の指令に接した。二九日には次官から、閣僚の間で「関東軍司令官カ宣統帝擁立運動ニ関係シアルヤニ噂シアリ、軍ハ絶対関係ナキ如ク御注意アリタシ(24)」との電報があり、大臣もまた司令官に対する私信で「政権運動ニ軍ノ干与スルハ陸軍ヲ自滅ニ導ク(25)」と警告して来た。一方その頃中央においては、参謀総長が総理大臣に対し、「陸軍軍人が満州で復辟運動に関係してゐるといふのは、全然嘘である。さういふことはさせない(26)」と断言していた。軍中央部が一貫した政策を指示することが出来なかったのは、関東軍と政府との方針が新政権樹立をめぐって対立していたためであった。その後一〇月一二日に至ってもその立場を鮮明にすることが出来ず、陸軍次官と参謀次長とは遂に左のような電報を発するほどであった。

満蒙新政権ニ関スル当方ノ希望ハ頗ル複雑ナル事情ニ依リ直接貴官ニ打電シ得サル関係ニアルヲ以テ橋本少将ニ開陣シ置ケリ就テハ承知セラレ今後一層密ニ同官ト連絡相成度シ(27)

しかしながら九月二六日以来奉天にあって関東軍との間の政策調整に努力していた参謀本部第二部長橋本虎之助は、具体的になんらの指示を与えることも出来ず、ただ「新政権速成ニ方針ハ定マレルモ秘密裡ニナスベキ旨(28)」を述べるばかりであった。関東軍は、軍中央部の態度に強い不満を感じ、「陸軍大臣ニ腹ナシ(29)」「満蒙懸案解決ニ関シ現時曲リナリニモ一ノ成案ヲ有スルハ我関東軍ノミ(30)」と結論するに至った。このような軍中央部の不決断が、関東軍に自己の方針を大胆に押し通す決心をさせたと想像される。その後は政治的にも、軍事的にも、関東軍は常に政府の決定を待たずに独走することとなった。「片倉日誌」の一〇月二日は、関東軍の決意を示し、

万々一政府カ我方針ヲ入レサル如キ場合ニ於テハ在満軍人有志ハ一時日本ノ国籍ヲ離脱シテ目的達成ニ突進スルヲ要ス

を通し、「内閣の基礎愈固リ宮中府中ニ威勢ヲ張ル幣原外相ノ軟論廟議ヲ制シ」「宮中ノ空気ハ頓ニ軍部ニ良好ナラズ」との情報に接した。このように不利な立場にあることを察知した関東軍首脳部は強硬手段に出ることを決意した[35]。すなわち、関東軍は一〇月四日、石原の発議により張学良軍を徹底的に膺懲すべしとの声明書を公表したが、これは、彼らの信条を表明することにより、「陸軍の腹を固め要すれば政府と一戦を交へしめん[36]」と考えたからであった。

この声明書は、張政権ならびにその配下の部隊を、「秩序破壊ノ限リヲ尽セリ」ときびしく非難した後、満州における政権の動向について次のように述べた。

> 今ヤ政権樹立ノ運動各所ニ発生シ庶民斉シク皇軍ノ威容ヲ謳歌スルモ旧頭首ヲ推戴セントスルノ風微塵モ無シ、蓋シ積年軍閥私慾ノ横暴ニ憤激セルノ結果ニ外ナラサルナリ
>
> 軍ハ政治外ニ超然トシテ専ラ治安ノ維持ニ任シ兵ヲ養ヒ静観ヲ持シアリ
>
> ……然レトモ満蒙在住三千万民衆ノ為共存共栄ノ楽土ヲ速ニ実現センコトハ衷心熱望シテ已マサル所ニシテ道義ノ上ヨリ之ヲ観ルトキハ速ニ之カ促進スルハ蓋シ我皇国カ善隣ノ誼ヲ発揮スヘキ緊急ノ救済策ナリト信シアリ[37]

反張声明は、軍が次第に外交の分野に侵入し始めた象徴として、日本国内に非常な衝撃を与えた。朝日新聞は一〇月六日、「軍の自制にまつ」と題する社説で、関東軍司令官が満州に「三千万民衆ノ為共存共栄ノ楽土ヲ速ニ実現セン」云々となしたことは明らかな越権行為であり、「政治外交に足を踏み入れてゐる」と糾弾して次の様に軍の反省を求めた。

国際聯盟を中心とした欧米輿論の好転好調は、我が行動が自衛権発動の範囲を超えざることを認めた結果であって、実に軍の自制に待つところが多いのである。外務当局が軍部に引ずられたか、軍が外交におさへられたか、それは一国内部の事である。外部に対する国家の意志は一つに出でなければならぬ。軍が統帥大権によってその独自の行動を主張するならば、外交大権の尊重と共に、兵政分離の精神に徹底するところがなければならぬ。それが国憲にしたがひ、国法を守る皇軍将士の責務である。この際軍の自制に待つところが大である。(38)

しかしながら、反張声明の意図したところは、まさしく戦線の拡大を阻止しようとした「国家の意志」を破壊することであった。

関東軍は反張声明に続いて、一〇月八日、さらに重大な効果をもつ錦州爆撃を実行した。関東軍は、この爆撃を約二週間前に決定していたが、軍中央部がこの計画にあらかじめ承認を与えたことを示唆する資料は存在していない。事実錦州爆撃の主要目的は軍中央部指導者に圧力をかけることであり、石原自身爆撃を指揮したのであった。錦州爆撃に対する中央部の正式承認は漸く一〇月一四日に参謀次長、翌一五日に、陸軍次官から通達されたが、同時に関東軍に対しては、今後は「事前ニ十二分ノ処置ヲ尽」すようにとの警告が与えられた。それは「満州ノ事情ヲ弁ヘス且欧州大戦ニ空襲ニ敏感トナル欧米人ニ対シテハ都市爆撃ナル件ハ其与フル印象極メテ強キモノ」があるからであった。政府および陸軍中央部は、他方錦州爆撃事件に対する内外の非難に対しては「附属地外側ニ於ケル治安紊乱ノ策動ニ対シ偵察行動上妨害ヲ加フルモノヲ爆撃スルハ一地方的問題ニシテ軍事上至当ノ行動ナリ」としてこれを一蹴することに決した[39]。しかし、反張声明ならびに錦州爆撃に対する国際的反響は当然厳しいものであった。この二つの挑発的行為は連盟が日本に対し鉄道附属地内への軍隊の撤退と日中両国間の「通常関係ノ恢復」促進[40]とを期待して与えた二週間の期限内に起ったからである。

内田使節

すでに述べたように、関東軍は外務大臣をはじめ、西園寺、牧野ら天皇側近グループの支持する不拡大政策に対し陸軍が孤立無援の状態で反対を続けていることを知り、彼らの政策を推進するためには政策決定の最高層に入ることの出来る代弁者が必要であることを痛感した。あたかも一〇月中旬、内田康哉の上京が決定された。内田は満州事変勃発以前は民政党政策の忠実な支持者であり、かつては張学良政府を説得して鉄道問題の交渉開始に尽力し、また給与削減、人員整理等を含んだ満鉄の大規模な縮小計画をしたこともあった。また満州事変が勃発した際には、内田は次の通りの報告を外務大臣に送り軍部に対する批判を表明した。

今回ノ行動ハ予テ御話セシ予定計画ノ実現ト推定セラル将又支那側ノ無抵抗ト我軍事行動ニ伴フ小事故カ在留外人ヲ刺戟シ世界ノ輿論カ我方ニ不利ナル傾向ヲ現ハシ今後ニ於ケル対外政策益々難局ニ陥ルナキヤ憂慮ニ堪ヘス(41)

しかしながらその後間もなく、関東軍が内田に対し憤慨していることを知るに及んで内田は従来の説をひるがえし、関東軍との協力を約し、北満攻略には拓務大臣の命令に反してまでも関東軍を支持することを申し出るほどの態度に出た(42)。以後関東軍は内田を次第に高く評価するようになり、一〇月五日には、「政府要路」を説得するために「内田伯ヲ利用スルヲ得策」と考えるようになった(43)。

関東軍が内田を通して達成しようと試みたのは、九月二二日ならびに一〇月二日に決定した満蒙問題解決案を政府に承認させることであった。すなわち、新政権の樹立によって満州事変の解決を計るという基本原則を徹底することであった。また新政権は「支那本土ヨリ全然切離」され、南北満州を「一手ニ統一」し、「表面支那人ニ依リ統治セラルルモ実質ニ於テハ我方ノ手裡ニ掌握セラルル」ものでなければならなかった(44)。

内田が提案することを委任された満州事変の解決方法は、南京政府との直接交渉により満州問題を解決するという政府の公けの方針とは大きくくい違っていた。関東軍は、これまでも新政権を中国から分離させることを主張していたが、いまや満州問題に関する政府の発言権を一切否定しようとするに至っていた。そして満州に関する日中間の懸案事項は、新政権を樹立した上でこれと交渉すべきであると主張した(45)。この提案の重要性は十分認識されなければならない。この方針によれば、事変の解決は関東軍の計画に従って満州の政治改革が完成するまで引き延ばされることを意味したからである。さらにまた、将来満州事変が解決されても、その取りきめは日本と、日本の支配下にある傀儡政権との間の条約に過ぎなくなるため、世界各国から国際法上の効力を問題とされる可能性を含むものでもあった。

内田は、新政権の樹立とこれとの交渉による満州事変の解決という二つの基本方針に同意し、この線に沿って政府および宮中関係者の賛意を得ることを目的に満州の状況を中央に説明する使命を承諾した。[46] 一〇月一〇日、満州を後にした内田は、途中まず朝鮮に立ち寄り、宇垣総督と会談した。宇垣は、早くから満蒙積極政策を主張していたが、満州事変勃発後は関東軍の方針を全面的に支持する意向を表明していた。内田と宇垣は、「新政権を樹立、之れを相手として今後満蒙を解決すべし」という基本方針を推進する上で完全な意見の一致を見た。[47] 宇垣の支持を確約された内田は、勇躍一路東京へ向った。

一〇月一四日、内田は西園寺を訪問した。その会談の印象について西園寺は、内田が「満州に対して意外に強い意見なのには、自分は実に失望した。やつぱり満州の空気を吸つて来て、多少陸軍に圧せられてああなつたのぢやないか」[48] と語り、殊に独立運動や宣統帝の利用などに関する内田の意見に不安な様子であった。このような西園寺の危惧を原田が内田に伝えたところ、内田は、自分もあちらへ行つた当初には、陸軍のやり方に反対してみたのだが、これはもう若い連中が中心である以上、やはり自分も陸軍の中へ入つて彼等を牽制して行くより途がないと思つたから、方法を変へてみたのであつて、事態は頗る重大であるから、こちらに帰つてからも、能ふ限り向ふの空気を伝へようといろいろ言つてみるが、場所の関係から言つて、やはりこちらの大臣達にはそれほどぢかに響かないらしい(49)

と述べたと云われる。

次に外務大臣も、内田の強硬な満州事変対策には強く反対した。しかしながら、内田にしても、満州問題の国際的影響については慎重な考慮を払う必要性を認識していたものと思われる。内田は対外政策は連盟の面目をたて、米国の友誼にも相当報いるものでなければならないと主張して(50)、西園寺や幣原の憂慮をわずかに鎮めた。内田の使命の効果を正確に評価することは無論困難である。しかしながら、内田が少くとも関東軍の満蒙問題解決方針を政府高官ならびに宮中関係者に伝達したことは間違いない。また内田自身に対しては、軍は以後非常な好感をもって遇するようになった(51)。

この頃から、対満政策の重点は急速に新政権問題に集中されることとなった。日本政府もまた、新政権に対しどの程度の援助を行い、どのような役割を与えるかにつき、なんらかの決定を行う必要に迫られるに至った。若槻首相は「満州問題ノ交渉相手方ニツキ軍部ト正面衝突スル虞ノアルコトヲ最モ憂慮セル様子[52]」であったが、一〇月中旬頃には「日本官民は満州において新政権を樹立せんとする支那人の行動を阻止せざるとともに、これを援助又は支持せざること」を決定し、さらにこのような行動が「裏からやることならば已むを得ない[53]」とまで譲歩する考えを持つようになった。政府としては、中国政府との直接交渉により紛争の解決を計るという基本方針は固持したが、「解決案の大綱は支那中央政府と交渉協定する」も、「満州における懸案解決の細目は満州の官憲と交渉決定する[54]」という条件を加えるほどに改められた。

在満日本人の支持

在満日本人中、関東軍の意を受けて日本政府の最上層に働きかけたのは恐らく内田総裁ただ一人であったろう。しかしながらその他多くの在満日本人は、事変勃発後関東軍を支持して、あるいは満州の占領行政に参加し、あるいは遊説隊を組織して本国の世論喚起に努めた。

事変前から満蒙自由国の建設を唱え、在満日本権益の擁護のために尽力していた満州青年連盟の活躍には特に注目すべきものがあった。まず事変勃発と同時に青年連盟は五人単位で組織されていた武装団体を関東軍に提供し、また旧東北政権の諸施設の事業再開に従事した。彼らの手により、迫撃砲工廠、火薬工廠、被服工廠、印刷工廠、郵政局工廠、電信電話工廠、銀行工廠等は日本軍の占領後ただちに活動を開始し、戦争による経済生活の切断を最小限にくいとどめるのに貢献した。(55) その他青年連盟は数次にわたり遊説隊を日本へ派遣するなど在満日本人中もっとも積極的な動きを見せた。

一方九月二一日、全満日本人大会が奉天において開催され、全満州の軍事占領を支持する旨を決議した。(56) また奉天居留民会は九月二九日、陸軍大臣宛請願書を送り、「将来ハ断然張学良氏及張学良氏ノ勢力ヲ中心トスルモノヲシテ満蒙ノ政権ニ触レシメザル様特ニ善処セラレンコトヲ切望ス」ることを述べ、それに代って速かに「親日的満蒙政権ノ確立」を主張した。(57) その後一一月には全満日本人連合会が各地区における日本人会を糾合して結成され、新政権の樹立、日満間における関税の撤廃等の要求事項を掲げて遊説隊を日本へ派遣した。(58) 無論関東軍としては、これら在満日本人の活動を支持する方針を定め、(59) 彼らによって国内の一般大衆が啓発されることを期待した。

国際的反響

満州事変に対する国内の世論は次第に好意的なものとなって行ったが、一方国際的には予期に反して戦線の拡大を警戒する声が高まり、錦州爆撃を契機に最高潮に達したかの如くであった。

当時、中国全土において広まりつつあった反日感情ならびに反日運動はますます激しさを加え、「今ヤ日本ニ対スル戦争ト化」[60]することさえ懸念されはじめた。中国政府は一〇月五日、日本政府に対して覚書を送り、連盟理事会が再開される一〇月一四日以前に撤兵を実施するよう要請した。一〇月九日、日本政府はこれを拒否し、日中国民感情の緩和を計ることを目的とした「平常関係確立ノ基礎タルヘキ数点ノ大綱ヲ協定」した上で、はじめて日本軍を完全に鉄道附属地内へ撤兵させることが出来る、と述べた。[61]

日本の中国政府に対する返書は、連盟の不安を一層深刻なものとした。この返書の意味するところが、日本「臣民の生命の安全およびその財産の保護が有効に確保せられるにしたがい」[62]軍隊の撤退を速かに行うという、すでに日本が声明した方針と矛盾するものであることを察知したからである。日本政府の対中国返書が発せられる前日、連盟事務総長ドラモンド卿は中国政府に対し、「私見ニヨレハ理事会カ決議案ノ完全ナ実施ヲ確保スルヘク有効ニ活動シ得ルカ否カハ、一ツニ中国政府カ反日運動ヲ統制シ、穏和ナ態度ヲ保持シ得ルカニカカツテイル」[63]と訴えた。しかしながら対中国返書が発せられた後は、ドラモンドはやや態度を改め、「日本軍隊カ現在ノ如ク殆ト傍若無人ニ振舞ヒ居ル間「ボイコット」又ハ排日運動ノ責ヲ中国ノミニ負シムルコトハ殆ト難カルヘシ」、と日本の連盟代表に語った[64]。

このような状況において行われた錦州爆撃は、世界に対する日本の道義的立場を著しく低下させることになった。日本は連盟に対して平和を約しているにもかかわらず故意に戦線を拡大したと解されたからである。錦州爆撃は、満州事変に対する米国の政策に最初の変更をもたらせた。スチムソン国務長官は爆撃の報に接するや、「出淵の約束にもかかわらず、日本軍は行動を縮小せずかえって拡大している」、と判断し、「我々は日本に対し、断固かつ積極的な立場をとらざるを得なくなるであろう[65]」と考えた。国務長官は、日中紛争を両国の直接交渉にまかせておく静観政策を放棄し、九国条約あるいは不戦条約に基いて米国が行動することを検討し始めた[66]。米国は一〇月九日、連盟へメッセージを送り、連盟が日中の行動を規制するため警戒を緩めることなく、またその権限の許す限りの圧力と権威を駆使するよう要請した。また、米国政府としては、「連盟の行為を援助」すると同時に、「九国条約ならびに不戦条約によって、紛争当事国が条約加盟国に約した義務を忘れるものではない」[67]ことを確認した。翌一〇月一〇日、米国はさらに日中両国政府に対し、同一の覚書を送り、錦州爆撃に対する米国の態度を表明し、両国が九月三〇日の理事会決議の中で声明した意向を再確認するよう求めた。スチムソンは日本大使に対し、日本政府に対する不安を述べて、日本政府の政策が十分に満州の軍隊まで徹底しているかどうか、また政府が反張声明や錦州爆撃に対しいかなる態度をとっているかにつき疑問を抱かないではいられない、と語った。ここにおいて幣原に対するスチムソンの信頼はゆるぎ始めたのである[68]。

満州情勢の悪化を理由とする中国政府からの理事会開催要請に基き、一〇月一四日に予定されていた理事会の再開は一三日に繰り上げられた。日本政府は、依然として日中直接交渉を主張することにより、満州問題の解決を連盟の外に置く政策をとりつづけていた。しかしながら、日中間の直接交渉に関し日本政府は、まず撤兵を交渉するという立場から、両国間の関係の基本となる五大綱を検討した後はじめて撤兵が可能となるという二段階構想へと主張を変更していた。しかし理事会における日本代表は、五大綱の内容については一切発言を許されていなかった。また芳澤代表はせめて連盟に「テーク・ノート」させることによりその支持を得るように努めることを請訓したが、連盟介入の印象を与えることを恐れる本省の容れるところとならなかった。かくて芳澤は、まず撤兵が実施されて後はじめて直接交渉に入いることが出来るという中国代表の主張や、日本軍を鉄道附属地内にまで退かせようとする理事会の決意[69]に直面し苦難の時を過した。このような状況のもとでは、連盟における討議は必然的に行きづまらざるを得なかった。

ところで、連盟は第二回の理事会開催中日中紛争に対し、より大きな影響力を持つようになったが、これはこの会期中理事会に米国が参加したからである。戦線の拡大を阻止するにはもはや幣原は頼むに足らずと考え、連盟に期待を移したスチムソン国務長官は、米国も理事会に正式代表を送ることを強く希望するに至った。[70]しかしながらこのような米国の動向が日本ならびに米国内部から反対されることを予想して、スチムソンは米国の参加を要請する理事会の申し出が、自発的なものと思われるように工作した。[71]米国代表を招請する提案はブリアン理事会議長から出されたが、これに対する日本の反応は断固たる反対ともいうべきものであった。日本政府は、規約を理由に米国の参加を阻止するよう訓令した。[72]同時にまた、米国が自発的に理事会参加を拒否するよう説得に努めた。ついに一〇月一五日、米国代表をオブザーバーの資格で理事会に参加させる案が提出されたが、日本代表の反対にもかかわらず、十三対一で可決された。スチムソンは、日本の猛烈な反対によって非常な衝撃を受けた。「日本と対決」的関係に入いるというスチムソンが「それまでまさに回避しようと努力してきた」立場に米国が置かれる結果となったからである。[73]
米国招請の決議案に基き、ジュネーブ駐在米国領事プレンティス・ギルバートは理事会に出席し、不戦条約の適用を求める一〇月一七日の決議に加わった。この決議に従って日中両国政府に対し発せられた同文の覚書は、不戦条約により平和的手段によって紛争を解決する義務を両国が有することを強調した。しかしながらそれ以後米国代表は、日本の攻撃の矢面に立つのを恐れて[74]、理事会の討議に参加することを中止した。従って、米国代表は、日本軍の撤退が完成される期日を規定した一〇月二四日の決議には加わらなかった。この決議も日本の反対投票にもかかわらず採択された。
日本政府は連盟に対し、「その臣民の生命の安全およびその財産の保護が有効に確保せられるにしたがい[75]」、また中国政府との間に、「通常関係を規律する基本原則」についての諒解が成立した上で[76]、日本軍を鉄道附属地まで撤退することを約していた。しかしながら日本は撤兵の期限に関しては一度も拘束を受けようとしなかった。関東軍に対する政府の統制の弱さを思いあわせれば、このような期限を設けることは、対内的には第三者の干渉を許すとの攻撃を受け、対外的には国際条約違反のそしりを受けるという二重の危機に政府がさらされることを意味したからである。一〇月二四日の理事会は、次の会議の開催される一一月一六日をもって撤兵終了の期限と決定した。[77]日本政府は連盟における事態の発展が、日本国内の不満を強め、連盟そのものを不満の対象と感じるようになることを懸念した。[78] すでに南陸相は、一〇月一日の閣議において、連盟が即時撤兵を主張するならば、日本は連盟から脱退すべきである、との意見を表明していた。[79] いまや新聞も社説において、「理事会の錯覚」[80]を批判し、「理事会の決議は皇国日本の天賦の権利を奪はんとするもので」[81]あると言明するに至った。他方、関東軍は全く連盟を無視し、断固として自己の所信貫徹に邁進した。

第六章　関東軍独立と十月事件

奉天事件後一カ月、満州の政治組織はすでに大きく変化していた。関東軍は九月二四日にハルピン派兵を禁止されて以来大規模な軍事作戦こそ行っていなかったが、謀略手段を用いて着々と各地に親日的な行政機関を組織し、将来これらを一丸とした新政府を樹立することを目指していた。吉林省は、関東軍の強い圧力に屈した熙洽が、九月二六日臨時政府の樹立を宣言した。遼寧省においては、九月二五日、治安維持を目的とする遼寧地方治安維持委員会が組織され、前遼寧省長官袁金鎧が委員長に就任したが、袁は新地方政府を組織することにも張学良政権から独立を宣言することにも反対し続けた(1)。同治安維持委員会は、「成立以来南京北平方面ヨリ日本軍閥ノ傀儡タル売国機関ナリトノ悪宣伝ヲ受ケ幹部ニ対シ無数ノ脅迫状舞込ム等ノ事情」があったからである(2)。遼寧省における政治工作が意のままに進まなかったとはいえ、関東軍が同省を完全に支配していたことはいうまでもない。東省特別区においては、張景恵が板垣の要求に従い九月二七日に独立を宣言した。

以上のように比較的急速に親日政権が樹立された地方とは対照的に、黒竜江省は複雑な状勢を呈していた。関東軍に懐柔された洮遼鎮守使張海鵬は、一〇月一日、みずから辺境保安司令と称して張学良政権との絶縁を宣言し、黒竜江省への進出を計った。張海鵬軍は、関東軍から小銃ならびに被服を交付され[3]、洮昂線に沿ってチチハルを目標に北上を開始した。馬占山を総指揮官とする黒竜江省軍は、嫩江にかかっている鉄道橋を焼き払って張海鵬の北上に備えたため、ここで両軍は嫩江をはさんで対峙することとなった。関東軍としては、公然と張海鵬を援助することが出来なかったが[4]、洮昂線は日本の利権鉄道であるとの理由に基き、馬占山軍に対し鉄道の復旧を命じた。関東軍と馬占山との交渉は容易に成立せず、嫩江をめぐる不安定な状勢は一〇月二〇日頃から一一月はじめまで続いた。

関東軍にとっては、嫩江鉄橋問題は北満経略を開始するための契機となり得る重大な作戦であった。関東軍は、中央部の反対にもかかわらず、北満を含めた新独立国家を建設しようという初志を変えず、折ある毎に中央に対し意見を具申し続けていた。すなわち、関東軍としては「北満ヲ空虚タラシメンカ之レ蘇露ノ侵入ヲ許スコトトナルベク絶対ニ同意シ難」く、また「南北分離ノ議論又ハ状勢ノ馴致ハ軍ノ根本方策トシテ不同意」であったのである[5]。一〇月一〇日、板垣はたまたま来満中の国民新聞記者から、「政府ガ広田大使ヲ通ジ松花江、洮児河以北ノ線ニハ兵ヲ進メズトノ黙契ヲ与ヘタリ」との情報を入手した。

この情報は、さきに参謀本部支那課長重藤千秋の書簡に、「同線以北ノ出兵ハ阻止スルモ山海関迄ハ押スベシ」と知らせて来たのと符合したため、関東軍は政府が南北満州を分離し、南満に限って満州事変の解決を計ろうとしているのではないかと憂慮した。(6) ここにおいて板垣は、参謀本部第二部ロシア班長で桜会の首領でもあった橋本欣五郎に対し、中央部の真意を内偵するよう依頼すると同時に、教育総監部本部長荒木貞夫にも連絡して支持を要請した。(7) このように、関東軍は満州において北満を含めた新政権の樹立工作に専心する一方、中央部に対し彼らの方策に同意するよう積極的に働きかけ始めた。

関東軍独立事件

対満政策の根本方針をめぐる関東軍と中央部との対立は、一〇月中旬に起った二つの事件に大きく影響されることとなった。関東軍独立事件と十月事件がこれである。一〇月一七日夜、片倉大尉は次の二通の陸軍大臣および陸軍次官電を受領した。

甲電報

翻訳者　中村家寿

昭和六年十月十七日
午後一〇時〇〇分　東京発　着信
午後　九時一七分　奉天着　番号　453
関東軍司令官宛
発信者　陸軍大臣
陸満一〇九　軍機電報
一、関東軍カ帝国軍ヨリ独立シテ満蒙ヲ支配セントスルカ如キ新タナ企図ハ之ヲ差控フヘシ
二、一般ノ情勢ハ陸軍ノ意図ノ如ク進捗シツツアルヲ以テ十分ニ意ヲ安ンシテ可ナリ(8)
翻訳者　中村家寿

甲電報

昭和六年十月十七日
午後一〇時〇一分　東京発　着信
午後一〇時一〇分　奉天着　番号　457
関東軍参謀長宛

発信者　陸軍次官

陸号外　至急

小官等ハ一致現下ノ難局打開ニ関シ必死ノ努力ヲ重ネ要スレハ予期スル政府ノ現出ヲ計リ断乎トシテ満蒙問題ノ根本解決ヲ期シアリ小官等ノ熱意ニ信頼シ十分自重シ関?(?はママ)東軍独立ノ如キ短気アルヲ戒メ当方ニ於ケル局面好転ヲ待タレタシ(荒木、二宮　杉?(?はママ)山中将)(9)

関東軍の意図に十分応ずることを約束しつつ過激行為の禁止を命じたこの二通の電報は、皮肉にも前線の将兵をねぎらうために派遣された侍従武官の到着前夜、奉天へ発せられた。また、同様に軽挙を戒める電報が陸軍次官から関東軍司令官を経ず、直接師団、憲兵隊、混成旅団、独立守備隊へも送られた。警告を受けた関東軍は、このような事実は全く無根であると否定すると同時に、かかる風聞に等しい情報を信じて行動した軍中央部に激しく抗議して、左の通り返電した。

関参第七七二号

十月十九日午前九時一五分発

昭和年六年十月十九日起案　浄書　中村
宛名　大臣　署名　軍司令官　主任　片倉
件名　甲(軍機)
陸満一〇九号ヲ以テ関東軍カ聖代ニ許ス可カラサル不羈ヲ謀リ而カモ大臣自ラ之ヲ確信セラルルカ如キ驚クヘキ電報ヲ拝シ君国ノ為真ニ遺憾ニ堪ヘス斯クノ如キハ小官及幕僚ニ対シ信任ヲ欠カレタルモノト思惟シ部下幕僚等ト共ニ痛嘆ノ念ヲ深ウセリ剰ヘ次官ヨリ小官ヲ経由セスシテ直接部下団隊ニ同様ノ電報ヲ発セラレタルハ軍ノ統制ニ及ホス影響甚大ナリ不肖不敏ナリト雖モ期スル所アリ眼光ノ尚鈍ラサル限リ充分信頼セラレテ可ナラン(10)

さらに関東軍司令官は、陸軍次官、参謀次長、教育総監部本部長に長文の電報を発し、

現下重大ノ時局ニ際シ関東軍ニ於テハ聊カ積極独断ニ過クルノ点ナキニシモアラサルヘキモ一同国家ノ為協力一致、君恩ニ報インコトヲ専念シ斃レテ後已ムノ覚悟ヲ以テ善処シアリ

と関東軍の立場を弁明した後、次官から直接部下団隊に発せられた電報は、「神聖ナル統帥権ヲ侵害シ軍ノ団結ヲ根底ヨリ破壊シ且志気ニ影響スル重大問題」なるが故に「早速撤回セラルルコトヲ望ム」[11]と要請した。

他方、関東軍参謀部一同は強硬な抗議電報を起案し、陸軍次官、参謀次長ならびに中央部有力者へ発した。

関参七七四号

十月十九日午後十一時五〇分発　参謀部

次長　次官　本部長　総務部長　軍務局長　建川少将　軍事課長　宛

陸満一〇九号及号外電ノ如ク事実無根ノ浮説ニ帝国軍建軍ノ本義ヲ紊リ、我名誉アル関東軍ニ対シ拭フ可カラサル疑惑ヲ以テ見ラルルニ至リテハ我等一同絶対ニ承服シ難キ所トス陸満一〇九号カ真ナレハ既ニ未遂罪トシテ処分セラレタシ賢明ナル貴官等ハ、何ヲ以テ之ヲ償ハントスルヤ我等ハ光輝アル帝国軍ノ威信ヲ失墜シ軍ヲ利用スル策士ハ其現職ニ在ルト退職セルトニ関セス徹底的ニ極刑ニ処シ帝国軍ノ栄誉ニ寸隙ナカラシメンコトヲ切望ス我等若シ大西郷ノ城山ヲ再演セントセハ之レ別ニ方策アリ時機アリ何ソ現職ニ弁々タランヤ又之ヲ企図セハ何ソ貴方ノ阻止ヲ待タンヤ若シ夫レ軍

紀ヲ紊ルモノアランカ一刀両断スルノミ乞フ安セヨ

関東軍参謀一同[12]

関東軍司令官ならびに幕僚は、関東軍独立の風聞は、当時東京においてさかんに急進的な動きを見せていた河本大作、長勇らの流言に基くものであると推測し、その結果軍中央部は「周章狼狽遂ニ軽挙」したものであると結論した。[13]しかしながら、翌一〇月二〇日、陸軍次官および参謀次長からの返電は、独立問題をめぐる彼らの憂慮が徒労であったことをよろこびながらも、「貴地方面ヨリハ出所不明ノ各種情報モアリテ万一ヲ慮リ」警告の已むなきに至った旨説明していた。[14]さらに二一日には、軍事参議官白川義則は、参謀本部第二課長今村均とともに、関東軍独立運動を防止するために満州へ到着した。関東軍は、今更ながら彼らに対する軍中央部の不信を知ったのであった。

今村の回想するところによれば、中央の反対が強く、自分達の意図する如く満州事変を解決出来ない場合は関東軍は独立を決心している、との情報は憲兵隊より軍中央当局に提供された。[15]このような情報を広めていたのは河本大作と長勇であった。当時河本は、満州と東京との間をたびたび往復し、関東軍と軍中央部の革新分子との間の連絡にあたっていた。また、桜会中もっとも急進的であった長は、北京駐在武官付の任にあったにもかかわ

らず、国内改造の決行に備えて、しばしば帰国し、秘密活動を続けていた。河本および長は関東軍の不満を強調し、

関東軍は「宮中府中重臣等ノ放言セル言動ニ刺戟セラレ、吾々ガ国威国権ノ伸展ヲ期スルタメ聖戦ニ臨ミツツアルニ、陛下ガ御喜ビ遊バサレズ、政府当局ハ事毎ニ阻止シツツアリ。斯クテハ戦死スルモ犬死同様ノ結果トナルベシ」と憤激し、内地に於て国内改造の烽火を挙ぐるに至れば、本庄司令官をして関東軍独立の宣言をなさしめ、国籍を脱して満州国に立て籠る覚悟を有し(16)

ていると宣伝した。

長は後年、関東軍独立の情報は自分が関東軍を支援するため捏造した流言であることを認めたといわれている(17)。しかしながら、当時の関東軍の激烈な言動がこのような流言に信憑性を与えたことも事実であろう。例えば石原は、もし満州事変が失敗に帰した場合、自分達は日本との関係を断って行動するとか(18)、「万々一政府カ我方針ヲ入レサル如キ場合ニ於テハ在満軍人有志ハ一時日本ノ国籍ヲ離脱シテ目的達成ニ突進スルヲ要ス(19)」などと述べていた。また、奉天の情勢を報告した外務省亜細亜局第一課長守島伍郎は、中心となって

事変を推進している関東軍の板垣、石原、花谷は、酒を飲むと必ず、

この計画は前からちやんと企ててあつたので、既に七月二十五日には奉天に砲列を布いておいた。我々はこの計画に成功したのだから、次には内地に帰つたらクーデターをやつて、政党政治をぶつ毀して、天皇を中心とする所謂国家社会主義の国を建て、資本家三井、三菱の如きをぶつ倒して、富の平等の分配を行はう。必ずやつてみせる

と公言していると伝えた[20]。

このような関東軍首脳の暴言は、あるいは決意を示す表現とも、またあるいは英雄を気取る意味なき発言ともいえるかも知れない。しかし、関東軍が自己の政策を中央にも承認させようとして圧力をかけていたこと、特に九月二六日には河本大作に塩税から二十万円位を国内運動のために与えたことなどを考えると[21]、長が否定した程関東軍と同軍独立の風聞とが無関係であったとは思われない。関東軍独立事件と、国内における革新将校の動きとは如何なる関係のものであったか、ここで結論を試みる前に、時を同じくして起った今一つの重大事件であった十月事件を考察しておきたいと思う。

十月事件

関東軍の独立を阻止しようとする第一電が発せられた一〇月一七日早朝、東京においては桜会を中心とする陸軍将校の大検束が行われた。陸軍の過激分子がクーデターを計画しているとの情報は、すでに政界上層部ならびに宮中関係者の間にも流布されていた。未遂に終った三月事件が彼らの知るところとなったのは八月中旬であったが、爾来彼らはさらに「大きなクーデターが来る」[22]ことを予想し、非常な不安に陥っていた。しかも軍の革新運動は、民間からも支持者を得てますます隆盛となりつつあるといわれ[23]、彼らの破壊の対象は従来の如く政党政治家ならびに財閥に限られず、宮中関係者をも包含するものであると伝えられた[24]。陸軍関係から流布される情報が、例えば天皇が皇后相手に深夜まで麻雀にふけっているとか、天皇は参謀総長や陸軍大臣を嫌悪しているとか、皇室を非難する種類のものが多いことを聞き、西園寺は「陸軍の中に赤が入ってゐはしないか」、また陸軍青年将校は革命を準備しているのではないか、と危惧した[25]。

このような不安な状態の中で、一〇月一七日、クーデター計画者の検束が伝えられるや、重臣、政府宮中関係者が驚愕をもってこの知らせに接したことは想像に難くない。橋本以下桜会の急進派が、数日後にクーデターを決行すべく青年将校を偕行社に集めてまさに指令を発する直前にあることを知った陸軍大臣以下首脳部は、徹夜の重要会議を開いた後、この朝これら将校の検束に踏み切ったのである。[26] クーデター計画には、若槻、幣原、井上らの閣僚の外、内大臣牧野伸顕、宮内大臣一木喜徳郎、侍従長鈴木貫太郎ら宮中関係者ならびに政党指導者の暗殺も含まれているとされた。また一説には、天皇にクーデターの報告をするため牧野のみは暗殺目標から外されていたともいわれた。暗殺が成就した上は青年将校は二重橋前で割腹する覚悟であったというような情報も乱れ飛んだ。[27]

事実、十月事件はさきの三月事件とは比較にならないほど大規模なクーデター計画であった。橋本欣五郎、長勇の指揮の下に、参加を予定されていたのは、在京将校百二十名、兵は近衛各歩兵聯隊から十中隊、機関銃一中隊、第一師団から約一中隊、外部からは大川周明、北一輝ならびに西田税らの一派、また海軍からは海軍抜刀隊約十名であった。その他霞ケ浦から海軍爆撃機十三機と下志津から陸軍機三、四機の参加も予定されていた。攻撃目標としては、

第一に、首相官邸を閣議中に襲撃して首相以下を斬撃すること、

第二に、警視庁を占領すること、

第三に、陸軍省および参謀本部を包囲した上で幹部に同調を強要すること、

第四に、不良将校その他の指導者を制裁すること、
第五に、東郷元帥を宮中へ派遣し、予定内閣に大命が降下されるよう工作すること。
ここでいう予定内閣には、左の陣容が内定していた。

首相兼陸相　荒木貞夫
内務大臣　橋本欣五郎
外務大臣　建川美次
大蔵大臣　大川周明
警視総監　長　勇
海軍大臣　小林省三郎(28)

クーデターの目的は、「政権ヲ軍部ニ奪取シテ独裁制ヲ布キ先ヅ政治変革ヲ行フ(29)」ことであった。しかしながら、肝心な政治変革の具体的計画は存在しておらず、「未来社会ノ構図」としては橋本の言によれば、

天皇中心ノ人格的共存共栄ノ社会ヲ要ス之ガタメ天皇ト庶民トノ中間ニ介在スル一切ノ搾取機関ヲ排除シ国民生活ノ拡充発展ヲ図ルベシ——日本民族ノ発展飛躍——従ツテ一切ノコトハ此ノ点ニ立脚シテ策定セラルルヲ要ス

という程度の曖昧なものであり、要するに破壊以上の何ものでもなかった。[30] クーデターは、一〇月二一日前後に予定されていた。

計画規模の相異こそあれ、十月事件もまた三月事件と同様、内部の不一致の結果未遂に終った。事件発覚の経緯については種々の説がある。まず北、西田ならびに大川らの部外者が政友会、あるいは宮内省へ計画の内容を売ったため計画が暴露したと信じるものがあった。[31] また中心人物である橋本自身の行動にもかなり疑惑を起させるものがあり、彼は下部の急進派からの突上げにたえられず、杉山次官にクーデター決行に加盟することを要請することにより、計画を上層部に知らせて彼らによって抑止されることを期待したともいわれた。[32] あるいはまた、桜会会員中クーデターに同意していなかった穏健派の根本博、藤塚止戈夫、影佐禎昭の三名が今村作戦課長に対し、憲兵を派遣して計画者を拘束することを要求したことが発覚の直接原因であったとも伝えられている。[33]

いずれにせよ、十月事件が未遂で終った根本原因は、桜会会員中の意見の相異によるものであった。桜会が国内改造と対外膨脹との二重目標を掲げていたことはすでに述べた通りである。橋本らの考えは基本的には国内改造先行であり、これが三月事件となったのである。しかしながら、その後もこの二つの目標の何れを先行するかについては意見の一致は見られなかった。九月一八日、満州事変は勃発したが、これは桜会会員の対外膨脹を先に行うことを決定した結果開始されたものではなかった。このことは、満州事変を起すにあたって関東軍および軍中央部内で桜会に属さない多くの有力将校が中心となったことからも明らかであろう。しかしながらいったん対外行動が開始されると、桜会指導者達も国内改造を実行するか否かの決断に迫られる結果となった。ここにおいて桜会の意見が分裂した。

まず橋本を始め、長、田中弥、小原重厚らの急進派は、満州事変勃発以来少壮将校の意気が一段と隆んな状態にあるのに乗じてクーデターを実施することを主張した[34]。根本らは大陸先行論の立場から、満州事変遂行中国家に不利益をもたらす危険のある国内改造の決行に反対した[35]。田中清らの穏健派は、クーデター後の建設計画が不備であることと、西田ら軍部以外の革命家と提携していることを理由に、これまた反対した[36]。このような桜会の内部における対立が、陸軍当局にクーデターの発生を未然に防止することを可能にしたのである。橋本以下十二人の桜会首脳は最高二十日以下の重謹慎の懲罰を科せられたに過ぎなかったが、一応十月事件に関係したと目された将校は転任させられ、中央からは一掃された。

関東軍独立と十月事件

ここで残された問題は、関東軍独立事件と十月事件との関係を究明し、特に関東軍が果した役割を評価することである。関東軍の過激な言動が、在京の河本や長の流した関東軍独立説を信じさせる根本原因であったことは疑う余地もなかろう。またこの流言が、政府ならびに軍中央部に関東軍の主張する満州事変解決方針を支持させることを目的に捏造されたことも間違いないといえよう。そしてまた関東軍が、国内世論を喚起し、自分達に有利な方向に工作するよう橋本、根本、大川らに要請し、そのための資金が河本を通して板垣から支給されたことも事実である。[37][38] 桜会としては、彼ら自身の勢力を上層部に誇示するためにも好んで関東軍の過激性を鼓吹したものと思われる。しかしこのような状況にもかかわらず、関東軍独立の風聞そのものは関東軍の創作によるものではなかった。結局、関東軍独立事件は、関東軍と桜会とによる陰謀の所産ではなく、むしろ満州において強硬政策を遂行しようという共通目的の当然の結果であった。

同様の解釈は、関東軍が十月事件において果した役割についてもいえると思う。満州事変勃発以前において、関東軍の一部と桜会との間には、前者が満州で軍事行動を開始したおいて根本的な政治改革を実現するためクーデターを決行するとい場合が成立していた[39]。満州の制覇を主要目的とする関東軍首脳が国内改革の必要性を主張したように、国内改革を基本目標とする桜会も対満積極政策を支持していたことを考えれば、このような取りきめが存在していたことには何も不思議はない。事実、前述したように桜会指導者は、中央にあって関東軍の支援を惜しまなかったのである。しかしながら、関東軍は必ずしも積極的に十月事件を支持したり、その計画に参加したとはいえない。そのことは関東軍が十月事件に関係したことを裏づける証拠が存在しないということのほか、著しく不統一で不徹底であった十月事件計画に、満州問題に没頭していた関東軍が積極的に参加することはほとんど不可能であったことからも推測出来よう。その上、関東軍の中心人物であった石原は、国内改造には同意しつつもそれを先行することにはかねてから強く反対していた。その理由は、国内改造が国力の低下をもたらすことを石原が恐れたからである。特に、満州事変勃発後の間もない重大時期にクーデターを実施するというような計画に石原が賛成することは、ほとんどあり得なかったことである。後年、長は十月事件を企図したことについて石原に非難されたと述べているのは、このような事情を示すものである[40]。要するに関東軍は、当時軍中央部に圧力を加え、自分達の意図する方針に基いて満州事変を解決することに専念していたから、それを達成する限りにおいて国内における革新運動を援助する意向であった。しかし、クーデター計画の決定に参加したり、これに具体的な指示を与えるというような積極的な役割を果したのではなかった。関東軍が、独立事件や十月事件を桜会過激分子と共同謀議したとするには、軍革新運動は余りにも衝動的であり、綿密な連絡や徹底した組織に欠けていた。

過激事件が軍部に与えた影響

しからば関東軍独立事件、十月事件と相次ぐ過激事件の発覚はいかなる影響を軍部に与えたであろうか。まずこれらの事件を中心になって指導した桜会の急進派の勢力は十月事件後後退し、その後非合法手段による国家改造を目標に活動を続けたのは、彼らより一層急進的な陸海軍青年将校であった。これらの青年将校は、十月事件の計画に際し、橋本らが改造後の内閣に閣僚として加わる野心を抱き、また革新を唱えつつ日夜待合で豪遊をきわめたりしたのに憤慨し、自分達はより純粋な革命の「捨石」となることを理想に、海軍グループは井上日召に師事してついに血盟団事件、五・一五事件へと突進し、陸軍グループは皇道派を形成して荒木擁立を考え、それに失望した後は北、西田の下に二・二六事件を起こすに至った。

他方、十月事件後に擡頭したいま一つの勢力は、桜会のごとき非合法手段を排し、漸進的改革を目指す中央部幕僚将校グループであった。彼らは軍部内における統制を回復し、強力な軍組織を確立して政治権力を掌握し、合法的に国政を指導して行こうと考えた。この動きの中心が永田鉄山の指導の下に成立した統制派である。永田の下に集ったのは、十月事件の主謀者を検束するのに奔走した東条英機、今村均ら陸軍省、参謀本部の主要課長のほか、影佐禎昭、池田純久、田中清ら旧桜会の穏健派の人々であった(41)。

ここで注意しなければならないことは、中央部幕僚グループの穏健性は、彼らが合法的手段を用いて政治力を増大しようと考えたという手段上の問題に限られていたことである。彼らの抱いていた目的は国内政治の改革と対外膨脹であり、内容的には桜会の目的とさして大きな違いはなかった。このことは統制派を組織した人々が、あるいは一夕会、あるいは桜会に属し、以前から革新運動の推進に努めていたことからも明らかであろう。

しかしながら、革新運動の過激化を抑圧した軍の指導者が、革新運動の目的に同調していたということは、彼らが過激派に対し毅然たる指導性を発揮することなく常に妥協的な態度に陥る結果を招いた。この傾向は、すでに関東軍独立の情報に驚愕して発せられた陸軍大臣および陸軍次官の電報の中にも見られた。彼らは一方では過激行為を禁止しながらも、他方では「現下ノ難局打開ニ関シ必死ノ努力ヲ重ネ要スレハ予期スル政府ノ現出ヲ計リ断乎トシテ満蒙問題ノ根本解決ヲ期シアリ(42)」と述べ、相互の妥協を計ったのである。

また、十月事件関係者の処罰にあたっても、軍指導者は甚だ優柔不断であった。検束された十二名の将校は憲兵の護衛付で稲毛、市川、宇都宮など各地に分散して謹慎させられたが、その間非常な好遇を受けた。なお、この中には根本、藤塚、影佐ら十月事件を阻止するために動いた人々も含まれていたが、それは彼らが仲間に対し裏切り行為に出たことを隠すため進んで検束されることを申し出たためであった(43)。彼らはいずれも軍法会議にかけられることなく、一カ月足らずで謹慎を解かれた後、改めて橋本は二十日間、長および田中弥は十日間の重謹慎に付せられた。その他は訓戒の後放免されたが(44)、中央からは追われることとなった。クーデター計画者がこのような好遇を受けた理由としては、軍指導者が桜会の背後にあった過激青年将校を挑発するのを恐れたこと、彼らの目的には同調していたこと、そしてさらに外部に対し軍の統一が保持されている印象を与えることに努めたことなどが挙げられる。革新青年将校の信望の的であった荒木は、十月事件関係者の動機が純粋な愛国心から出ていることを強調したし(45)、関東軍も「熱血将校ハ其ノ意気ヲ汲ンテ善処セラレンコトヲ懇望ス之反面ヨリ見レハ国家ニ得難キ至宝ナレハナリ(46)」と打電するなど、彼らに対する支持を示した。彼らの動機が「純粋」であり、彼らが国家にとって「至宝」であるとする限り、厳しい処罰の必要は当然なくなるわけであり、荒木はそのような処置は軍の名誉を毀損するものであるとして反対した[47]。そして外部に対しては、荒木は十月事件を論評することをむしろ避け、「若い軍人が相当今日の政党の腐敗――政治の腐敗を歎いてゐることも事実であるし、いつ何時、どんなことに刺戟されて彼等が動き出すか判らない[48]」ことをもっぱら印象づけることに努めた。

過激事件の政治的影響

この荒木の発言にも見られるように、部内の革新要求に対して妥協的であった軍指導者は、部外に対しては過激分子の危険性を強調することによって軍部の政治力を増大しようと試みた。統制派を中心とする中央部幕僚将校の意図は、まさに軍が一丸となって国策を主導することにあったことはすでに述べた通りである。

これに対し、関東軍独立事件および十月事件計画を伝え聞いた政府、政党指導者ならびに宮中関係者は、満州事変勃発以来感じ始めていた自己の無力を、一層強く痛感するに至った。関東軍は北満を含めた全満州の支配を目標とし、政府の意志に反しても、また軍中央部から独立してもこの目的の実現を計るほどの強硬決意を固めていたことは前々から若槻首相の知るところであった。若槻は、これを「信ずるに足りない」風説とは見なしながらも、万一このような事が起れば日本は容易ならざる状態に陥ると深く憂慮し、次の如く考えていた。

満州軍が政府の命令を軽視するのは、今の政府は一党一派の民政党内閣である、国民の一部の意見を代表しているに過ぎない。国民の多数は、必ずしも現内閣と同じ意見だとはいえない。それだから政府がいかなる命令をしても、これを肯かないのではないかと考えるに至った。それで満州軍をして、政府の命令に服せしむるためには、民政党だけの内閣でなく、各政党の連合内閣を作れば、政府の命令は国民全体の意志を代表することとなり、政府の命令が徹底することとなる。そこで私は、そういう連合内閣が今の政党の情勢下において、出来るかどうかを知りたいと思った。(49)

その頃野党であった政友会総裁犬養毅もまた軍部の動きを非常に心配し、クーデターの危険があれば、政府としては「陸軍の根本組織から変へてかからなければならない」。しかし、そのような事態においては政友会が単独で軍部に対処することは到底出来ないとして民政党との連立を考慮していた。(50)

十月事件の知らせは、若槻や犬養の不安が単なる杞憂ではなかったことを立証した。若槻は、内務大臣安達謙蔵をして連立内閣樹立の可能性を打診せしめた。ここにおいて政党が一致協力し、軍部に対決するために全力を挙げる絶好の機会が到来したかの如く思われた。しかしながら、結局連立内閣運動は政党間のかけ引きの対象と堕し、また大蔵大臣井上準之助および外務大臣幣原喜重郎が政友会の金輸出再禁止政策は民政党の財政方針と相反するとの理由で連立に反対したため、若槻は遂に連立内閣の構想を断念せざるを得なくなった。それにもかかわらず安達は一人連立内閣を実現するため策動したが、彼の考えた連立内閣は、もはや若槻が意図した如く軍部を抑制するための堡塁ではなく、むしろ政友会および民政党の党員中、軍との協力を辞さない人々による政権獲得の方便であった。その間、各種の政治工作が展開され、宇垣一成、あるいは平沼騏一郎を首班におすもの、安達と犬養の結合を計るもの等々があり、強力な内閣を成立出来ると目される候補者がしきりに取沙汰された(51)。若槻内閣の存続が次第に危惧され始めると、政友会内においても森恪を中心とする連立反対の動きが強くなり、政友会が単独で政権につくことを希望する意向が決定的となった。

一一月二一日、安達内相が時局重大の折柄、「政党の協力を基礎とする国民内閣を必要とする場合が生じたならば、いつでも応じる」と声明するに及び、連立内閣運動はついに大詰めに立ち至った(52)。若槻ならびに安達を除く全閣僚は連立内閣を排し、単独内閣を続けることを決定したにもかかわらず安達は連立を固執したため、ついに若槻内閣は閣内不一致を理由に総辞職した。このようにして来たり去った連立内閣運動は、政党政治を強化するどころか、逆に軍部に対する政党政府の地位をますます弱いものとする結果を招いた。軍は政党との対立において、若槻ならびに政党指導者が自ら招いた敗北の故に、容易に勝利を獲得することが出来たのである。

過激事件と対満政策の転換

過激事件の発覚後、部内の統制を確立しつつ軍部の政治権力の増強を計った軍当局は、また関東軍との間に進んで満州政策の調整を試みようと努力した。軍中央部の政策は、関東軍独立事件と十月事件直後に満州へ派遣された白川大将および今村大佐によって伝えられ、大体次の如き内容であった。すなわち、日本の目的は

満州ニ於テ日本ノ意志通リニ動ク政治中心ヲ作ルニ在リ

此政権ハ必ズシモ支那ニ対シテ独立ヲ宣言スルモノデナクトモ可ナリ、元ヨリ独立宣言ヲナス完全ナル独立国家トナルコトハ之ヲ理想トスルモ先ツ実ヲ取リ名目次デ此

期ニ至ルコトハ理想トス。

之ヲ要スルニ実ヲ執ルコトニ最善ノ努力ヲ尽シ最善ノ実現ヲ示シ一日モ速ニ促進ヲ希望ス。

国家機構ハ完全ニ備ヘザルモ可。

独立国家ハ支那人ノ名ニ於テ(其実質ニ於テハ軍又ハ日本国家ノ援助ヲ与フルコトハ無論ナリ)宣言スルコトハ何等異存ナシ、之ニ対シ関東軍援助、日本国家援助ハ無用ノミナラス有害ナリ(53)

軍中央部としては、中国本土から満州を独立させることには、国際的にも、国内的にもきびしい非難が予想され、また中国民衆のナショナリズムを刺戟することが恐れられたから、この際満州に樹立する政権は性格を明らかにしないままともかくも敏速にその成立を実現しようと考えた。中央部は、満州を事実上支配することに最大の関心を有し、新政権の名称、あるいは新政権と中国との関係などは二次的に考えていた。彼らとしては、満州に対し「露ノ外蒙、英ノ西蔵(54)」に見られるような間接的な支配を確立すれば事足りたのであった。

従って、満州に樹立される政権と中国政府との関係については、陸軍三長官会議は満州問題に関する交渉を「新政府トノ間ニ行フ」ものと規定しつつも、「支那本部ト形式的ニハ政権トノ関係ヲ認ムルモ実質的ニハ独立トス」る方針を決定していた。[55] しかるに関東軍幕僚は強固に満州を中国本土から分離させる方針を支持していた。将来中国政府との交渉は、「新国家ノ是認、排日排貨其他ノ支那本土ニ関スル問題ニ就」いてのみ行い、満州政権の権限その他に関しては一切干与させない意向であった。[56] 一〇月二四日、関東軍は陸軍大臣、参謀総長に対し正式に満州政策を具申した。

満蒙問題解決ノ根本方策

第一　方針

支那本土ト絶縁シ表面支那人ニ依リ統一セラレ其ノ実権ヲ我方ノ手裡ニ掌握セル東北四省並内蒙古ヲ領域トスル独立新満蒙国家ヲ建設スルコトヲ目的トシ此間政権ノ迅速ナル推移ヲ促進スルト共ニ実質的ニハ諸般ニ亘リ我方ノ経営ヲ進メ確固不抜ノ基礎ヲ確立ス

第二　要領

一、遼寧省ニハ我方ノ内面的支持ニ依リ特異ノ行政ヲ樹立シ善政ノ実ヲ挙ゲル此間吉黒両省ノ親日政権ノ迅速ナル確立並安定ヲ期ス

熱河省ニ対シテハ逐次形勢ノ好転ヲ俟ツ

二、吉黒両省ノ政権略ボ確立スルヤ直ニ我方ノ内面的支持ニ依リ拙速ヲ旨トシテ右両者並遼寧省行政府ノ聯省統合ヲ行ヒ玆ニ我要求条件ヲ容認スル新国家ノ樹立ヲ宣言セシム且同時ニ奉天省城ヲ主都タラシム

此際熱河省ハ形勢ニ応ジ当初ヨリ統合スルコトニ努ム

三、新国家ノ要素ハ国防、交通ノ実権ヲ我方ニ掌握セル在満諸民族ノ共存共栄ヲ図リ得ベキ機構(一例特異ノ共和制)ヲ備ヘ特ニ県(市)ハ自治行政ニ俟ツ如クス

四、新国家ノ建設中着々既得権益ヲ合法的ニ恢復シ又在満蒙民族ノ福利増進ヲ旨トシテ新政権ノ樹立ヲ阻止セラレザル注意ヲ以テ諸般ノ経営ヲ行ヒ経済的ニ確固不抜ノ基礎ヲ確立ス

北満ニ対シテモ新国家建設以前ヨリ地方新政権ノ刷新ニ伴ヒ逐次之ニ通ジ実勢力ノ嵌入ヲ企図ス

五、新国家建設運動ハ表面飽迄支那人ノ手ニ依リ行フモ内面的ニハ今一層強力ナル支持ヲ与ヘ之ヲ促進シ特ニ速ニ黒竜江省政権ノ刷新、錦州政府ノ掃蕩学良勢力ノ覆滅ヲ期ス

六、国内及満蒙諸民族ノ輿論ヲ新国家建設ニ向ヒ指導スルト共ニ国際聯盟其ノ他外交

交渉政府ノ声明等ニ於テ建設運動ヲ阻止スルノ如キ言質ヲ与ヘザルヲ要望ス

七、我内面的建設運動ノ促進中武力ヲ以テ之ニ干渉シ又ハ之ヲ妨害スルモノアレバ断乎トシテ之ヲ排撃ス

我帝国ノ南京政府トノ総テノ交渉中ニハ新満蒙国家ノ領域ニ関スル諸般ノ事項ニ関シ何等ノ累ヲ及バサザルノ着意ヲ要望ス(57)

このような関東軍の強硬な政策提案にもかかわらず、一一月五日陸軍大臣より指示された方針は、依然として新政権を中国本土から分離させることについては明言を避け、形式的な関係を存続させる意向がうかがわれた(58)。中央の態度に憤激した関東軍は、ついに一一月七日、左の返電を打ち彼らの断乎たる決意を表明した。

一、軍ノ企図スル所ハ一ノ自由国ノ建設ニシテ対世界的完全ナル所謂国家ノ形式ヲ謂ハザルモ支那本土ノ凡百ノ政権トハ完全ニ絶縁スルモノトス

二、軍ノ企図スル所亦飽迄表面支那側ヲシテ自然的推移ノ形式ヲ辿ラシメ政情略安定セル時機ニ於テ溥儀ヲ民意ノ形式ヲ以テ迎ヘシムルモノナリ

而シテ統一セル自治体ノ形成ト本国家ノ形成トハ工作ノ時間対外関係ニ於テ要ス

ルニ同一ナリ

三、支那人ノ特性トシテ目的ヲ明確ニセスニハ結局其行動徒ニ揣摩臆測ヲ恣ニシ各種ノ工作頓座スルハ能ク諒承セラルル所ナラン

要スルニ軍ハ満州政権ガ支那本部ト絶縁セザル件ニ関シテハ絶対ニ承服シ難キ所トス(59)

関東軍が中央に対して頑強に自己の立場を主張したのは、彼らは自分達こそが確固たる満州政策を保有し、これを推進する実力を有していると自負していたからである。関東軍がいかに自らの権力を意識していたかは、「片倉日誌」が、

又国家ハ陸軍ヨリ、陸軍ハ我関東軍ニ引キ連ラレアル今日ニ在リテハ関東軍職員ニ心胆相照ラシ断行、精悍ノ勇士ヲ揃フルヲ最モ必要ナリ

と記していることからも推察される(60)。

軍当局が関東軍との間の政策上の調整を試みなければならなかったと同様、政府もまた満州の現状に即した政策を検討する必要に迫られていた。事変勃発以来政府は、満州にお

ける戦線の拡大も政権の樹立も防止することが出来ないまま、国際連盟ならびに列国との交渉にあたらなければならないというきわめて苦しい立場にあったが、十月事件以後はその政治的基礎も不安定なものとなり、一層深刻な苦境に直面しなければならなかった。

そもそも日本政府は、満州事変勃発直後においては、九月二四日の国際連盟理事会議長に対する回答文の中にも示されたように、日本軍隊の撤退は「事態今後ノ改善ニ伴ヒ更ニ能フ限リ鉄道附属地内ニ復帰セシムル方針」であると声明していた。(61) しかしその後政府は

目下最先ノ急務ハ日華双方協力シテ国民的感情ノ緩和ヲ図ルニ在リ之カ為ニハ速ニ両国間ニ於テ平常関係確立ノ基礎タルヘキ数点ノ大綱ヲ協定スルコトヲ要ス右大綱ノ協定ヲ了シ従テ国民的感情ノ緩和ヲ見ルニ至ラハ日本軍隊ハ茲ニ安ンシテ全部満鉄附属地内ニ帰還スルコトヲ得(62)

る旨を中国政府に通告し、日本軍の撤退条件は単に治安状態にのみ依存するものではないことを表明するに至った。

日本政府は当初から満州事変の解決を日中間の直接交渉によって計り、国際連盟には干与させない方針であったが、事変が進行するに従いこの趣旨を実行に移すことはますます

困難なものとなった。それは、日中間の戦闘状態が交渉開始を阻害したという事情の外、混乱した満州の政治情勢が日中交渉の相手となるべき政権の選定の問題を複雑化したからである。関東軍は、満州問題について日本の支配下に樹立される新政権とのみ交渉し、中国政府には全く関係させないと主張した。軍中央部もまた満州問題に関する交渉は新政権と行う意向であった。日本政府のみは中国政府との交渉を提案し続けたが、肝心の中国政府は日本軍が鉄道附属地内へ撤兵しない限り交渉に応じない態度をとっていた。しかも日本政府としては軍に撤退を強制することも出来ず、その間に新政権の母体となる地方自治機関は次々と成立していた。

一〇月二六日、政府は満州事変に関する第二次声明を発表し、将来日中関係の基礎となるべき大綱として左の五大綱目を掲げた。

一、相互的侵略政策及行動ノ否認
二、中国領土保全ノ尊重
三、相互ニ通商ノ自由ヲ妨害シ及国際的憎悪ノ念ヲ煽動スル組織的運動ノ徹底的取締
四、満州ノ各地ニ於ケル帝国臣民ノ一切ノ平和的業務ニ対スル有効ナル保護
五、満州ニ於ケル帝国ノ条約上ノ権益尊重(63)

特に第五綱については論争が予想された。日中間には、日本の条約上の権益の解釈に大きな相異があったからである。

しかしながら、五大綱目全体の内容についていえば、さして驚くに値するほどのものはなかった。諸外国の注目を引いたのは、むしろこの大綱を連盟理事会が休会した直後に発表するという日本政府の真意であった。理事会会期中、日本代表は政府の厳命を受け、中国に提案中の大綱の内容に関し一切の情報を与えることを拒否し続けた。二四日に理事会が休会に入いるや二日後の二六日にこれを発表したことは、日本政府が連盟を意識的に無視する態度をとったことを示すものにほかならなかった。芳澤代表は、政府のこのような態度は日本代表の体面を損う信用上の重大問題であるとしてこれに抗議した(64)。政府は、理事会に五大綱目を示さなかったのは日本が満州事変の解決に連盟を干与させず、あくまで中国との直接交渉に期待する決意を広く示すためであったと回答した(65)。

さらに、外務省は芳澤代表に対し満州の政権問題に関する政府の見解を説明して、

支那政況ノ複雑且機微ナルコトハ到底欧州政治家ノ想像ニ及ハサル所ニシテ現ニ中央ニモ地方ニモ充分ナル責任ヲ以テ本件ヲ処理シ得ヘキ権威者ヲ発見スルニ苦シム

……

(四)　要スルニ我方トシテハ満州現在ノ事態ニ応シ我軍ノ手ニ依リ及フ限リノ警察的措置ヲ講スル一方支那側地方治安維持機関ノ発達ヲ促シテ右警察的措置ヲ漸次此等機関ニ移シ以テ同地方平常状態恢復ニ努メツツ支那側ノ直接交渉応諾ヲ待ツ外ナキ次第(66)

である旨を伝えた。政府としては、無論

今後満州ニ如何ナル政権出現スルヤハ東三省内部ノ問題ニシテ主トシテ東三省民ノ決スヘキ所ナルヲ以テ我方トシテハ今後形勢ノ推移ニ徴スルノ外

ないことを認めていたが、

聯盟其ノ他ニ於テハ何トナク張学良ニ執着スル風アル処御承知ノ通支那ニ於ケル政権ハ其ノ中央タルト地方タルトヲ問ハス先ツ自己ノ実力ニ依リテ或地方ニ号令スルニ至リ相当ノ永続性ヲ有スルニ至レハ自然外国トノ交渉関係ヲ生スルニ至レルモノニシ

テ作霖、学良共ニ其ノ類ナルカ彼等ハ従来常ニ我権力ノ蔭ニカクレテ其ノ地位ヲ保全シ来リタル処今ヤ学良ハ其ノ排日的態度ノ為我方ノ支持ヲ受ケサルニ至リ現ニ東三省ニ於ケル其ノ実力ヲ失墜シ居ルモノナルヲ以テ最早東三省ノ政権トシテ意味ヲ為サザルニ至レル次第ナリ

と述べ、

複雑且動揺常ナキ支那政情ノ現況ニ於テ交渉ノ相手方ヲ南京政府又ハ其ノ承認アル地方政権ニ限ルコトハ実際問題トシテ不可能ナルノミナラス如此ハ全ク我方ト支那ノ間ニ実際的ニ決定スヘキ事柄ニシテ理事会トシテハ日支ノ直接交渉ヲ勧ムレハ足ルヘク交渉ノ相手方迄干渉スヘキ筋合ニアラス(67)

と結論した。

要するに政府の対満州事変政策は、中国との間で「平常関係確立ノ基礎タルヘキ数点ノ大綱」を交渉した後撤兵を行うという立場からさらに進んで、満州に新政権が成立するのを待つという方針にまで変更されたのである。事変勃発当時、政府が満州における軍事行

動は満鉄を中心とする日本権益に対する自衛行為に過ぎないと公表していたことと比較すると、満州における新政権の成立を期待するこの方針は、まことに外交上の一大転換を示すものであった。政府は、満州に発達しつつあったいわゆる地方治安維持会が「実際上ハ殆ト全ク我軍部ノ指揮下ニ在」(68)ったことは無論承知していた。

このような情勢の中で、外務省は一一月一二日、「満州問題政府方針(治安維持会助長方針)」と題する電報を仏国、米国、中国駐在大使に発し、政府の新方針を改めて通達した。この長文の本省電は、在満権益の重要性および国内世論の硬化を説明した後、次の如く中国と五大綱目を基礎に直接交渉しようとする政府の外交方針を弁明し、今後の対策についても言及している重要な資料である。

四、我方ノ大綱五綱目カ何等ノ無理ナキモノタルコトハ巴里聯盟宛往電第一五四号「ブリアン宛」回答詳述ノ通ニシテ支那側ニ於テ普通国家ノ義務ヲ了解スル以上当然之ニ応スヘキ筋合ナルヘク聯盟トシテモ之ヲ慫慂スヘキ義務アリ。又列国トシテモ右ニ付我方ト同様ノ利害ヲ感スヘキ次第ナリト思考ス……蓋シ今日ノ支那ヲ普通ノ弱国ヲ以テ目スルハ当ラス同国ハ世界平和ノ基礎タル諸条約ヲ組織的ニ破棄セントスル「ボルシエビキ」的外交政策ニ依リ排外運動其他凡有ユル悪辣ナル方法ヲ以テ其無謀ナル主張ヲ貫カントスルモノニシテ帝国ヲ初メ列国ハ却テ被害者タルノ立場ニアリ。前記五項目ノ如キハ右被害者トシテ最大ノ痛痒ヲ感スル帝国カ日支関係正常化ノ為メ要求スル最少限度ノ救正方法ニ過キスシテ支那カ普通国家タルノ観念ヲ有スレハ之ニ応スルヤ否ヤノ如キハ問題トナルヘキ筋合ニ非ス、同国カ撤兵先行ヲ主張スルハ右五項目ヲモ否認セムトスル魂胆ニ過キサルコト従来ノ経験ニ徴シ明ナリ

五、要スルニ今回ノ問題ハ聯盟トシテハ窮極スル所精々事務局員等ノ粗忽ニ基ク体面ノ問題タル以上ニ出テス又支那トシテハ普通国家ノ義務ヲ守ルヘキカ又ハ依然トシテ「ボルシエビキ」的外交政策ヲ維持スルヤノ問題ニ止ル之ニ反シ帝国ニ取リテハ実ニ生死ノ問題ヲ意味スル……従テ如何ナル犠牲ヲ払フテモ従来ノ主張ヲ堅持スル外ナシトスル次第ナリ而シテ今後努メテ事態ノ拡大ヲ避クルト共ニ世界輿論ノ指導ニ一層ノ助力ヲ払フニ於テハ漸次帝国ノ正当ナル立場ト主張トハ国際公論ノ支持ヲ受クルニ至ルヘシ

六、唯聯盟カ其ノ態度ヲ変更セサル限リ支那側ニ於テ我方トノ直接交渉ニ応セサルヘキコト明ナルノミナラス聯盟ノ態度変更スルトスルモ最近ニ於ケル支那ノ内政状態ニテハ右直接交渉ノ責任ヲ執リ得ル政権容易ニ現出セサルヘク旁々目下ノ事態ハ相

当長年ニ亘リ継続スヘシト思考セラルルニ付此間我方ニ於テハ支那側ノ地方的治安維持機関ノ内容充実ヲ計ラシメ其ノ実勢力ノ奥地方面ニモ波及スルヲ俟チ漸ヲ追フテ自発的ニ我軍ノ附属地集結ヲ行フ外ナカルヘシ(69)

しかるに、このような外交政策の転換を余儀なくした直接の原因は、国内輿論の硬化と軍部勢力の増大に基く政情の不安にあったものとみられる。一一月一八日に外務省から連盟代表および米国駐在大使へ発せられた電報は、きわめて強い対内的圧力の下にあった外交当局の立場を示す上で興味深いものである。

本邦ニ於テハ軍部右傾派等ハ勿論比較的自由ナル意見ヲ有スル方面ニ於テモ対支反感著シク高マリタル折柄支那官兵ノ不法行為ヲ動機トシテ今次事件ノ発生ヲ見ルヤ我国論ハ各階級ヲ通シテ対支強硬意見ニ一致シ殊ニ従来満州問題ニ関シ比較的冷淡ナルヤニ認メラレタル一般民衆ノ態度ハ今ヤ過去二大戦争当時ノ状況ヲ髣髴タラシムルモノアリ右ハ支那側ノ傍若無人ナル国権回復運動ニ対シ我国民間ニ意識的又ハ無意識的ニ蔓延シ居リタル深刻ナル憤懣ノ激情カ一時ニ勃発シタルモノト見ルヘク而シテ支那側カ第三者ヲ利用シテ我方ヲ控制セムトスル不誠意ナル態度及聯盟ノ我方ニ対スル無

理解ナル圧迫的態度ハ我国民ノ感情ヲ益々刺戟セリ

三、政府ニ於テハ叙上国論ノ趨勢ニモ鑑ミ飽迄既定ノ方針ヲ堅持シテ我対支那殊ニ対満蒙地歩ノ確保ヲ期スルト共ニ国論ノ極端化ヲ防止スルニ努ムヘキコト勿論ナリト雖モ紊リニ之ニ制圧ヲ加フルカ如キコトアラムカ国民ノ対支激情ハ忽チ転シテ国内的ニ爆発シ一部極端者流ノ策動ト相俟ツテ勢ノ赴ク所由々シキ事態ヲ惹起スルノ危険性ヲ包蔵スル次第ナルヲ以テ政府トシテ極メテ周到ナル用意ヲ以テ之ニ処スルノ要アリ(右ハ余リ「アラーミング」ナルヤニ認メラルルヤモ知レサルモ偽ラサル現下ノ実情ナリ)而シテ右国内ノ事情ハ自然政府対軍部及中央軍部対出先軍憲ノ関係ニモ極メテ微妙ナル影響ヲ及ホシ居リ従テ出先軍憲等ノ行動ヲ政策的見地ヨリ大局ニ合致セシメムトスルカ如キ際ニモ常ニ其ノ国内的反響ヲ考慮ニ入レ場合ニ依リテハ相当迂余曲折セル手続ヲ執ルノ余儀ナキコトアル次第(70)

この電報の中にある「由々シキ事態ヲ惹起スルノ危険性」とは、未遂とはいえ十月事件によって表面化した過激分子の動きと関連していたことは想像に難くない。すなわち過激事件の発覚は、政府に政策転換が不可避であることを印象づけた。政府としては、軍部を抑制する政治力もなく、軍部を刺戟して一層大規模なクーデターが再発するのを恐れて対外政策を変更したのであった。

いわゆる幣原平和外交が崩壊し始めたのはこの時である。若槻や幣原は、スチムソンが信じていたように相変らず平和を念願し[71]「正義の側[72]」にあったかも知れないが、彼らの政策の実質はすでに「平和外交」の呼び名とは異った方向に進みつつあった。その頃宇垣が興津に西園寺を訪問したところ、西園寺は幣原外交を批評して、「定石で間違ひなきものとして、余も今日迄支持来りしも、如何に正しき事でも国論が挙げて、非なり、悪なりとするに至りては、生きた外交をする上には考へ直さねばならぬ[73]」と述べたといわれる。外務省が満州における「治安維持会助長方針」を採択した時、幣原外交はまさに西園寺のいうところの「生きた外交」に踏み切ったのであった。幣原外交の実質的転換は、客観情勢ならびに権力構造の変化が、外交政策選択の余地を極度に制限することを明示した好例であろう。

第七章　北満攻略論争

軍中央部は関東軍の圧力に次第に屈し、遂には満州に新政権ないしは新国家を樹立することを支持するに至ったが、関東軍の北満攻略の要請には容易に承認を与えなかった。九月二四日、参謀総長はハルピンへの出兵を、いかなる事態が起っても禁止すると命じた。それ以後関東軍は北満攻略を間接的に、あるいは秘密裡に行わねばならなかった。関東軍は張海鵬をしてチチハルへの攻略を計らせたが、すでに述べたように、張海鵬軍は一〇月中旬嫩江において北上をはばまれ、チチハル特務機関長林義秀と黒竜江省政府主席代理馬占山との間では嫩江鉄橋の修理に関する交渉が行われた。

嫩江鉄橋作戦

当時関東軍は「北満ニ如何ニシテ派兵ノ口実ヲ得ヘキヤ」を懸命に模索中であった。(1) 例えば、張海鵬軍を北進させ、状況が有利に展開すれば日本軍を洮昂線沿線の権益擁護またはチチハル地域の居留民保護を口実として派兵することが考えられた。(2) あるいはまた、馬占山軍に東支鉄道南側の地域を占領させ、さらに進んで日本軍を攻撃するよう指導した上で反撃する、という方法も考慮された。(3) 結局、北満からの貨物の出荷が阻害されたため満鉄の利益が侵害されるのを保護するということに出兵の口実が見出された。関東軍は一一月二日に馬占山ならびに張海鵬に最後通牒を発し、両軍とも橋頭より各々十キロの地点まで後退し、日本が鉄橋の修理を行うことを可能とするよう要求したほか、日本の行動を妨害するものに対しては日本軍は実力をもって対処するであろうと通告した。(4)

軍中央部も、嫩江鉄橋修理のため関東軍を派遣することは諒承した。しかしながら、参謀総長は「北満ニ対シ遠ク嫩江ヲ離レテ兵ヲ派スルハ理由ノ如何ヲ問ハス本職ノ区処ナクンバ許可セラレス」と指示し、陸軍次官は、「江橋修繕及之ニ関スル軍隊ノ行動ハ極メテ迅速且手際ヨク行フコト肝要ニシテ、十三、四日頃迄ニハ修繕ヲ了シ掩護部隊ノ引揚ヲ完了シ得ル如ク満鉄ヲ指導」せよと打電した。陸軍次官はまた、連盟理事会の支持を得るためには、間接工作によるのが賢明と考えられるため、北満経略用資金として三百万円の支出を決定した旨を通知した。(5) この資金は満鉄を通して支出せられることとなっていたが、五十万円以内がただちに支払われ、詳細については参謀本部より後日訓令が出されることとなった[6]。

しかしながら在京の軍指導者は、関東軍が右の指令に服従することに疑念を抱いていたと思われる。すなわち、謀略による北満経略が承認された翌日の一一月五日、参謀総長は関東軍司令官に対し次のように打電した。

本時局終了ノ時期迄関東軍司令官隷下及指揮下部隊ノ行動ニ関シ一部ヲ参謀総長ニ於テ決定命令スル如ク先例ニ準シ御委任アラセラレタリ右通報ス[7]

四時間後には参謀総長の関東軍に対する最初の直接命令が発せられた。

一、現下ニ於ケル内外ノ大局ニ鑑ミ北満ニ対シ積極的作戦行動ハ当分之ヲ実施セサルノ方針ナリ

二、嫩江橋梁修理掩護隊ハ最小限度ニ其任務ヲ達成スル為其作戦行動ヲ大興駅附近ヲ通スル線ヲ占領スルニ止メシムヘシ[8]

参謀総長が、関東軍の政策決定権と指揮権とを天皇から委任されることには重大な意味

があった。それは関東軍司令官の指揮権を一時停止させることを意味したからである。日本陸軍の指揮系統によれば、最終的統帥権は天皇に属しており、天皇は参謀総長の補佐を得て、海外にある軍の司令官ならびに師団長を直接指揮することになっていた。数箇の軍および師団が参加し、その結果指揮の調整が繁雑を極めるような大作戦に際しては、参謀総長は天皇の職務を軽減するために指揮権の委任を与えるよう要請することが可能であった。ここで参謀総長が発動したのは、まさにこの委任命令であった。

関東軍幕僚は総長の通告を受けるや「統帥権ノ侵害モ甚シク軍司令官ノ信任ニ係ル重大問題ナリ」(9)として非常に憤慨した。さらに彼らは、軍司令官が他の適任者との交代を希望する決心であることを知った。(10)ここにおいて、幕僚は軍司令官の翻意を期するため会合し、幕僚の意見として次のような抗議電報を発した。

当方トシテハ中央ノ意図ヲ忖度スルニ吝ナラサルニ平時作戦計画ノ一部ト雖モ奉勅指示セラレアルニ係ラス如何ニ政略ヲ加味セル作戦トハイヘ細部ニ亘リ命令セラルルハ常ニ戦機ヲ逸スルノミナラス機宜ノ方策ヲ講スル能ハス実ニ不信任ヲ意味シ常ニ努メテ中央ノ意図ヲ尊重セラレオル軍司令官ノ胸中ヲ察シ幕僚トシテ涙潜然タルモノアリ

闔外ノ重責ヲ有スル軍司令官カ純然タル作戦用兵スラ其細部ノ拘束ヲ受クルニ至リテハ満蒙経略ノ如キ国策ニ伴フ行為ハ全ク実行不可能ニシテ寧ロ内外ノ情勢ニ明キ外務側等ヲシテ充テシムルヲ至当トスヘシ[11]

外務当局を引き合いに出したのは全く厭味からであったといえよう。軍中央部は連盟の反感を強め、ソ連を刺戟するのを避けるため北満攻略を禁止していたのであるが、関東軍は外務省こそ連盟や列国の圧力を過大視し、絶えず政策の動揺をきたしている張本人であると考えた。このような関東軍の見解は根拠のないものではなかった。芳澤連盟代表は「理事会ノ道理アル道義的圧力ニハ結局無関心ナルコト能ハス」[12]と述べ、満州問題は、世界全体の反対の上に立ってではなく、その承認を受けてはじめて真の解決が可能であると主張した。[13]外務大臣は閣議において、日本は国際世論の期待にこたえるため、すでに連盟に対し繰り返し約束した撤兵を実行すべきであると強調した。[14]関東軍がいよいよ北満攻略を開始しようとしているとの情報が伝えられると、芳澤はパリより打電し、政府に対し「関東軍司令官ノ進言ヲ斥ケラルルト同時ニ出先ニ於テ政府ノ御意嚮ニ反シ軽挙ニ出ズル事ナキ様厳重」措置するよう要請し、もしチチハル進撃に出れば世界世論の批判を受け、理事会において到底交渉を続けることは出来ないであろうと述べた。[15]ブリアンは一一月六日ならびに一一日に日本と中国に声明を送り、両国が理事会決議により課せられている義務の再確認を行うことを試みた。

参謀本部ならびに陸軍省はともに日本が国際世論の攻撃を受けないように注意していた。参謀総長は、関東軍に繰り返し北進禁止の訓令を伝えたが、これは

内外現在ノ情勢ニ照ラシ兵力行使ヲ主体トシテ其ノ歩ヲ進ムルコトハ内外ノ神経ヲ刺戟シ却テ今後ノ進歩ヲ阻害スルニ至ルヤヲ保シ難ク外国国際連盟ノ輿論カ国民ニ感染シ軍部ニ対スル信頼ニ動揺ヲ生セシムルヲ恐レ(16)

たからである。

しかしながら、北満作戦にこのように強硬に反対したもっとも重要な理由は、日本軍が東支鉄道に接近した結果ソ連の干渉が始まることをおそれたからである。ソ連はすでに馬占山軍に対し確実に兵器および資金の援助を与えていると考えられた(17)。軍中央部の方針としては、「露国ノ挑発ナキ限リ北満ニ対シ我武力ノ使用ヲ避ケ差当リ張軍ノ実力ヲ増加シ或ハ馬占山軍ヲ買収スル適宜ノ手段ヲ以テ北満経略ノ歩ヲ進ムル(18)」ことであった。それに対し関東軍は強力な立場を保持する限り、ソ連は北満政権に武器や資金を供給し得ても、

軍を進めることはなかろうと判断し、関東軍の北満進出は内面工作のみでは長時間かかる北満の政治支配を促進するものであると主張した[19]。関東軍は北満をも含めた全満を支配する新政権を樹立してのみ、満州事変を終結することが出来ると信じていたことはすでに度々述べた通りである。

一一月四日、嫩江橋梁の修理に派遣された関東軍と馬占山との間に遂に武力衝突が発生し、戦闘は二日間続いた。関東軍司令官は、参謀総長ならびに陸軍大臣に対し黒竜江省軍を撃破する時期が到来したと報告し、「庶幾クハ本職以下関東軍将卒ノ微衷ニ信頼シ黒竜江軍ニ対スル作戦ハ軍機宜ノ処置ニ一任セラレタク特ニ意見ヲ具申ス[20]」と打電した。しかしながら軍司令官の要請は却下された[21]。関東軍は大興附近を占領し、橋梁の修理を掩護することに成功したが、馬占山を追撃することは禁じられた。その後林少佐と馬占山との会談が何日も続いた。一一月一一日関東軍司令官は林少佐を通じ、左の三事項を馬占山に要求した。

一、馬占山下野
一、馬軍ノ「チチハル」撤退
一、日本軍ノ一部ヲ洮昂線安全保証ノ為竜口駅ニ出ス[22]

翌日、馬占山は関東軍に対し、下野および撤退の要求を拒絶する旨を回答した。また日本政府が連盟に対し北満派兵を否定している時に関東軍が軍を進めようとするのは如何なる理由であるかを質し、さらに、人民は一日といえども無政府状態の中に放置することは出来ない事情にかんがみ、馬占山は黒竜江省政府を譲渡するとすればこれを張海鵬へ渡すのか、または日本軍に譲るのかと詰問した。(23) 馬占山はソ連から受けていた援助と、日本の連盟に対する言質とを利用して強硬な態度で臨んだものと考えられる。(24) その間、情勢は極度に緊迫したため、林奉天総領事も遂にチチハル進軍を具申し、

現下ノ事態ハ……既得権益ノ擁護以外更ニ北満侵略ニ進ミツツアリ……我軍ノ斉斉哈爾方面進出ヲ極力避ケツツ大経略ヲ行フコト最早不可能ナルノ実情ニアルヲ以テ政府ニ於テ北満積極的経略ニ関スル根本方針決定シ居ルトセハ此際国際輿論ニ対スル反響益々悪化スヘキハ遺憾至極ナルモ斉斉哈爾へ軍ヲ進出セシメルコト現地ノ状況ヨリ見テ已ムヲ得サル方案ナリト思考ス(25)

と述べた。

チチハル占領論争

馬占山は約二万の兵を集結し、丁超の軍の出動を要請していよいよ決戦の態勢をとりつつあると伝えられた。しかし、黒竜江省方面の情報は関東軍の手で故意に誇張されたものであった。「片倉日誌」は、馬占山軍が一一月一三日ないし一四日に攻撃するであろうとの警告電報は「予ネテノ打合事項ノ一ナリ、然リ而シテ馬軍ノ集結ハ亦事実ナルモ真ニ攻勢ノ企図アリシヤハ疑問トス」[26]と記している。関東軍は一一月一七日ついに北進を開始し、二日後にはチチハルを占領した。

関東軍の北進は緊急自衛の名目のもとに行われたが、それに対する軍中央部の態度は甚だ消極的なものであった。陸軍大臣は一九日次のような電報を送り、関東軍の自重を促した。

北満方面ノ経略ハ武力ニ依リ行フコトナキハ新事態発生セル今日ト雖モ毫モ変化ナク軍カ「チチハル」方面ニ作戦ヲ余儀ナクセラルル場合ニ於テモ北満経略ノ目的ヲ以テ「チチハル」附近ニ占拠スルハ許サレス苟モ政権樹立治安維持等ニ拘リ軍ノ進止ヲ

謬リ内外ノ疑惑ヲ受ケサルコトニ配慮ヲ望ム[27]

なお、首相と陸軍大臣との間には北満経略に関し、「東支線を越えてチチハルまで行くことは已むを得ないとしても、一旦そこで敵軍を屈服させた以上は、チチハルを占拠しないで、直ちに軍の拠点に引返す」、という了解が成立していた。すなわち、作戦上の必要から軍がチチハルまで行くことがあっても、政策としては「チチハルを陥落(占拠カ)(原文ノママ)させようとか、ロシアとぶつかろうとか」いう意志は全くないことが申し合わされていたのである[28]。

一一月二四日、参謀総長より次のような訓令を受けた関東軍は、いよいよ難局に直面することとなった。

一、既定ノ方策ニ準拠シ斉々哈爾附近ニハ歩兵一聯隊内外ヲ基幹トスル兵力ヲ残置シ師団司令部以下主力ハ爾他ノ情勢ニ顧慮セス速ニ之ヲ予テ所命ノ地域ニ撤収スル如ク直ニ之カ行動ヲ採ルヘシ

二、前項残置スル部隊モ概ネ二週間以内ニ撤収セシムルヲ要ス[29]

総長電に接するや、石原は到底これを受諾することは出来ないとして、無視するか、あ

るいは堂々と反論すべきであると主張した。討議の結果関東軍は参謀総長に対し、馬占山軍の反攻による自衛上の危険および洮昂線の安全運行の二点から撤兵に関しては其の要領を関東軍に一任するよう要請した。北満における「政局ノ安定」の必要性についてはこの際言及しないことに決めたが[30]、これは軍中央部が関東軍による馬占山辞任の要求をもって中国に対する日本の内政干渉とみなされることを恐れたからである[31]。

関東軍の要請に対し、参謀総長はチチハル撤去を命令として再度指示し、「国軍ノ信義及国際大局ニ鑑ミ貴軍ハ遅滞ナク電第一六三号指示ヲ服行スヘシ[32]」と答えた。司令官は苦慮の末、命令に服すると同時に辞職を決意した。しかしながら、石原ならびに片倉は、軍司令官の決意は矛盾も甚しいとして、次の三方策を具申した。

一、軍司令官ノ腹芸ニ依リ命令ヲ実行セヌコト
二、断然辞表ヲ捧呈スヘキコト
三、服行シ幕僚ヲ更新スルコト[33]

ここにおいて、軍司令官はこれまでの意見を変え、第三案をとる一方石原を慰撫し、幕僚も命令に服するよう説得に努めた[34]。その結果、反対や不満が強かったにもかかわらず、

チチハルからの撤兵が実行され、北満の馬占山軍から同市を守るための僅かな部隊が残されるだけとなった。

それ以後、関東軍は黒竜江省政府を再編成するため、政治工作に全力をそそぐことになった。関東軍は丁超ならびに張景恵に新しい親日政権を樹てさせ、同地方の治安維持にあたらせようと試みた。[35] しかし、丁超はあまり積極的な態度を示さず、張景恵は乗り気ではあったが同地方を支配するための軍隊も資金も有していなかった。[36] 関東軍は張景恵に資金を与え、[37] さらに張の意見を容れ、黒竜江省の実力者である馬占山の協力を得るため彼に対し新政府内に重要な地位を与えることを約すことを諒承した。[38] 一二月初旬、板垣は馬占山と軍事協定を締結することに成功した。[39] また、馬は張景恵に服し、張を黒竜江省首席と認め、中国国民党政府との関係を断つことを承諾した。[40] しかしながら、馬占山と張景恵との間に成立した諒解が実行に移されるのが遅れたため、昭和七年(一九三二年)一月一日、張は馬から正式な支持を得ないままに黒竜江省政府が中国から独立することを宣言した。[41]

錦州攻撃

北満における政治工作が進展して行く一方、新たな軍事行動が南満において開始された。

一一月中旬、錦州附近に集結した張学良軍は、日本に対し脅威を与え始めていたため、なんらかの挑発があれば日本軍は軍事行動に出ることが予想される情勢にあった。

また南満の事態は、天津における暴動の影響を受けて非常に悪化していたが、天津暴動は少くとも張学良政府を顚覆させることを目標の一つとして謀略工作にあたっていた土肥原の活動によるものであった(42)。関東軍はかなりの資金を土肥原に与えていた(43)。一一月八日、第一次天津事件は、すべて土肥原の筋書通りに実行されたのではなかったが(44)、前皇帝溥儀を旅順へ脱出させる上では成功であった。溥儀を新満州国の頭首とする計画は、九月二二日の関東軍「満蒙問題解決策案」で定められ、土肥原は爾来溥儀の誘出を計っていたが、政府の意向を帯した在天津桑島総領事の厳しい監視を受け、容易に実現されなかったものであった(45)。土肥原の謀略と、一一月二六日の第二次天津暴動との直接関係は「片倉日誌」では否定されている(46)。しかしながら、天津における日中の衝突が伝えられたその日、関東軍幕僚は司令官にこの際断然錦州を攻撃し、天津軍を救援するために山海関に前進するように勧めた。軍司令官は幕僚の進言を認め、各隷下部隊に対しチチハル地区を出発して南下するように命令し、これを中央へ報告した(47)。

この関東軍の錦州攻撃の報告は、非常な不安をもって東京で受け取られた。かねがね芳澤代表は外務大臣に対し、錦州作戦を阻止するよう進言していたし(48)、駐米大使はスチムソンが満州の情勢に重大関心を寄せていることを伝え、さらに戦線の拡大を防止することも望んでいる旨を報告してきた。(49) 一一月二四日に、連盟理事会は日中両国の参加しない会合を開き、両国が九月三〇日の決議に拘束されていることを再確認する決議案を準備した。新決議案は両国に対しそれぞれ自国の指揮官に戦線を拡大し、人命の損失をもたらすいかなる行動をも開始してはならない旨厳命を与えること、また事態の悪化を防止するために必要なあらゆる措置を講ずることを要求した。(50)

関東軍が南進を開始したとの報を受けるや、外務大臣はただちに参謀総長を訪問したが、金谷はいまだその報告を入手していなかった。(51) 翌朝参謀総長は天皇に拝謁して、錦州に出動した軍隊を奉天へ引き返せよという奉勅命令を出すことの勅許を得た。金谷参謀総長の決断は、首相ならびに外相によって、一大英断であると賞讃された。(52) 二七日、関東軍は「情況ノ如何ヲ問ハズ遼河以東ニ撤退スベキ」(53) とする参謀総長の命令を受領した。関東軍は朝鮮軍の救援を要請したがこれもまた差止められた。(54) ここにおいて、石原は撤兵は不可避であると判断した。関東軍の保有兵力では錦州を陥落させるのは不充分であったからである。(55) すでにその時関東軍の先頭部隊は遼河を渡り中国軍と交戦中であったが、二九日までに日本軍は全部新民まで撤退した。

その間関東軍の幕僚は北満行きの予定を変更して来奉した参謀次長と会談した。参謀次長は関東軍の報告を聞き、むしろ軍に同情するに至り、次のように中央部へ打電した。

本職北満視察中天津軍ノ通報ニ依リ状況極メテ切迫且重大ナリト判断シ軍ハ以前ニ中央部ヨリノ派遣者トノ談話ニテ関内日支軍真面目衝突ノ場合ニ於テ錦州ヲ経テ山海関方面ニ進出スルハ必スシモ中央ノ意図ニ反スルモノニアラスト了解シ居リ為ニ今回急遽遼河以西ニ進出ヲ決行セルモノニシテ承認ヲ受クルコトナク之ヲ実施セル点ニ於テ処置ヲ尽サヽリシ欠点アルモ軍カ中央部ノ意図ヲ奉セントスル誠意ハ疑フノ余地ナキ所ニシテ裏ヲ掻クモノト想像セラルルハ誤解ノ甚シキモノト認ム此点ハ将来ノ事モアリ充分冷静ニ御考察アリタシ真相ニ就テハ電報ニテ尽スヲ得サルヲ以テ帰朝後説明スル考ナリ尚軍司令官ハ関内事件ニ対シテモ錦州攻撃ノ為新ニ行動セントスル場合ニハ必ス予メ中央部ノ指令ヲ仰クヘキコトニ就キ了解セラレアリ(56)

これに対し参謀総長は同夜次長に返電を打ち

今回錦州方面ニ対スル関東軍ノ不適当ナル行動ニ対シ本職ノ意図ハ屢次電報セル通リナルモ今ヤ中央部ハ全ク関東軍カ中央ノ統制ニ服スルノ誠意ナキト関東軍司令部内

ノ不統一ナルニ帰セルモノト信セサルヲ遺憾トスルニ至レリ就テハ貴官ハ軍司令官及参謀長ニ対シ卒直ニ中央部ノ右所感ヲ述ヘ其ノ猛省ヲ促シ奉勅命令ト何等差異ナキ御委任命令ニ対シ寸毫モ違反ノ誹リヲ受クル如キ挙措繰リ返スコトナキヲ保証セシムヘシ　右重複ノ嫌ナキニ非サルモ軍行動ノ本質ヲ糺シ統帥権確立ノ為緊要ト信シ敢ヘテ貴官ノ周到ナル指導ヲ煩ハスモノナリ(57)

と強硬な態度を示した。北満経略におけると同様、軍中央部は正式な戦略命令の違反を断じて容認しないとの決意を強く保持していたのである。

連盟の動き

一一月一六日パリにおいて連盟理事会が再開された。この日は一〇月二四日の理事会決議により要請された日本軍撤退の期限であった。しかしながら一一月初旬には日本軍の戦線は拡大し、連盟は事態の悪化を防ぐために新たに圧力を加え始めていた。連盟理事の中には「非公式にではあるが、連盟が経済制裁の手段を採択することを考えているものもあった(58)」。この件については米国も態度を決定するに至っていなかったが、それは経済制裁が「戦争への道[59]」に連ると恐れられ、しかも米国としては「日本と戦争する意志はなかった[60]」からである。

しかしながら日本としては、満州における軍事行動が明らかに進展しつつある以上、なんらかの新手段をもって連盟における外交戦に立ち向わなければならなかった。満州事変の初期においては連盟は中立的な調査団の派遣を提案したが、日本政府は当時いかなる第三者の干渉をも拒否した。このような経緯にもかかわらず中立的調査団の派遣は、日本の連盟代表ならびに西欧諸国駐在大使により依然有力な手段として信奉されていた。彼らとしては「聯盟ノ面目ヲ立テシムルカ如キ方策ニ出テ出来得ル限リ之ヲ当方ノ味方ニ抱キ込ム如キ処置ヲ講ズルコト肝要ナリ[61]」と考えたからである。さらに林奉天総領事は一〇月下旬に次のように報告をした。

当方面ノ実情ヲ視察セル諸外国人ヲ見ルニ其多クハ満州現下ノ状態ニ於テ急速日本軍撤退ノ不可能ナルコトヲ了解セルモノノ如クナルニ付テハ此際我方ニ於テ従来ノ行懸ヲ離レ進ンテ聯盟ヨリ調査員ヲ派遣セシムル様仕向クルコトハ聯盟ヲシテ満州ノ実情ヲ了解セシムルニ力アルヘキノミナラス……尚本庄軍司令官モ聯盟調査員ヲシテ当方面ノ実情ヲ知ラシムルヲ有利トストノ意見ナリ[62]

一一月二一日の連盟理事会において日本は正式に「連盟ハ現地ニ調査団ヲ派遣スヘキコト」[63]を提案した。その後理事会は、この提案を討議し、決議を作成するために秘密会に入った。

このような調査団派遣の提案を自ら行うにあたって日本政府の最大の関心事は日本軍の行動の監視を委員会の権限外におき、それによって軍の憤激を回避することであった[64]。外務省は、連盟代表に対し、討議中の決議案から、日本軍の撤退に関し、いかなる期限の規定をも削除するように指示した。さらに、決議には「コノ決議ハ馬賊ソノ他満州ニオケル無法分子ノ行動カラ日本臣民ノ生命オヨビ財産ヲ保護スル為ニ必要ナ軍事行動ヲ日本軍ガトルコトヲ禁止スルモノニアラズ」との一節を附加するよう打電した[65]。日本代表は、この指示に驚きかつ困惑した。何故なら、このような附加文は従来日本が公言してきた撤兵の意志に反するものであり、しかも撤兵の誓約こそ日本がそれまで連盟の厳しい攻撃の矢おもてに立つのを防止したものであったからである[66]。

日本代表と理事会各代表との交渉の結果、すみやかに鉄道附属地内に撤兵することを要請しながらも、期限を規定しない決議が採択された。またこの決議は、平和を乱すおそれのある「一切の事情についても調査し、理事会に報告するために五名から成る委員会」を任命したのであった。この委員会は、日中両国間が直接交渉を行った場合にもあるいは両国間に軍事的取りきめがなされた場合にも関与しないことになっていた。[67] 芳澤代表は一二月一〇日決議案に同意する旨の声明を発表するにあたり、「馬賊ソノ他満州ニオル無法分子ノ行動」に対しては軍事的措置をとる権利を留保する旨を宣言した。

総じて、調査団の派遣を決定したことは、日本にとって外交上の勝利を得たものといえよう。まず調査団の派遣は日本が満州事変を自らの意図に従い処理する時間的余裕を与えた。調査団の派遣と同時にただちに日本軍に撤退を主張した中国の要求も受け入れられなかった。米国は調査団派遣の提案を支持した結果、日本の立場を援助することとなった。連盟は、調査団の報告を受領するまでは満州問題の討議を打ち切ることに決した。

その後満州における日本軍の行動は匪賊討伐を理由に行われた。参謀本部は錦州攻撃を匪賊討伐のための行動として正当化し、「目下兵匪ハ其実質上正規軍ト殆ト区別シ得サル実情[68]」にあると論じた。事実一二月二七日すでに独立を宣言していた奉天省首席臧式毅は正式に関東軍司令官に対してとくに遼西一帯の匪賊を討伐するように請願した。[69] 錦州と山海関は翌昭和七年(一九三二年)一月三日に日本軍の手中に陥落したのである。

第八章　関東軍と満州国の独立

関東軍は、満州の政治的再編成を行うにあたり、まず省政府となるべき組織を設立して行ったことはすでに述べた通りである。昭和六年(一九三一年)九月二五日には遼寧治安維持委員会が結成され、同月二六日には吉林省政府、同二七日に支那東部鉄道特別地区緊急委員会、さらに翌昭和七年(一九三二年)一月一日には黒竜江省政府がそれぞれ成立した。これらは、いずれも日本の支持のもとに著名な中国人により設立されたものであった。また地方の諸行政機関は、従来存在していた自治体を利用するという関東軍の方針のもとに、その多くはすでに活動を再開していた。このような中で多少の混乱がみられたが、それはこの機会をとらえて有力な地位を獲得しようとする日本人ならびに中国人が策動したためである。

満州事変勃発当初、関東軍は地方的な政治活動は成行に任せる方針であった。しかしながら、一〇月九日、満鉄嘱託で左傾思想の持主と目された野田蘭蔵による反乱が鉄嶺で起ると、関東軍は民衆運動が急進化することを危惧し、一切の政治活動を軍の管理下に置くことが必要であると考えるようになった。[1] 関東軍は、軍閥の廃止と民衆による自治体の設立とを目的とする運動を援助すると同時に、それらの運動はすべて軍の認可のもとに遂行せしめる方針を決定した。[2]

自治指導部の設立

この決定に基き、関東軍は自治体の発達を統一した原則のもとに指導し監督するための独立機関として自治指導部を設置することとなった。また、青年連盟ならびに雄峯会の会員は、各地において実地に自治体の指導にあたるため訓練されることも定められた。一一月一〇日、自治指導部長には、事変前奉天政府の著名な政治家であり、文治派の長老であった于冲漢が就任したが、于冲漢の出馬はまことに関東軍にとっては慶賀に値する出来事であった。新満州国の建国に文治派の積極的な協力を獲得することに成功したことを意味したからである。于冲漢、王永江、袁金鎧、臧式毅らは、「親日派でもなく、無論排日でもなく、公平な人々であった[3]」、と青年連盟理事長で事変後奉天省最高顧問となった金井章次は述べているが、彼らは張学良一派の軍閥と対立して、絶対的保境安民主義を標榜し、東北諸省の安全と繁栄とが最も重要な目的であって、これに比べては中国本土との関係などは二義的な問題であると考えていた。于冲漢は、税制の改革、官吏賃金制度の改善、多額の費用を要する軍隊の廃止等を通じて、満州人が平和な労働のもたらす利益を享受することが出来るようになれば、防衛は最も強力な隣国である日本に委任してもよいという見解であった。(4)

関東軍は自治指導の原理を作成するにあたって、于冲漢らの政治思想を大幅に採択した。これは勿論、彼らの思想が日本に対し協調的であったことによるが、また満州事変以前関東軍が作成した「満州占領地行政ノ研究」に織込まれた諸方針と一致するものでもあったからである。関東軍の右の研究は、満州人民の保境安民に対する願望を認め、さらに日本が満州を統治するにあたっては住民の日常生活を損うような同化政策や文化指導を行わないとすることを原則に掲げていた。すなわち、関東軍は満州在住民の固有の願望や生活習慣を利用し、かつ助成することを意図していたのである。奉天に本部をおいた自治指導部は、発足当初、地方自治体を機構的にも財政的にも整理することを目標とし、また生産および商業活動を奨励し、村落における協同組合の結成を通じて各地方の経済状態を改善しようと試みた。(5) 自治指導部の指示のもとに、満鉄沿線の各地に地方自治執行委員会が結成されていった。

独立への動き

自治指導部の機能は間もなく独立運動の促進を主とするものに変っていったが、ことに一二月中旬奉天省が独立した後はこの傾向がますます顕著となった。それ以前奉天省の前身遼寧省においては、まず九月二〇日以後奉天市が土肥原市長以下日本人が過半数を占める緊急委員会の統治するところとなり、ついで遼寧治安維持委員会も九月二五日に結成されたが、それにもかかわらず遼寧省政府の樹立および独立宣言は遅々として進まなかった。これは中国人指導者の執拗な抵抗があったためである。遼寧省政府の前首席臧式毅は中国中央政府から独立した地方政府を結成することを拒否し、軟禁状態に置かれ、一方治安維持委員会の結成に賛成した袁金鎧もこれがあくまで奉天の治安の維持を目的とする一時的な組織であって、決して将来における独立政権の中核となるべきものではない点を強調していた。[6] しかしながら結局はこの委員会のもとに財政局、産業局、および東北連絡委員会が設置され、治安維持委員会は漸次地方政府としての実質的機能を備えるに至り、一一月七日には正式に遼寧省臨時政府へと発展し、ついに張学良政府および中国政府からの分離を宣言するに至った。一一月二〇日には、省名は遼寧から再び易幟以前の奉天となり、臧式毅も新満州の建国に協力する態度を示したため軟禁をとかれ、袁金鎧に代って首席に任命された。

独立政府の頭首となるものと目されていた宣統帝は、一一月八日の天津暴動以後は、旅順において待機していた。当時宣統帝自身清朝の復辟には積極的であり、新国家が果して帝制をとるか否か、また関東軍が果して日本政府を代表するものか否かを憂えたが、それにもましてこの際復辟の機会を失することを恐れた(7)。

また側近の間では満州事変以前から日本の民間人および軍人と連絡をとっていたものがあった。中でも羅振玉は事変勃発後ただちに関東軍の計画に呼応して、熙洽や張海鵬等の新指導者と緊密な連絡を保つことに奔走した。宣統帝を天津から誘出する任にあたったのは土肥原である。関東軍司令官は、清朝の復辟計画が時代錯誤であるとの理由からあまり宣統帝の擁立には乗り気ではなかったが(8)、結局、九月二二日の関東軍「満蒙問題解決策案」で決定された通り、宣統帝を適当な資格で利用することに同意した。九月二九日、陸軍次官は関東軍に対し、宣統帝擁立運動に参加しないようにとの警告を発し(9)、またついで一一月一五日には陸軍大臣も関東軍司令官に対し、宣統帝を満州の新政権運動に関係させないようにと次のような指令を発した。この指令は、日本政府および軍中央部がいかなる考慮から宣統帝の擁立に反対したかを示す点で甚だ興味深い。政府ならびに軍中央部は、同様の考慮からその後も関東軍による政治的謀略活動に、絶えず牽制を加えたのであった。

一支那人たる溥儀の行動乃至支那人の溥儀に対する行為は、論理上帝国の関知する所にあらざるは勿論なりと雖も、溥儀の進退と満州方面における新政府の動きとに付ては、列国の鋭い関心を受けあること貴官熟知の通りにして、而も満州現下の状況においては新政権の樹立は帝国軍の了解なくしては成立せざるものたるは中外の等しく認識する所なるを以て、今日急遽溥儀が新政権樹立の渦中に入るときは、たとえ形式的に満蒙民意の名を以てするも、世界をして帝国軍の心事に疑惑を抱かしめ、今日までにおける帝国の公明なる態度を傷け、帝国の対列国策に極めて不利なる情勢を激成するの虞あり、特に連盟の空気改善に努力の結果、最近ようやく好転の曙光を認め来れる時機において、敢てこの種急速なる行動に出づるは策を得たるものに非ず、よってここ暫く溥儀をして主動たると受動たると政権問題に全然関係せしめざる如く一般を指導せられたし(10)

このように事件の国際的露見と諸外国からの非難に対する危惧が政府および軍中央部の反対の根拠となっているかぎり、関東軍はきわめて慎重に行動を進めねばならなかったが、必ずしも行動方針そのものの修正を強いられるものではなかった。かくして全満州を網羅する新国家建設への準備は、関東軍の秘密工作を通じて推進されることが出来たのである。

新国家建設の諸構想

満州各地で独立運動が拡大して行くのに伴い、設立されるべき新国家の具体案の準備もまた関東軍の内外で進められた。

まず青年連盟は一〇月二三日、金井章次らの手による「満蒙自由国建設綱領」を関東軍司令官に提出し、その採用を強く要求した。この綱領は、政府組織、新国家建設の順序等を論じた後、本案の特性として次の三綱目を挙げている。

1　地方維持委員会ノ如キ暫定的ノ機関ハ永ク存置スベキモノニ非ラス速ニ恒久的機関ヲシテ代ラシムルヲ要ス

2　日本人ガ顧問又ハ諮議トシテ政治ニ関与スルコトハ面白カラス国家ノ直接構成分子トシテ参与スルヲ得策トス

3　民族協和ノ趣旨ニヨリ徹底的門戸開放主義ヲ計リ対外的名分ヲ立テ得ルコト(11)

総じてこの青年連盟案は、日本人が「直接構成分子」として新国家に参加することを提案するなど、事変前、同連盟の主張した民族協和に基いて新国家を建設しようとする積極的な意図を示すものであった。この案中の諸原則は、その後関東軍によりほぼ実現されることとなった。

また関東軍は、軍法律顧問松木俠をして一〇月二一日に「満蒙共和国統治大綱案」(12)、一一月七日に「満蒙自由国設立案大綱」(13)を作成せしめた。これらは建国に関する軍の青写真として詳細に検討されるべき資料である。その他満州の開発、日本人顧問の性格、内面指導政策等、多方面にわたる種々の対策案も準備された。

すでに述べた通り、関東軍の新国家建設構想は、事変前の満蒙領有計画の代案として採択されたものである。関東軍は事変勃発後間もなく、満蒙の領有は到底政府ならびに軍中央部の承認するところではないと考え、満蒙を直接統治しようという持論を捨てて同地方を独立させる方針をとったのであった。従って新国家案を作成するにあたり、いかにしてこれを支配するかが関東軍の重大関心事となったことは当然であろう。「満蒙自由国設立案大綱」は前文において、「此ノ新政府ヲ如何ナル形態ニ導クベキヤハ最モ重大ナル事項ニシテ若シ其ノ方針ヲ誤ランカ我満蒙政策ハ根柢ヨリ覆サル」と述べた後、満蒙ニ於テハ独立国家ヲ建設スルニ非スシテ単ニ独立政権ヲ樹立シ以テ帝国ノ意ノ儘ニ動クモノタラシメムトスル計画ハ果シテ可能ナリヤト言フニ是レ一ノ空想ニ過キス

満蒙ヲ以テ支那国家ノ一部ト為ス以上之ト条約又ハ約束ヲ締結スルコト能ハス独立政権ト条約ヲ締結シ得サル以上之ヲ意ノ儘ニ動カスコトハ絶対ニ不可能ナリ即チ中央政府ノ満蒙政権ニ対スル干与ヲ排除スルノ理由ナク更ニ満蒙政権ソノモノモ亦意ノ儘ニ動クコトナキハ既ニ最近迄充分経験済ミノコトナリ

而モ是中央ト完全ニ独立セサル政権ニ対シテ之ヲ阻止セムトセハ徹底的ニ内政ニ干渉セサルヘカラサル結果トナリ到底実行不可能ナリ(14)

として、日本による満蒙の支配のために独立国を建設することを主張した。

このような関東軍の独立国家論に対し、政府および軍中央部は中国主権の下にある独立政権論を支持していた。両者の見解の基本的差異は、前者が中国とアジア大陸のみに注目していたため満州の支配自体を唯一無二の目標としたのに対し、後者にとっては満州の支配は対列国関係を損わない範囲内において達成されるべき目標であった点に存するであろう。

関東軍は、日本の満州支配を実現する手段として、日満軍事協定の締結を計ることを計画した。「満蒙共和国統治大綱案」も、「満蒙自由国設立案大綱」も、軍事協定に基き日本が新国家の防衛および防衛上重要な鉄道ならびに航空路の管理を委託されることを規定している。[15]新国家の軍隊が要所々々に配置されることが予定されたが、それはあくまで治安維持を目的とするものであった。[16]新国家に対する軍事上の支配が確立された後においては、日本は統治上の細部には干渉せず、新国家の諸機関に日本人顧問を配してその内面工作による間接統治を考えた。[17]これら日本人顧問の任命は日満間の条約によって規定され、その細目は満州国の国内法によって定められることとなっていた。[18]要するに、新国家に対する日本の全面的支配は、第一に在満日本軍、第二に日本管理下の諸交通機関、第三に日本人顧問を通じて達成されることが計画されたのである。右の取りきめはすでに昭和七年(一九三二年)一月、新満州国からの要請という形式で提案されることが決定された。[19]このため、溥儀は関東軍司令官あてに書翰を送り、日本の支配を保証する以上の諸処置を要望することとなった。

日本人顧問は、参議府をも含めた新政府の各層に配属されることが予定された。参議府に顧問が派遣されることは、重要事項に関し元首を補佐することを任務とした新国家の最高機関に対しても日本の支配が確立されることを意味した[20]。また、各省には最高顧問が一名任命される外、中央政府および省政府の各行政機関にも主席顧問以下顧問ならびに諮議が配置されることとなっていた。これらの顧問や諮議は、その所属する機関の業務を「監督指導」することを任としていたが、「重要業務ハ必ス主席顧問ノ承認ヲ受クルニ非サレハ発動」しないことと定められ、主席顧問は「常ニヨク軍参謀部及最高顧問ト連絡シ其意図ヲ承知シ在ル」ことが必要とされた。最高顧問はまた「省及県市ノ顧問及諮議ヲ統轄スル如ク指導」することとなっていた[21]。各県の行政には在来の地方自治体を利用する方針であったが、これらに対しては于冲漢を部長とする自治指導部の下で訓練を受けた日本人指導員が派遣され、自治政治の実行を補佐し指導することが規定された[22]。

福祉政策

しかしながら、関東軍は上述の如き徹底した統治計画をたてていたにもかかわらず、その反面内政干渉を表面化させないことを強調したことは無視することが出来まい。「満蒙自由国設立案大綱」は、支那人ハ由来面子ヲ重ンズル国民ナルヲ以テ若シ表面上日本人ノ干渉乃至監督下ニ在ルコト明ナルニ於テハ為政者ノ威令ハ決シテ下ニ行ハレス彼等ハ統治ノ任ニ当リ得サルコトトナル

と警告し、さらに日本の

指導監督ハ成ル可ク表面ニ現ハレザル様裏面ヨリ糸ヲ引ク程度ニ止ムルヲ要シ而モ事毎ニ手ヲ触ルルコトハ有害無実ニシテ細カナ問題ハ彼等ニ一任シ単ニ大綱ヲ抑フル(23)

ことが重要であると述べた。

このような関東軍の配慮は、彼らが満州における日本の支配を成功させるためには在住民族の支持を獲得することが必要であるとの認識に基いていたことは論ずるまでもなかろう。関東軍はさらに進んで平和と繁栄とを約束することによって、これらの人々の積極的な支持を得ようと考え、福祉に重点を置く政策を実施しようと試みた。満州事変勃発後、関東軍によって作成された満州問題解決の諸計画が、いずれも「民族ノ楽土」(24)あるいは「各民族ノ平等ナル発展」(25)をうたい、また官吏の削減、税制改革、天然資源開発、産業貿易の促進等を要求しているのは、このような意図を前提としているからである。

しかしながら、関東軍の福祉政策は被統治民族の操縦上の目的のみから立案されたものではなく、国家社会主義に影響された彼らの思想にも基くものであった。「満蒙共和国統治大綱案」ならびに「満蒙自由国設立案大綱」を起草した松木侠は、関東軍の意を体して新満州国の人権保障法を作成したが、この法律は関東軍の政治社会思想を知る上で重要な資料である。人権保障法は執政が統治を行うにあたり、「人民ノ自由及権利ヲ保障シ並義務ヲ定ムヘキコトヲ全人民ニ対シテ誓約ス」ることを掲げた後、保障すべき権利を列挙している。その中には、身体の自由、財産権、種族の平等、宗教の自由、国政参与の権利、請願権、法官による裁判を受ける権利等、一般的に広く認められている権利に加えて、特に注目すべき次の二権利を規定している。すなわち、

第九条　満州国人民ハ法令ニ依ルニ非サレハ如何ナル名義ニ於テモ課税徴発罰款ヲ命セラルルコトナシ
第十一条　満州国人民ハ高利暴利其他凡有不当ナル経済的圧迫ヨリ保護セラル(27)

こととされているが、これらの条項は、主として匪賊、軍閥、腐敗官吏らによる伝統的な

搾取をはじめとしてあらゆる経済的不正の慣行から人民を保護しようとする意図の表現であった(28)。

関東軍の政治社会思想をさらに明白に示すものとして、昭和七年(一九三二年)一月、板垣が上京する際に与えられた指示書があるが、特に次の一章は極めて示唆に富んだものである。

将兵ノ今次事変ニ際スル奮闘努力ハ日清、日露ニ勝ルトモ劣ラサルモノアリ、サリ乍ラ下士兵ハ日露戦当時ト異ナリ労働運動乃至農民運動ヲ経過シ来リシモノ多数ヲ占ム、故ニ彼等凱旋ノ後其ノ郷里ノ経済的悲況カ出征前ヨリモ尚悲惨ナルモノアルヲ認メ且満州ノ諸事業カ資本家、利権屋乃至ハ政党者流ニ依テ壟断セラレタリトノ感ヲ与フルトキハ彼等ハ省ミテ何ノ為ノ奮闘殉難ナリシヤヲ云々スルニ至ルナキヲ保セス若シ斯クノ如キコトアリトセハ我建軍ノ基礎ニ揺キナシトセス

又一面帝国ノ産業経済ハ殆ント行詰リアル事態ヲモ参照スルトキ今次満州問題ノ解決ヲ契機トシ我社会ノ社会政策ノ改善進歩ニ重大ナル考慮ヲ払フヘキ秋ナラサルヤヲ思ハシム

即チ

(一)満蒙ノ地ニ集団移民ノ方法ヲ講シ出征兵ニ其ノ優先権ヲ与フルカ如キ
(二)満州諸事業ノ有利ナル権利株ノ如キヲ国家保障ノ下ニ出征兵ノ郷国就中東北地方ノ社会事業費乃至教育事業費又ハ共有金等ニ依リテ収得セシメ以テ満蒙ノ事業ハ我等ノ事業ナリトノ観念ヲ彼等ニ与ヘシムルカ如キ
(三)満州ノ廉価ナル石炭ヲ内地ヘ輸入シ之ニ依リ火力電力ノミナラス水力電力ヲモ著シク其ノ価格ヲ低下セシメテ延テハ各種工芸品(ママ)ヲ安価ナラシメ一般社会ヲシテ之ヲ利用セシムルト共ニ外国製品ニ拮抗セシメ又此機会ニ我国内ノ電力ヲ国有トシ統制セシムルカ如キ其他満州ニ於ケル鉄、肥料等諸種ノ安価ナルモノヲ輸入税ヲ低下シテ一般人ノ利益ヲ図ルカ如キ等
総テ社会政策上大ニ考慮セラルヘキ問題ニシテ今回ノ満州問題ニ彼等自ラ奮闘セルコトニ依リテ日本カ潤ヘリトノ感ヲ抱カシムルコト緊要ナリ(29)

ここにおいても明らかなように、関東軍が新国家の建設により拡大しようと試みた日本の支配は、特異なものであった。彼らは、日満両国の「人民」をもってこのような膨張政策の受益者と考えたのであった。

関東軍が人民の利益を保護し増進することを主張することには、あながち単なる宣伝と

して無視することの出来ないものがあった。「民意の尊重」ならびに「民族の平等」の二原則については、「満蒙共和国統治大綱案」および「満蒙自由国設立案大綱」中において繰り返しその重要性が主張されているが、まず民意については、この両案の意図したところの政治組織においては、一定限度内で選挙による立法議員の選出が認められていた。「満蒙自由国設立案大綱」は新国家の統治形態を「民主政体」と呼び、これを説明して、「元首――君主ナリト大統領ナリト将又委員長タルトニ論ナク――タルモノハ民意ヲ代表スルモノタラサルヘカラス[30]」と規定した。この場合の「民意」が一般個人の意志ではなく、地方権力者の意志を対象としていたとはいえ[31]、新国家建設工作を行った関東軍指導部が、民意をもって政治的権威の源泉であると主張したことは注目に値しよう。当時の日本の主権者であった天皇が、神聖にして侵すべからざる存在であり、その権威の源泉は民意とは無関係であったことを考えれば、関東軍が満州の統治者を「民主的に」規定したことは、やはり破格なことであった。しかし、満州国の主権に関するこのような「民主的」な定義は短命に終らざるを得なかった。というのは二年後満州国に帝政が発布され、満州国皇帝の主権は日本国天皇の権威に依存するものであると宣言されたからである[32]。この変化は、満州事変当時の関東軍首脳が更迭され、満州国の統治に対し、異った理念を抱いた人々が同国の指導にあたったことによるものであった。しかし、新国家建設の際、溥儀は理論上は「全人民ノ信任ニ依リ」[33]執政に任命されたのである。

それならば、関東軍は在住諸民族に対し平等にその「民意」と福祉とを尊重する意図をどの程度もっていたのであろうか。日本の支配という現実を前にして、「民族の平等」の原則はどのような真価があったのであろうか。満州事変以前において、関東軍首脳部が日本人に過大な保護を与えることを戒め、中国民衆が統治の主たる目標とみなされるべきことを主張したことはすでに述べた通りである。事変後も関東軍は、新国家のもとで日本人が他の民族と比較して有利な地位を保障されることは差しひかえ、「満蒙共和国統治大綱案」および「満蒙自由国設立案大綱」においては「内外人ニ対シテハ出来ル丈ケ平等ノ取扱ヲ為シ従テ帝国臣民ノ満蒙自由国ニ於ケル活動モ何等差別ヲ設ケス自由ナラシム」[34]ることの必要を強調した。また新国家建設の際には、関東軍は満州青年連盟の案を入れ、新国家に参加する日本人は、外国人若しくは征服者としてではなく、新国家の「構成分子」として参加すべきことを決定した。

しかしこのような取りきめの意味するところは、無論日本人にとって多大な実質的利益をもたらすものであった。まず日本人は満州国に対し、外国人としての特権的な治外法権を放棄することとなったが、その反面、奥地における居住権、土地所有権、山林開拓権、鉱業権等を在住民族と同様に取得することとなった。満蒙地域において、土着の満州、蒙古、中国の諸民族と平等の権利を獲得したこと自体、日本人にとって収獲は少くないものがあった。その上関東軍の経済政策も現実的には日本中心のものであった。

「満蒙共和国統治大綱案」および「満蒙自由国設立案大綱」は、外国資本に対する差別を否定し、「門戸開放」および「機会均等」の原則を標榜した。また外国、特に米国の資本ならびに技術の導入を歓迎する意図も表明している。[35] しかしながら、実際は日本が満州の資源開発を指導することを期待しており、しかも満州における経済の諸活動を自由競争にゆだねる意図は全くなかった。すなわち、資源の開発には国家統制の下に特定の資本家のグループがあたることとなっていたが、これには地方自治体の資源をも含む国家資本が参加し、資本家による利潤の独占は許さない方針であった。また満州の開発は、日本、日本支配下の植民地、および満州国を一体とした綜合的な経済計画に従って進められることとなっていた。[36] 特に日本の国防上重要な資源である鉄、石炭、マグネサイト鉱等の採掘および製錬にあたっては、日本は積極的にこれを管理、経営することが期待された。[37] このような状態のもとで、多額の外国資本や技術援助が提供される可能性は少かったであろう。関東軍は、資本は歓迎しても資本家に利益を与える意志はなく、「門戸開放」はうたっても、自由競争は許さない方針であったからである。

要するに関東軍の新国家建設案には、多くの矛盾が見られた。それは根本的には二つの相容れない要求に基いていたからである。関東軍は、被統治国の人心把握の目的のため、また自己の国家社会主義的思想のため、在満民衆の利益と福祉とを確立し、特に軍閥の圧政ならびに資本家の搾取からこれら民衆を保護することを標榜した。しかしながら、関東軍には日本の支配を満州に拡大しようとする帝国主義的要求もまた強く存在していた。そしてこの両者の配慮から、表面上は新満州国のもとで日本人と他の諸民族との平等を掲げながらも、実際上それに反するような対策をたてたのである。この矛盾にとんだ関東軍首脳の方針は関東軍幕僚間においても「軍ノ方針不明」[38]との批判を生じ、昭和七年(一九三二年)一月二七日、片倉は参謀長の意を受けて「満蒙問題善後処理要綱」を作成し、部内説明用として二十部に限定してこれを配付した。

「満蒙問題善後処理要綱」は日本の利益を単刀直入に論じており、関東軍の真意を知る上で重要な示唆を与えるものである。本要綱は日本の利益については、「門戸開放、機会均等ノ主義ヲ標榜スルモ原則ニ於テ日本人ノ利益ヲ図ルヲ第一義トス」[39]と明白に記し、しかも他の在満民族の福祉については全く触れていない。また満蒙における経済発展については、「特ニ党利党略ニ悪用セラレ或ハ利権屋ノ策動、一部資本家ノ壟断ニ委セザル如ク努ム」[40]ることが重要であると主張している。結局、関東軍の意図したところは、満州においてあらゆる民族を階級的搾取から保護することではあったが、日本人にはいかなる他の民族よりも大きな保護を与えることであった。

関東軍は、このような独特の満蒙支配構想を如何にして実現させようと試みたのであろうか。「満蒙問題善後処理要綱」は、新満州国に対して果すべき関東軍の使命を次のように規定している。

満蒙ニ於ケル帝国政策ノ実行ハ軍司令部中心トナリ新国家成立後ハ右ト新ニ新政府内ニ創建セラルヘキ参議府ノ連関ニ依リ遂行スルヲ本質トス(41)

その頃、日本政府は純軍事行動以外の満州問題の審議ならびに実施にあたる機関として、総理大臣の監督の下に臨時満州事務委員会を設立することを企図していた。この委員会は内田満鉄総裁を会長とし、関東庁長官、関東軍参謀長、奉天総領事、満鉄副総裁等を委員とするものであった(42)。委員会設立の計画を知ると、関東軍はただちにそれに反対する意向を打電し、さらに対抗策として司令部内に統治部を設置することとした。関東軍は、委員会の設立に強く反対する理由として、現地の情勢は、「威力アル簡明直截ノ独裁的機関ニ依リ活気アル指導ヲ必要ト」していること、政治工作による新政権の樹立には秘密の厳守が必要であること、さらに中国側指導者達はすでに関東軍と密接な関係にあること等を挙げたが(43)、要するに関東軍は満州問題に関しては自ら絶対的な支配権を確保し、日本政府の介入を認めない決心であった。このような関東軍の意図は、その後軍司令官に対する溥儀の書簡により条約上の保障を受けることとなった。溥儀書簡は日本に対し、防衛、交通機関の管理ならびに日本人顧問の任命を要請したが、特に日本人顧問の「選任ハ貴軍司令官ノ推薦ニ依リ其ノ解職ハ同司令官ノ同意ヲ要件トス」(44)ることが明文化されたからである。関東軍は単に日本による新満州国の支配を実現しようとしたのではなく、軍中央部ならびに日本政府の監督の外に立って、自己の構想に基いた支配を試みようとしていた。

満州国の独立

満州における新国家建設のための諸計画を完成した関東軍は、次にその実施段階を検討するため、昭和七年(一九三二年)一月および二月に一連の幕僚会議を開き、資金源、朝鮮人労働者の移民計画、税関官吏の人員構成、兵舎ならびに鉄道の建設等に関する具体的討議を行った(45)。特に一月二七日の幕僚会議は、新国家建設の段取りの概略を決定した重要な会議であった。ここで決定された案によれば、奉天、吉林、黒竜江三省の主席をもって中央政務委員会を組織し、この委員会をして新国家設立に関する調整および準備を行わせた上、中国政府からの分離独立を宣言させる。さらに同委員会は、新国家の名称、国旗、宣言、政治制度、人事、資本、国家元首等の問題を検討するが、このようにして決定された諸事項は各省毎に組織される民意を代表する機関に提示され、その同意を受けることとなっていた。民意の表現は、請願および推挙の形式に依ることとされた。政務委員会が、このようにして表現された民意に従って中央政府の設立を決定した後、国家元首が宣言を発し、諸条令を発布することが定められた。また政務委員会は、熱河および内蒙古に代表の派遣を求め、新国家に参加せしめることも予定された(46)。

一方、一月二七日の関東軍幕僚会議の結果、各省主席との交渉が開始された。漸く二月一六日、一七日に至り、各省主席の会議が実現したが、このように遅延したのは黒竜江省の丁超軍と吉林軍とが衝突し、和解が二月五日になってはじめて成立したという混乱があったからである。主席会議には、吉林省の熙洽、奉天省の臧式毅、黒竜江省ならびに特別区代表張景恵、新たに黒竜江省主席に約束された馬占山、奉天市長趙欣伯等が参加し、新国家が建設されるべきこと、東北行政委員会を組織し、暫時三省および特別区における最高機関としての機能を果すべきことを決定した。このように組織された行政委員会が新国家建設に関するすべての準備を行うことになった。

中国人指導者間の最大の論争は、国家形態をめぐるものであった。ここで意見は全く分裂し、熙洽は君主制を主張し、臧式毅ならびに趙欣伯は共和制を支持し、張景恵は曖昧な態度をとった。会議の第二日に出席した蒙古の王侯は君主制の採択を迫ったし、宣統帝ならびにその側近は復位を希望した。[47] 会議は結局関東軍の決定に従い宣統帝を国家元首とする点では一致したが、その正式称号と国家形態に関する最終決定は難航し、ついに二四日に至り、板垣が関東軍司令官を代表して執政の称号を受諾するよう宣統帝を説得してはじめて決着をみたような次第であった。また、当初「民主」国家として構想されていた新国家は、人民中心という意味を表わす「民本」政治を標榜することに変更された。そして新国家の国号は満州国と規定された。[48]

その後満州国独立に至るまでの経過は比較的単純なものであった。それは関東軍の計画が正確に実施されて行く過程に過ぎなかったからである。東北行政委員会は二月一八日に中国からの独立を宣言し、満州の全地域にこの事実が通告された。自治指導部の提唱により各地には新国家設立の促進を目的とする団体が結成され、これら建国促進団体の各省集会が二月二四日に吉林省、二五日に黒竜江省、さらに二八日には奉天省で開催されたが、このような集会は新国家建設に対する一般人民の賛意の証明であると宣伝された。二九日には、奉天で全満大会が開かれ、宣統帝を新国家の暫定的元首に任命する決議が採択された。次に東北行政委員会は宣統帝のもとに使者を派遣し、執政の地位につくようにとの要請を行った。宣統帝は一年間執政となることに同意し、三月九日に就任した。同じく三月九日には、政府組織法と人権保障法が新国家の基本法として公布され、政府要職者の任命が行われた。満州国独立の通告はただちに列国に発送され、承認が要請された。翌一〇日には溥儀・本庄間に書簡が交換されたが、この書簡は満州国独立以前の三月六日、すでに署名されていたものである。かくして、新国家にたいする日本の支配、より正確には関東軍の支配がここに合法化されることになったのである。

＊

満州事変の勃発から満州国の独立までの経緯は、すべて関東軍幕僚の周到な計画に従って取り運ばれた。確かに新満州国の建設は、「日本軍の存在によってのみ可能とされた(49)」ものであった。しかしながら、政策の立案ならびに実施の過程において関東軍は常に独走することが出来たのではなかった。中央からの強い反対に直面した関東軍は、事変前から熱心に主張していた満蒙領有の目標を達成することなく、次善策として満州国の独立を企図したのであった。

政府および軍中央部の関東軍に対する牽制は、軍事行動面においてもっとも強力に行われた。三度、軍中央部は断乎たる命令を発し、関東軍の服従を強要することに成功した。九月二三日のハルピン方面への出兵阻止、一一月二四日のチチハル撤去、一一月二七日の錦州への派兵中止命令がこれである。もしも中央の命令が徹底されず、関東軍が主張する通りの行動を続けていたならば、満州の軍事支配は急速に確立されたであろうが、激しい国際的非難を惹起し、それが国際的圧力にまで進み、日本の対外関係を一層困難なものにしたに相異ない。また軍中央部は列国との関係を憂慮しただけでなく、内部の統制維持の必要上からも関東軍の抑制に努めた[50]。このもっとも明白な例が、参謀総長が関東軍の指揮権を自己の手中に収め、北満経略の抑止を企てたことである。

一方、政策面においては、関東軍に対する中央の統制は著しく無力であった。その原因としてはいくつか考えられるが、まず第一には関東軍が種々の政治謀略を行い得る立場にあったことである。もともと政治謀略は少数の人々により秘密裡に取り運ばれなければ効果がないが、満州事変の場合、現地の政情は謀略手段を用いるのに最適ともいえる混乱したものであり、遠い東京から適宜な指示監督を与えることは甚だ困難であったため、関東軍は中央の命令に従うことなく、自己の計画に基いて工作を続けることが出来た。

第二には、政府および軍中央部がなんら効果的な解決案を保有していなかったことである。関東軍幕僚は事変勃発後間もなく、政府ならびに軍中央部の無策を見抜き、自分達だけが満州問題の鍵を握るものと自負するようになった。一一月一七日の「木戸日記」は関東軍の観測が根拠のないものでなかったことを裏づけして、「軍部以外ニハ何等国ノ前途いる。

ニ対スル確固タル政策ノ存セザリシコトガ遂ニ此破綻ヲ来スニ至レル原因ナリ」(51)と述べている。

さらに第三に挙げられることは、政府と軍部、あるいは軍中央部と関東軍との見解の相異は、最終的な政策目標に関するものではなく、むしろ規模とかタイミングの上での相異であったことである。最終目標としては、彼らはいずれも日本の満州における権益の維持と拡張とを念願していた。このような基本目標に関し意見の一致が存在していたことは、結局関東軍が実行しようとする政策に対する中央の反対や抑制を無力なものとした。このことは、満州における政治工作に対して発せられた東京の指令が、工作そのものへの警告ではなく、むしろその露見に対するものであったことからも明らかである。

満州に対する政策に関して関東軍が行った唯一にしてしかも重要な譲歩は、独立国の建設であった。この新国家建設の方策は、関東軍の思想傾向をもっとも明白に示す上でまことに興味深い。新満州政権が自治を目指す大衆運動の結果成立した独立国の形態を取り、国際条約によって日本との特殊関係を規定し、しかも国家社会主義的原理を大幅に取り入れる、というような方策は政府ならびに軍指導層の想像をはるかに越えたもので、彼らの到底承認出来ないところであった。元来、満州事変は、北や大川によって唱道され、経済的不況にあえぐ日本において何らかの行動を起すことによって現状を打破しようとする軍部革新運動の対外的な現われであった。従って、新満州国に具現された関東軍の政治社会理念は、日本の現存体制に反対してはぐくまれた反政党政治および反資本主義の思想の投影にほかならなかった。

しかしながら満州事変と、北および大川の指導下に発展した急進的革新運動は、思想面においてもまた行動面においても重要な相異があった。まず思想面については、石原と板垣を中心とする関東軍が国家社会主義に影響されていたことは事実であるが、同時にまた彼らは差し迫った中国ナショナリズムの挑戦に直面して何らかの形でこれに理論的に対応しなければならなかった。これに対し北や大川の革新論は満足な解答を示さなかった。そこで関東軍は、満州在住日本人が提唱した「民族協和」思想を中国ナショナリズムに対するもっとも効果的な武器として採用したのである。満州在住諸民族の福祉を強調する政策は、関東軍の反資本主義に基くものではあったが、それと同時に現住民の支持を確保し、さらに隣接するソ連共産主義の影響をもあらかじめ防止しようとする点において満州の現状に則したものであった。東北行政委員会も、満州国も、またその後満州青年連盟を母体として生れた協和会も、すべて民族の協和と社会福祉とを謳ったが、これには在満諸民族の団結を破壊するナショナリズムと階級闘争とに対抗する原理としての役割が課せられていた。

次に行動面においては、満州事変が桜会の陰謀によって起されたものではなかったこと、また関東軍首脳が北や大川の指示下になかったことはすでに指摘した通りである。関東軍首脳は、自己の主張する満州問題解決策を日本の世論に強く訴えるために進んで国内の急進分子を利用したが、満州事変と国内の革新運動とを一体のものとして推進するほど、両者の間に計画の合議や意見の調整が行われたのではなかった。むしろ関東軍は急進的革新思想をもって国力を阻害するものとみなしていた。このことは、関東軍が十月事件に対し積極的な賛意を表明しなかったことからも明らかである。石原や板垣の考え方は、対外的に発展するためには、統制の確立した強力な軍部を再建した上、軍が政治上の主導権を掌握することを主張した永田鉄山、今村均、東条英機らと共通するものが多かった。

さらに関東軍が自己の思想を満州建国という形で具体化させることが出来たのに対し、国内の革新運動は破壊後の国家建設計画を遂に検討することなく終った。北の「日本改造法案大綱」以外には、軍部クーデター完成後来るべき国家の構想を示すものは全く存在していない。革新運動に参加した青年将校の志士的性行を考える時、われわれは彼らが国家革新の如き大業にたずさわる能力の持主であったかどうかを疑わざるを得ないのである。それに反し、関東軍は彼らの思想や目標を政策プログラムとすることに成功したため、政府は彼らの要求に対し何らかの妥協を計らねばならなかった。

昭和六年九月一八日に勃発した満州事変は、満州国の建国をもって劇的な終末をとげた。しかし、日本はこの関東軍の残した巨大な既成事実を前にして、これからいよいよ国策の再検討を行わねばならなかった。満州国の独立宣言に直面して、日本の国内政治および外交政策は大きく転換することとなった。

第三部　影　響

第九章　満州事変と政党政治の終末

満州の政治情勢が急速に発展し、昭和七年(一九三二年)三月九日、新国家が独立するに至って、日本政府も新事態に対処するよう政策転換の必要性を痛感するようになった。このような政策再検討のきざしは、すでに昭和六年(一九三一年)一一月若槻内閣のもとで外務省が満州各地に結成されつつあった治安維持委員会に対する援助の公式方針を決定した時に早くも見られた。その後これら地方委員会が独立運動の中心的役割を果すに至ったこと、また、新しく結成された省政府が単一国家に合流する意志を相次いで表明するに至ったこと等の事実を前にして、変転する政治情勢に対処する方針を確立する必要に迫られたのである。

犬養内閣の成立

満州事変に関して若槻内閣の行った努力が主として戦線の拡大を阻止することにそそがれていたのに対して、後継内閣の課題は新しく作られた体制を認めた上でいかにして危機を収拾するかという点にしぼられていた。一二月一二日、この大任は政友会総裁犬養毅に課せられることとなった。

若槻内閣の退陣をもたらした直接原因は、安達内相が連立内閣樹立を目指して策動した結果生じた閣内不一致であった。政友会は、政権を獲得する以前から、伝統的な対外強硬論の立場に立って、国際連盟および列国の干渉を無視しても満州事変の積極的解決にあたるといういわゆる「自主外交」推進の線を確認していた。昭和六年(一九三一年)一二月一二日、犬養内閣は満州事変に関する最初の声明を発表し、馬賊行為の増大を理由としてそれまで禁止されていた遼河以西の地域への日本軍の進出を認め、さらにそのような事態を招いた責任をすべて張学良政府に帰したのである。(1) 犬養内閣は、前内閣とくらべて、言行両面において、軍部の要求に対しより協調的であった。

しかしながら犬養自身には、満州事変を軍部の希望する条件通りに収拾する意志は毛頭なかった。天皇は犬養に組閣を命じるにあたり、あらかじめ西園寺に対し新首相が事態の重大性を充分認識していることを確認するよう要請した。この場合事態の重大性とは、「軍部の不統制、並に横暴」[2]によりもたらされた事態を指していた。軍部の統制を維持し、財政および外交に関して充分慎重を期してほしいという西園寺の意向に対しては、犬養も同調の意を表明していた。[3]犬養内閣としては、軍部をその統制下におくことにより満州事変の解決に努めなければならなかったが、この内閣には最初から一つの大きな欠陥が存在した。それは、陸軍大臣に荒木貞夫を得たことである。陸軍は大臣として荒木貞夫と阿部信行を推した。荒木を支持していたのは、陸軍省ならびに参謀本部の課長クラスであったが、阿部は主として金谷参謀総長の推薦によるものであった。[4]青年将校の間における荒木の人望は周知の事実であった。犬養が荒木を陸軍大臣に任命したのは積極的な理由からではなく、青年将校の崇拝する人物を入閣させることにより、彼らの急進性を阻止しようと望んだからである。[5]しかしながら結果的には荒木が入閣したことにより、内閣は急進主義の直接的圧力を受けるという予想されない事態に直面することとなった。また、森恪を書記官長に任命したことも犬養内閣の政治的基礎を弱める結果となった。森は軍部と緊密に協力しようとする自己の計画に犬養が熱意を示さないのをみるや、種々の政治的謀略を画策するに至ったからである。

犬養は、長年にわたり中国問題に関心を有していた関係上、諸種の中国人指導者と個人的接触も多く、従って満州事変の解決に対しては充分経綸を備えていると自負していた。また彼は新しい世界を求めて中国に渡った多くの日本人浪人の後援者でもあった。犬養は日本の権益の維持拡大のために軍事力を行使することに反対はしなかったが、中国人の協力を不可欠であると考え、中国人を離反させるような横暴かつ軽卒な行動には反対した。従って犬養の提案した満州事変解決策は全般的な日中関係の改善という観点のもとに作成されたものである。これによれば日本は中国と満州における主として経済的な権益の保証について合意に達する努力を行うが、その代償としては日本は引続き満州に対する中国の主権を認める。また満州は別個の地方政権により統治されることとされていた(6)。かくのごとき犬養の計画は、日本の満州支配を主要目標と考え、満州の将来に対しては中国に一切の権利を拒否することを主張した関東軍の計画と当然相容れない性格のものであった。昭和七年(一九三二年)二月一五日付の上原勇作元帥に宛てた書簡の中で、犬養は自己の計画を示すとともに、満州事変解決への自己の決意を次のように明らかにしている。

満州事変の終局も近々なれど現在の趨勢をもって独立国家の形勢に進めば必ず九国条約との正面衝突を喚起すべく、故に形式は政権の分立たるに止め事実の上で我が目的を達したく専ら苦心致し居り候。小生の目的としては成るべく早くこの事変を終熄しこの機会をもって支那との関係を改善したき理想に候。理想とは申すものの小生は南北派の要人に旧交ありて普通役人の交渉よりも都合よき関係もあり、これを一の目的として進む上は満州は大事の前の小事と視て取扱い居り候(7)

新たなる交渉

ここにおいて犬養は、新たに個人的経路を通じ中国との交渉を試みるため古い中国通でかつ彼の腹心でもあった萱野長知を内閣成立後数日を経ずして極秘裡に南京へ派遣した。犬養は、まず満州における中国主権の承認を表明した上、満州の地方的問題を処理するために国民党の長老であり当時司法院長であった居正を委員長とする政務委員会を設け、日中が平等の立場に基いて満州の経済開発にあたることを提案した。犬養はさらに元南満州鉄道株式会社総裁であった政友会の山本条太郎を満州に派遣し、居正との間に正式に以上の趣旨の取りきめを結ぶことを計画した(8)。萱野は中国に渡り孫文の息子で当時行政院長の職にあった孫科との間に合意を取りつけることに成功したといわれているが、それが森の知るところとなり、森はこれを軍部に伝えたため結局失敗に終ってしまった(9)。

森恪自身、満州を支配することに対しては、非常な積極論を持っていた。彼は軍事力を行使して満州を中国から分離させ、これを併合することを主張していたから[10]、関東軍のように満州に独立国を建設し、これを承認することに反対した。そのような方策は日本が満州を併合する際、障害となることを危惧したからであった[11]。森の反対にも見られるように、犬養の満州解決案は、閣内において決して一致した支持を得ていたわけではなかった。しかし犬養はパリから帰国して外務大臣に就任した芳澤謙吉の協力のもとに満州独立国の建設を未然に阻止しようと努力した。芳澤は軍中央部と協議するため満州から二月に帰京した石原と会見し、予定された満州国の建設が日本にとっていかに不利な国際的反響を呼び起すかを説いて、満州国の独立を延期するよう要請した。これに対して石原は準備がすべて完了した現在において独立を阻止し得るのは日本政府による正式な中止命令のみであると答えた[12]。しかしながらこの期に及んで満州国の独立を正面からぶちこわすことはすでに不可能であった。かかる行為は日本の対外関係に重大な影響を及ぼすばかりでなく、犬養内閣の存在そのものを脅かすと考えられたからである。かくして満州国独立というきわめて重大な問題に対する日本政府の方針は依然として不明確なままであった。

この間政策調整の努力は、軍の内部および軍部と政府との間で続けられた。荒木陸軍大臣は関東軍参謀を協議のため東京に招集した。一月上旬帰京した板垣は、満州の新政権を

「此際明瞭ニ支那本部ト離脱セシムル為名実共ニ独立国家ト為ス」必要性を強調するよう関東軍から委任されていた。さらに板垣は、「九ケ国条約ニ於テモ連盟規約ニ於テモ日本カ支那本部ト分離セシメムトスル直接行為ヲ敢テスルコトハ許ササルモ支那人自身カ内部的ニ分離スルコトハ右各条約ノ精神ニ背馳セス[13]」との説明を行うよう指示されていた。板垣は、また、溥儀の就任、新国家建設の時期、首都の位置、政府の構成、および統轄地域等の問題を含む満州新国家建設計画についての詳細報告を行う任務をも帯びていた[14]。

板垣の上京中、陸・海・外三省の合意のもとに「支那問題処理方針要綱」が立案されたが、これは満州政権問題に関する各省の意見を汲んだ妥協の産物であった。「満蒙ハ之ヲ差当リ支那本部政権ヨリ分離独立セル一政権ノ統治支配地域トシ逐次一国家タルノ形態ヲ具有スル如ク誘導ス[15]」「満蒙ニ於ケル我権益ノ回復、拡充ハ該地地方官民乃至新統一政権ヲ対手トシテ之ヲ行フ」。また、満蒙地域に対する中国政府の一切の主張を断念せしめるため、「支那本部政権トノ直接交渉ハ出来得ル限リ之ヲ遷延スル[16]」ことになっていた。

「支那問題処理方針要綱」は、満州新政権が中国と一切の関係を断つべきことを示唆してはいたが両者間にいかなる関係が残されるべきかという点は依然明確にされていなかった。さらに関東軍の新国家計画を特色づけていた民族協和や社会平等といった理想主義的スローガンはどこにも反映されていない。また、満州現住民の利益に対する考慮が後退していた反面、日本人の利益が大きく前面に浮び上ってきている。新国家の建設は、九国条約との衝突を避けるために「支那側ノ自主的発意ニ基クカ如キ形式ニ依ル」ことになっていたが[17]、日本の「政治的支配力強化ノ一端」として日本人を新政権に参加させることを考えていた[18]。満州支配を通じて日本が達成しようとしていた根本的目標は、満州を「帝国ノ威力下」におき「帝国ノ永遠的存立ノ重要要素タルノ性能ヲ顕現[19]」させることであった。「支那問題処理方針要綱」は日満を「共通経済体系」として統合する計画を明らかにしたが、さらにまた「該地ニ於ケル我権益ヲ一部資本家ノ壟断ニ委スルコトナク広ク一般ニ均霑セシムヘキコトヲ期ス[20]」と述べ、関東軍の反資本主義的傾向を反映していた。

「支那問題処理方針要綱」が協定された二カ月後の三月一二日、閣議は「満蒙問題処理方針要綱」を採択したが、これは陸海外三省間で作成された「支那問題処理方針要綱」をほとんど正確に再現したものである。しかしながら、両案の間には重要な相異が若干あり、特に中国との交渉を忌避する方針ならびに満州への資本家の自由参加を禁ずる項目が削除されていたのは注目すべきであろう。さらに字句の上でも多少の変更があるが、それは概してより穏当な表現になっている。たとえば、満州に関する根本的目標については以前帝国の「威力下ニ」置くとあったのが「援助ノ下ニ」という表現に変えられており、また満州における新国家は、以前の如く国家の「形態」を有するようにではなく、「実体」を持つように指導されるという表現に変えられている。[21] これらは字句上の若干の変化に過ぎないようにみられるかも知れないが、「満蒙問題処理方針要綱」が採択された時の国際情勢を考慮に入れる時、日本政府が満州国の承認をいかに逡巡していたかを裏書きするものである。すなわち、「満蒙問題処理方針要綱」が決定された三日前の三月九日、新満州国は正式に発足し、一二日にはその承認を要請する通知が列国に送られた。このような状況下においても内閣にはなお満州における既成事実を認めることを拒否する空気が存在していたのである。犬養内閣は、最初試みたように満州国の独立を阻止することには失敗したが、同内閣は満州問題に対する国際的非難を緩和するため、新国家の正式承認を差しひかえる方針をうち出したのである。

上海事変

ここで、満州国承認問題を昭和七年(一九三二年)春の国際情勢と関連して検討を試みたい。満州事変勃発以来、日本の行動は国際的非難の的となってはいたが、それにもかかわらず列国間には日本に対するある種の同情が存在し、それが彼らの対日非難を実際にはかなり弱めていた。しかしながら昭和七年(一九三二年)一月末、日中間の戦闘が上海にまで波及するに至って、列国は従来の態度を再検討する必要に迫られたのであった。

上海の如く列国の利益の交錯する地域においては、一国が中国と敵対関係に入ることはただちに他の諸国をも危機に巻き込むことを意味した。外国人の大多数が居住していた共同租界およびフランス租界は、中国の内戦に影響されない中立地帯として長く認められており、列国間には各自の駐屯部隊をもって租界の防備にあたるために区画分担主義に基く軍の配置の取りきめが成立していた。満州事変勃発後、上海における対日ボイコット運動が激化し、反日気運が日本人に対する暴行事件にまで発展すると、租界における列国市民の生命と財産は重大危機に瀕するに至った。ここにおいて共同租界・工部局参事会議長は非常事態の宣言を発し、列国駐屯部隊に対して、あらかじめ定められていた防備分担区域の警備につくことを要請したのである。日中間に戦端が開かれたのは、日本陸戦隊が担当区域へつくため行動を開始したさなかにおいてであった。

日本政府は、上海事変が国際的に重大な影響をもつことを充分承知していた。満州事変の際には列国の干渉を排除することが日本政府の基本方針であったが、上海事変においては、政府は当初から米英仏三国政府の支持を要請し、彼らをして中国政府に軍隊を上海から撤退するよう説得せしめ、さらに停戦の調停にも尽力せしむることを期待したのである。[22]上海事変の早期解決を実現するために日本が列国の援助を要請した最大の理由は、かかる新事態が、満州事変の解決に不利な影響を及ぼすのを防止しようと考えたからである。この点に関しては、陸軍も海軍も政府に同調していた。二月一三日に陸海軍大臣は、在上海陸海軍司令官に対し、政府の方針は「特ニ上海方面」において「成ルク可ク事態ノ紛糾拡大ヲ避ケ」ることにある旨を指令し、次のように伝えた。

帝国ノ対支那本土策ハ対満蒙ト全然其ノ趣ヲ異ニシ進ンテ支那本土ニ於テハ列国ト協力シ以テ平和的市場ヲ顕現セシムルノ主義ニ即応セサルヘカラサル次第ニテ従テ上海方面ニ於ケル我軍事行動ヲシテ列国ト協調ヲ保ツ如ク律センコトハ最モ希望スル所タリ又支那政権乃至行政官憲カ国際条約ノ尊重其義務ノ履行ニ忠ナル限リ其ノ内政ノ変転如何ノ如キハ帝国ノ問フ所ニアラサルヲ以テ深ク玆ニ留意スルコト肝要ナリ(23)

換言すれば、日本政府としては公然たる軍事行動ないしは政治的謀略のいずれをもってしても、中国本土に対し領土的あるいは政治的支配を確立しようとする試みを一切認めない方針であった。

かくて日本は上海において事態の悪化を回避しようと努め、遂に国際的調停による収拾が実現し、昭和七年(一九三二年)三月三日、停戦となった。それにもかかわらず、日本に対する列国の反応は上海事変を期に著しく硬化するに至った。国際連盟は、日中紛争が開始されて以来はじめて日本一国に対して警告を発し、日本は世界世論の前で公正にして節度ある態度で中国に対処する重大な責任を課せられている(24)、と通告した。国際連盟特別総会は三月三日、中国の要請により召集され、中小国は連盟の道義的権威を守るためにも、日本に対し厳しい措置をとることを要求した。一方主要国は日本に対し比較的寛大な態度をとってきたが、この時点に至ると従来の方針を再検討する動きを示し始めた。

まず英国は、日本の上海における行動をもって満州占領とは本質的に異るものと考えた。満州においては、日本は秩序と繁栄をもたらす新勢力として受け取られ、「基本的には正義は日本の側にあり、日本の保護下で満州に善政が敷かれる方が支那軍閥の手で破壊されるより良い」と信じる程であった。英国としては、「文明一般の利益の観点からも、そして特に英国の利益の観点からも、満州における進展に干渉する理由は、連盟加盟国としての義務を別とすれば特にない」と判断していたのである(25)。しかるに上海における日本の軍事行動は、将来にわたる英国の極東利益と貿易とを脅すものとして深刻な不安をもたらした。日本が現在のままの勢で中国に進出することが許されれば「最終的にはわれわれは日本と戦争するか極東から撤退するかの二者択一の必要に直面するであろう(26)」とすら英国の外務省極東局長プラットは昭和七年(一九三二年)二月一日のメモランダムに記している。

このような暗い将来を予想するに至ったにもかかわらず、英国は依然として正面から日本を非難するような態度に出ることのないよう細心の注意を払い、上海事変の収拾を計ることに努めた。当時の英国の極東政策を著しく困難にしたのは米国との関係であった。それは米国の対日態度が強硬化の一路を辿って行ったからである。

関東軍の錦州爆撃以来満州における日本の行動に警戒的になった米国は、次第に対日制裁を考慮するに至り、すでに錦州陥落直後の昭和七年（一九三二年）一月七日スチムソン宣言を発表し、中国の領土的・行政的保全を侵害し、不戦条約に違反する一切の取りきめを承認しない旨を日中両国に通告したのであった。[27]その後程なくして上海事変が勃発すると、米国世論もまた急激に対日非難を始めた。満州とは異り、華北、華中地方には米国の経済的利益が集中していたのみならず、キリスト教宣教師はじめ多数の米人が居住していたからである。スチムソンは直ちに新事態に対処すべく、米国アジア艦隊を上海に派遣し、強硬な対日警告を発するため英国との共同措置をとることに努力した。これに対し英国側は米国との協調の意志を力説しながらも、英国艦隊をシンガポールから派遣することにも共同警告を発することにも同意しなかったため、スチムソンは結局米国独自の処置をとることを余儀なくされたのであった。米国は一月三〇日、海兵隊一連隊と巡洋艦・駆逐艦をフィリピンから上海へ送った。また二月二三日、スチムソンは外交委員長ボラーへ公開書簡を送り、さきのスチムソン宣言の不承認原則を再確認し、さらにその原則は不戦条約のみならず九国条約の違反にも適用される旨を指摘した。スチムソンはこのような強硬策をとることによって日本に米国の真意を恐れさせようとし、閣僚に対しても米国が実際には日米戦争を決意していないようなことを暗示する一切の発言をとらぬよう主張したりしたが、彼自身は米国が極東において戦争する可能性は千に一つもないと信じていたと思われる。(28)

一般にスチムソンの不承認原則は、あるいは実質的な威力を欠いていたとか、あるいは列国の支持を得られなかったという理由で、過小評価されてきた。しかし、スチムソンの不承認主義は、さきに共同警告を提案することを拒否した英国外務大臣サイモン自身により国際連盟の決議案中にもりこまれ、国際的な原則として認められることとなった。三月七日、サイモンは、連盟総会において連盟規約および不戦条約の原則に「違反せる手段により成立せしめらるることあるべき一切の状態」に対し連盟加盟国は承認を与えることが出来ないと宣言するよう提案したが、(29)総会は三月一一日、これを採択した。さらに、連盟は不承認主義を、中国に対してのみならず満州に対しても適用することを表明した。新満州国が独立を世界各国に通達した時には、すでに世界は満州の事態に対し承認を拒否する態勢をととのえていたのであった。

かくのごとく上海事変後の国際環境は日本にとって甚だ不利なものであった。その上、米国のみならず国際連盟までも満州国不承認の方針を打ち出したのを見て、政府としては対外関係の悪化を防ぐため、この上なく慎重な措置に出ようと努めた。しかも国内においては軍ならびに国家主義者の勢力は日毎に増大し、彼らの要求する満州国の承認をいたずらに遅延させることを甚だ困難にした。内外からの圧力は、政府を著しい苦境に追いやるものであった。

政党政治の危機

このような事態にもかかわらず、犬養内閣は満州国の法的承認を延期し続ける方針をとった。政府は三月一五日、閣議において新満州国に対する態度を次のように決定した。

一、満蒙新国家ノ出現ニ関シテハ帝国及新国家ノ対外関係ニ出来得ル限リ支障ヲ生セシメサルコトヲ念トシ新国家カ先ツ其ノ内部ヲ充実シテ堅実ナル発達ヲ遂ケ漸次対外関係殊ニ条約問題乃至承認問題ノ展開ヲ計ルノ態度ニ出ツル様之ヲ誘導スルコト従テ新国家ニ対シテハ帝国トシテハ差当リ国際公法上ノ承認ヲ与フルコトナク出来得ヘキ範囲ニ於テ適当ナル方法ヲ以テ各般ノ援助ヲ与ヘ以テ漸次独立国家タルノ実質的要

件ヲ具備スル様誘導シ将来国家的承認ノ機運ヲ促スルニ努ムルコトニ決定シタリ右貴官限リ絶対極秘ノ含トシテ電報ス(30)

日本政府は三月一八日満州国に対し、新国家成立の通告を受理した旨を伝えるにとどまった。この時点において、日本政府が満州国に対する承認を延期し得たことは無視すべきではなかろう。政府はここで一応列国との正面衝突を避け、その間に軍部に対する統制力を確保し、中国も列国も受け入れられるような方式で満州問題の解決を計ろうと努めた。その当時は、リットン報告が後に明らかに記したように、日本が満州に対する中国の主権さえ正式に認めれば、世界各国もまだまだ日本の満州支配を許容する意図を有していたのであるから、犬養内閣が対外的に得た小康状態を利用し、対内的に軍部強硬派を抑えることに成功すれば、満州事変を円満に終結させる可能性は僅かながら残っていたのである。

それでは犬養内閣の政治力は、右の目的を達成し得るほど強力なものであったろうか。昭和七年(一九三二年)二月の総選挙の結果、政友会は三〇四議席を獲得し、民政党の一四七議席をはるかに上まわる絶対多数を占めるに至った。しかしながら、軍部に対する議会の権力が弱化したばかりでなく、国民一般も次第に軍部を支持する傾向を示したため、犬養内閣のこの勝利をもってしても、その政治的基盤は十分に強固なものとはいえなかった。

満州事変以前から、国民一般は軍人や満州在住日本人が満州の危機に対処するため軍事行動に訴えなければならないと説くのに熱心に耳を傾けていたが、いよいよ行動が開始され、日本の軍事的成果が大きくあがるのを見ると、彼らは歓喜をもってこれを迎えた。そもそも満州における日本の権益擁護が強く主張されたのは、日本国内における政治的社会的情勢に不満を抱いていた国民が満州において日本の支配権を確立することによって、希望と繁栄ある将来が実現されることを期待したからであった。満州事変下において国内に軍需景気が起ると、国民一般はこれをもって満州が約束する莫大な利益を裏付けるものと考え、軍部ならびに満州事変に対する批判は影をひそめて行くばかりであった。また、一流新聞も満州における日本の軍事行動が自己防衛に基く正当な行為であるとして、完全支持の立場を表明した。軍部の横暴を正面から批判してきた朝日新聞でさえも、日本が長く中国の対日敵対行為に耐えてきた上、今また自己の重要権益を擁護するために行動しているという理由から、満州事変そのものは支持したのであった[31]。反戦運動の動向を探知していた警察も、事変中日本共産党の協力機関である日本反帝同盟の活動および宣伝工作の影響はきわめて弱い、と報告した[32]。

このような趨勢は、労働者政党の間にも混乱を生じさせた。満州事変の初期においては、日本の軍事行動をもって帝国主義政策であるとし[33]、断乎反対の立場をとった全国労農大衆党は、当初の主張を貫徹し得ず、多くの党員を下中弥三郎のもとに結成された国家社会主義政党である日本国民社会党に奪われることとなった。また、社会民衆党も事変中解散し、赤松克麿らは社会大衆党の脱退派とともに日本国家社会党を結成するに至った。これらの国家社会主義政党は、対内的には天皇統治下に、「搾取なき新日本」を建設することを目標とし、対外的には「人種平等、資源衡平の原則に基きアジア民族の解放」を期し、さらに進んで「新世界秩序」を確立することを主張した(34)。従来階級的団結を強調していた労働者政党の間で、国家を団結の基本とする重大な転換が行われたのである。彼らの主張によれば、満州の資源が確保されてはじめて国民大衆の生存は可能であり、平等原則に従って分配され得る利益もあがるようになるのであった。このような国家社会主義者の考え方を津久井龍雄は次のように述べている。

我々が満蒙問題といふものを考へるときどうしてもそれとの聯関において考へなければならないことは、日本の土地・資源の問題である……貧弱な土地・資源に対して、過大なる人口及び世界で一、二を争ふ人口増加率……慢性的輸入超過国であるといふ事実は日本の資源の貧弱を明らかに物語る。此の問題は、日本が社会主義国家になっても到底解決することは出来ない。社会主義は手品ではないから、無から有を生み出すことは出来ない。社会主義によって、分配の公平は期し得られようが、分配すべき資源自体がかくの如く貧弱であっては之を如何に公平に分配しても問題にならない。若し共産党辺りの主張の如く、満蒙を放棄し、、、を、、させて（原文のママ）、日本人が内地だけで、会、、（原文のママ）を実行するとすれば、日本人は分配の公平を獲得した瞬間、おそらくは餓死の運命をも甘受しなければならないだろう。そこで、日本はどうしても、此の資源の貧弱を何処かで補はなければならない。之は日本民族の生存権確保のための当然の要求だ。そして、此の資源補充の対象として、まず満蒙があり、東部シベリアがある(35)

満州事変の戦果を多大に要求する国民大衆や軍部を前にして列国および中国に対して妥協的態度をとることは、政府にとってはその政治的生命を危険にさらすことを意味していた。しかし同時に政府は、日本の国家利益を守るためにはこれ以上世界各国の反日感情をあおるような行動に出ることは差しひかえるようにも努めなければならなかった。このようなジレンマにあって軍を統制して満州事変の収拾を計るという犬養の使命は、ますます困難なものとなるばかりであった。

萱野派遣にも示されたような犬養の満州問題解決策が軍の反感を買ったことはすでに述

べた通りであるが、軍の敵意をさらに激しくしたのは、犬養内閣が政党内閣であったことによるものであった。反政党気運は満州事変以前から次第に顕著となり、大川、北、西田等の国家革新思想を信奉する青年将校の間に強く広まっていた。昭和六年(一九三一年)の三月事件ならびに十月事件後は、軍上層部は部内に反政党感情が鬱積していることを強調し、諸政党の覚醒を要求するようになった。例えば永田鉄山は近衛、木戸らに十月事件以後の軍部内の革新運動の動向を説明して、現在軍の統制は一応保たれているから「急ニ盲動スルガ如キ形勢ハ」ないと予測しながらも、他方、「既成政党ニ対スル反感ハ相当深刻」であると警告した(36)。また、革新将校に対する同情を表明することを常にはばからなかった荒木陸相は、「自分が陸軍大臣である限りは、陸軍に乱暴なことはさせない」と保証しつつも、彼自身現在の内閣に不満であることを明らかにして、「真に国家のために憂えている若い士官達は、実に純真な気持であつて、自分としてもみすみすこれを見殺しにするわけにはいかん」と語った、と「原田日記」は記している(37)。永田や荒木が伝える反政党感情を裏書するかのように、軍によるクーデターの噂が時折流れ、指導層を不安に駆り立てた(38)。折りしも、前蔵相井上準之助が二月九日、続いて三井財閥の中心人物であった三井合名会社理事長団琢磨が三月五日暗殺されるに及び、不安は一層深刻なものとなった。この一連のテロ事件は僧侶井上日召を中心として「一人一殺」を計る血盟団の手によるものであったが、彼らは政党、宮中勢力、財界指導者等が権力を私利私欲の目的のために独占し、国家の存立を危くしていると信じ、これらの勢力を排除しようと試みた。このように軍部と右翼の攻撃にあって、政党政治の将来は、暗雲に包まれたかの如くであった。

ここで指摘したいことは、政党側が、彼らを破壊しようとしている勢力に対し反撃を加えるだけの強さと気概とを欠いていたのみならず、彼らの陣営の中に軍部に迎合しようとする人々がいたことである。事実、若槻内閣の末期において連立内閣樹立に奔走した内務大臣安達謙蔵は、政権を獲得するためには軍部を中心とすることも辞さないと考える程であった。犬養内閣においては、書記官長森恪が軍部接近の急先鋒であった。国内改造と大陸進出との二重目的を信奉していた森は、犬養内閣によって軍部との協力のもとに自己の構想を実現させようと考えた。しかるに犬養は森の意見を受けつけなかったため、森は、平沼騏一郎を擁立してその内閣を樹立しようと試み、政治工作を行った。荒木陸相も平沼擁立には賛成し、「この際どうにも平沼でなければ収まらん」[39]などと述べるような有様であったが、荒木の背後にあって政治的に無視することの出来ない存在となっていた佐官級将校は、彼が閣内にある限りは行動を起すことはなかろうと思われた[40]。また、荒木を内閣首班とし平沼を内大臣とする計画[41]などもあったと伝えられる。

宮中関係者は、政党政治の基盤が急速に崩壊して行くだけでなく、平沼を宮中に送りこみ、側近の一掃なども計画されていることを知って著しく危惧の念を深めた。西園寺は、「平沼を宮中に入れることだけは絶対にしたくない」決心であったが、しかしながらクーデター計画などを防止するためには平沼の軍部にたいする影響力を一時利用することも致し方ないと考えたようである。[42] 後継内閣首班推薦の重要な任務を持つ元老として、西園寺は深い憂慮をもって政治の動向を見まもっていたが、二月二四日、興津に彼をたずねた近衛文麿に対しその心痛を吐露した。近衛はその時の会談について、

昨今ノ政界ノ動向ハ漸次公ガ予テ考ヘテ居ラレ所期セラルルトコロト相反スル情勢ニ進ミツツアリ。仮リニ政変等ノ場合ニ於テ後継組閣者ニ軍人ヲ御推選申上ルガ如キコトハ到底自分ノ忍ビザルトコロニシテ、今ニシテ慎重考慮ノ上決意スルニアラズバ恥ヲ後世ニ残スニ至ラン。ヨツテ此際元老タルノ優遇栄爵等ヲ拝辞シタク尚慎重ノ上ニモ慎重ニ考慮ヲ廻シ居ル[43]

と西園寺が述べたと伝えている。

このように緊迫した事態にあって、西園寺の信頼を得ていた木戸、原田、近衛等は、軍部の政治に対する要求がどのような性格のものであり、またどの程度の根強さをもったも

のであるかを探り出そうと努めた。佐官級将校の大部分の意見を代表すると自任する鈴木貞一は、軍部は総理大臣に特定の人間を指名したり、政治に直接介入することは自ら戒めようとしていると確言した。[44] しかしながら、軍部が政治の動向を傍観する意図のないことも明らかにし、「今後ノ政治ヲ今日ノ既成政党ニマカセテ安如タリ得ルヤト云フニ然ラズ軍部トシテモ政界ノ浄化革新ヲ希望シ之ニ就テハ相当ノ註文モアリ一部ニテハ是ガ発案ヲ研究シツツアリ之ガ目的達成ノ為メニハ試験済ナラザル新人物ヲ起用シ超然内閣ヲ組織セシムルモ一策ナルベシ」[45] と述べた。

昭和七年(一九三二年)初期には、関東軍も国内の革新を断行すべきであるとの希望を正式に表明するに至った。国内改造と対外発展とのいずれを優先するかという問題は、軍部内の革新将校の間でもっとも大きな論点となっていたことはすでに述べた通りである。関東軍首脳部は、かねてから満州における軍事行動が国内改造に先行すべきだと主張していたが、満州事変の終結が近い将来実現されるとみるや、今度は国内改造を要求するに至ったのである。板垣および石原は、一月と二月にそれぞれ上京し、関東軍の政治的要求を披露しその実現を計ろうと試みた。[46] まず国内において「政党ヲ克服」することが満州経略を推進する上で不可欠な条件であると強調した後、彼らは今後満州問題が「国家本位」の見地から処理さるべきこと、また「政党干与シ党利党略ニ利用セラレサルコト」[47] を要求した。

すでに検討したように、政党政治に対する一般の信頼が揺らぎ、しかも関東軍が満州問題の解決に党利党略を排除する意図を明白にした丁度その時、南満州鉄道幹部更迭問題が起り、政党と軍部とが正面衝突することとなった。満鉄の総裁・副総裁は政府によってその政治的配慮に基いて任命されるのが慣例となっていたが、犬養内閣も民政党政府により任命された総裁内田康哉と副総裁江口定条更迭を希望していた。しかし軍部は植民地の首脳部がしばしば更迭されることをもって政党政治の典型的な悪弊の一つであると非難し、かねてからその対抗策として「満鉄総裁の恒久性」を標榜していた。

関東軍は彼らに協力する内田総裁には満足していたが、江口副総裁に対しては彼が満鉄の利潤本位に行動し、必ずしも軍の思うままにならなかったため不満が多かった。また、軍中央部内の一部にも江口に対する不満があった。拓務大臣は陸軍内の反江口感情に乗じて江口の辞任を求めたところ、逆に政党による干渉として関東軍の憤激を招く結果となり、内田も不満の余り辞意を表明するに至った。陸軍はどこまでも内田の留任を望んだためついに犬養は内閣の存続のためにも内田の慰撫に努力せざるを得なくなった。犬養個人は内田に好意をもっておらず、山本条太郎の任命を強く希望していた。犬養は山本によって満州における軍部の横暴を抑制することが出来ると考えたのである。(48) しかしながら陸軍大臣は、内田が辞任すれば関東軍の不満を抑えることは困難であり、そのような事態に立ち至れば自分も到底職に留まることは出来ないと主張した。(49) 荒木辞任が軍の統制に与える影響(50)を恐れた閣僚や宮中関係者が犬養を説得したため、遂に首相もこの勧告を容れて、内田に対し正式に留任を要請した。この事件は軍の統制問題が政治上の重大な圧力となることを示す顕著な例であったといえよう。

その後も犬養は依然として軍部に対する統制を確保しようと努力し続けた。しかしながら、結果的には彼の努力は軍部の反感を激化せしめるばかりとなった。まず第一に軍部対策として犬養が考えたのは、軍部内の統制を覆えす原因となっている青年将校の下克上的風潮を矯正することであった。犬養は、すでに一部引用した上原元帥あての書簡の中で次のように述べている。

陸軍近来の情勢に関し憂慮に堪えざるは上官の意、下僚に徹底せず、一例を挙ぐれば満州における行動の如き佐官級の連合勢力が上官をして自然に黙従せしめたるが如き有様にて、世間もまた斯く視てひそかに憂慮をいだき居り候。甚しき風説に至りては直接隊に属し居らぬ将校を称して無腰(無力の謂)と為し、隊を率ゐたるものに非れば無力として之を軽んじる傾向あり。何事も直接に軍隊を率ゐる者が連結して事を起しさえすれば上官は遂に事後承諾を与ふるものと信じて一意進行するが如き風習を成し、軍の統制規律の上に一大変化を生ずるおそれあり、全体より見れば今なほ一部に過ぎず、いはば萌芽を発したる際なるが故に、その未だ拡大蔓延せざる今日において軍の元老において救済の方法を講ぜられんことを冀ふ一事に外ならず、右の根柢より発したる前内閣時代の所謂クーデター事件もその一現象に過ぎず、ただし壮年血気の人々をして斯くまでに憤激せしめたる世相の堕落腐敗の事実は老生も同感にて、両党要路の人にて収賄の問題続々起り政界の腐敗と同じく実業界も同様の弊風に陥り、その他全社会を挙げて長歎大息すべき状態につき、純真なる人々よりこれを見れば一挙にしてこれを撲滅せんと企つるも情においては之を恕すべき所なきにあらざるも、心術の如何は別問題にして、暴挙は暴挙として適当の処置なかるべからずと信ずるものに候(51)

犬養は、最終的には総理大臣自らの手で軍の統制問題を処理しようと決心したものと思われる。彼は、閑院宮参謀総長の承認を得た上で、「三十人位の青年将校を免官」させるよう天皇に要請することを考え、その案を芳澤、森、古島一雄らに打ち明けた(52)。結局このような強硬措置は実施されず、また今日からみても、かかる措置によって青年将校の推進していた革新運動を抑えることはもはや不可能であったように思われる。恐らく強硬措置は一層革新運動を過激化させてしまったであろう。しかしながら、満州事変以後擡頭してきた軍部においては、免官とか処罰といった手段により厳格に規律を保持する努力が欠けていたことを思う時、犬養があえてそのような措置を実施することを考えたことは注目に値しよう。犬養が青年将校の手にかかって暗殺されたのは、彼が強硬措置に訴えてまで軍部を統制する決意を抱いていたことが軍部に知れたためであったと信ずるものもある。(53)

次に、犬養が軍部を抑制するために考えた手段として天皇の権威の利用があるといわれた。しかしながら、犬養内閣が天皇の援助を求めたと思わせるような証拠は全くない。唯一の例外ともいえるのは、上海事変の際、戦闘が拡大し、国際関係に悪影響を及ぼすのを憂慮して閣内に天皇が軍部に警告を与えるよう要請しようとする動きが見られたが、この場合といえども、結局犬養は自己の責任で軍部に警告を発した後、天皇に報告したのみであった。(54)それにもかかわらず軍部は犬養が天皇を利用しようとしているとして強く非難し続けた。荒木は、「犬養総裁には、何かにつけて、陛下のお力によって軍を抑へつけようとする風な気持がある」(55)と述べているが、これは軍の犬養に対する不満の一端を示すものであろう。

さらに軍部は、犬養が事前に軍部の承認を得ることなく個人的経路を通じて中国と交渉を行ったのを知り、このような勝手な行為は天皇の介入を前提としたものであろうと信じ、彼と天皇との関係に一層深い疑念を持つようになった。三月三日の「原田日記」は犬養が個人的に中国の代理大使と会談し、日中双方の軍隊を撤退し後上海に中立地域を設け、そこで直ちに両国間の直接交渉を開始することを協議したことを軍部が知って激怒したと記している。中国側から、もし軍部がこの取りきめに従わない場合、首相は如何なる措置をとるかと折り返し照会があったのに対し、犬養は「それには自分もある手段を考えている」と答えたということを伝え聞いた軍部は、またここでいわれている「ある手段」が天皇の命令に訴えて撤兵を実現することを意味していたのではないかと想像し、憤慨したのであった。(56)

天皇の介入問題とも関連して、注目すべきことは、元老を始め側近の人々は常に天皇の政治的影響を中立化しようと努めていたことである。最後のただひとりの元老西園寺は、立憲君主の機能は責任ある地位にある者の助言に従って行動することであって、彼らの決定を無視したり、自ら政策決定の主導権をとったりしてはならないものであると確く信じていた。あるいは天皇の専制を防止し、あるいはまた立憲政治の健全な発達を促すためには、西園寺の考え方は理論上全く議論の余地のないものであったかも知れない。しかしながら、「統帥権の独立」の口実のもとに軍部が文官政府の権威を無視し得た日本の政治構造の現状と、特に当時満州事変解決の鍵が軍部の統制にかかっていたことをも考え合わせるならば、あの時点において天皇に干渉を許さなかったことは、実際には軍部に対抗しうる唯一の政治的権威を無力化することを意味していた。そのような事態にもかかわらず、西園寺は一貫して天皇から軍部に警告を発するようにとのいかなる要請にも反対し続けた。西園寺は、「陛下からかれこれお言葉があっても、到底陸軍はきくまい」との見通しから、もし「陛下が何かおっしゃって、もし軍がきかないやうな場合には、かへって陛下の御徳に非常な疵がつくことになるから、この際は陛下から云々といふことはまあ考へものだ」[57]と判断したからである。

最後に、犬養は政党政治を再建することにより軍部を抑えようと考えた。犬養は、「壮年血気の人々をして斯くまでに憤激せしめたる世相の堕落腐敗の事実」[58]についてよく認識しており、特に組閣に際しては少しでも前歴の疑わしいものはすべて排除する方針で人選にあたった位であった。かつて犬養自身、議場において政党の腐敗を鋭く追求したこともあったが、首相としての短い任期を通じて議会政治擁護の重要性を強調し続けた。ラジオ聴取者百万突破記念週間に際して放送された五月一日の犬養の演説は、軍部をひどく挑発したといわれる[59]。犬養はこの演説において、当面する思想的危機の原因を指摘して、「極端の右傾と極端の左傾である、両極端は正反対の体形なれど、実は其間隔は毫髪の差であり、倶に革命的進路を取るもので実に危険至極である」[60]と述べた。このような過激主義の傾向をくい止めるためには政治改革が必要であることを認めつつも、犬養はその改革は最近一部で主張されているように議会政治の否認を通じて実現されるものではなく、むしろ、選挙法の改善や選挙される人々の質の向上により議会政治そのものの改良を通じてなされるべきものであると主張した。[61] そして犬養は、三十余名の少数党の党首として活躍した昔と異り、大政友会を配下に持った現在では、このような難局にもかかわらず楽観的に前途を考え、必ず政治の建て直しが成し遂げられるものと確信していた。[62] 要するに犬養は、議会政治の擁護を強調することによりいかに間接的にとはいえ、穏健な諸勢力を結集し、それを通じて軍部勢力の増大を阻止しようとしたのである。

犬養の暗殺

犬養内閣の下で次第に激しさを加えていった政府と軍部との対立は、五月一五日犬養が暗殺されたことにより急転直下終結をみるに至った。近代日本の歴史は多くの指導者の暗殺を記録してきた。しかし特に犬養の暗殺が重大な意義を有した理由は、軍備拡張反対論を一貫して主張し続けて来た福岡日日新聞の五月一七日社説がもっとも端的に指摘している。

頻々たる暗殺の連続として、犬養首相が、遂に陸海軍人の一団のために兇手に斃れたことは、吾々の、国民と共に真に悲憤痛恨に堪へざる所である。日本に於ては今日まで、首相その他顕要大官の遭難決して珍らしい事ではない。然し今日までの事件は、何れも所謂暗殺の範囲を脱せざるものであって、不逞の徒が或は停車場に、或は邸宅の出入その他途上等に於て隙を窺って兇行を敢てしたものであるが、今回の事件は白昼公然として首相官邸に押入り、然も陸海軍将校等隊を組んで兇行に及びたりと言へば、暗殺というよりも一種の虐殺であり、虐殺といふよりも革命の予備運動として之れを行ったものと観なければならぬ。それは単に首相官邸のみならず、牧野内大臣邸、警視庁、日本銀行、政友会本部等々まで同様の兇行が加へられた事実に徴しても、左様言ふことが出来る。昨年来軍人間に政治を論じ、革命を云々するものあり、事態容易ならずとは吾々が屢々耳にせる所であった。然し吾々は断じて之れを信じなかった。軍隊及び軍人が政治に容喙する事は、直ちに軍隊及び軍人の潰乱頽廃を意味するものであり、羅馬、希臘の昔を論ずるまでもなく、日本に於ても史上の事実を歴々として指摘すべく、その間の事実に鑑み玉ひ、明治大帝が軍人に対する勅諭に於て「兵力の消長は是国運の盛衰なることを弁へ世論に惑はず政治に拘らず」と戒められたるその大精神は、日本軍隊と軍人の間に徹底し、苟もそれに違背し奉る如き不逞の徒ありて、日本国軍のよって立つ精神的基礎に斧鉞を加へんとするが如きは、あり得べからずと思われたのみならず、上官の命は朕が命と思へと宣ひたるその精神を一貫して、命令と服従との縦の関係に於てのみ、日本国軍は厳粛にして尊貴なる存在であり、もし、軍隊と軍人との間に、政治を論じ時事を語りて、或は少壮佐尉官、或は下士官等が云ふが如く、横の関係が一旦発生するに於ては、帝政末期革命当時のロシアに於けるが如く、遂にその風潮が一般兵士に浸潤し、軍隊と軍人とは豺狼よりも嫌悪すべき存在となり、国軍自らまづ崩壊すべきことは必然である……国民の進むべき政治的進路は坦々として国民の眼前に展開されてゐる。それは立憲代議政体である。独裁政治が今日以上の幸福を国民に与ふべし、と想像し得べき寸毫の根拠もない……此事件は昨秋より明白に予見せられたる事件である。その予見せられたる事件を傍観して今日の結果を招来した責任は何人にありや。検察当局なりや、政府当局なりや、将又検察当局と、政府当局との事実に於て如何ともすべからざる軍部それ自身なりや。国民は厳粛にそれを知らんことを要求する(63)

暗殺者は、海軍の尉官級青年を中心とする陸軍士官学校学生と橘孝三郎の愛郷塾の塾生数人が加った一隊であった。陸軍の革新将校は、西田税の指揮下にクーデターを準備していたが、海軍側の指導者であった井上日召と西田との間で個人的にも革新の手段をめぐる意見の対立を見たため、ついに海軍側の計画に参加しなかった。しかしながら海軍側青年将校は首謀である藤井斉をはじめ西田税と密接な関係をもっていた者も多く、結局、五・一五事件は、西田を通して北一輝の影響下に発展した国家改造運動に思想的には連なるものといえよう。五・一五事件に参加した陸海軍将校はいずれも国家改造のプログラムを上級将校と協力して検討したことはなかった。それればかりか彼らは改造の具体案を全然持ち合わせていなかったのである。彼らを駆り立てたものは自分達の直接行動が上級将校を刺戟してなんらかの行動に進ませるであろうとの期待だけであった(64)。彼らは、自分達の仕事は建設のための破壊であると信じており、その後は上級将校の手で日本の再建が計画され実行されるものであると考えたのである。

しかし、われわれにとって、五・一五事件の経緯よりもさらに重要なのは、事件に対する軍部および民間指導者の反応である。総じて、陸軍当局は事件に関連した青年将校に対し同情的であった。暗殺直後談話の形式で発表された声明において荒木陸相は、「犯行は飽くまで国法を破ったのであるから寸毫も仮借する所なく遵法の精神により処断せねばならぬ」、としながらも、青年将校の動機の純粋さを強調し、「これら純真なる青年がかくの如き挙措に出でたその心情について考えてみれば涙なきを得ない。名誉のためとか利欲のためとか又は売国的行為ではない。真にこれが皇国のためになると信じてやったことである。故に本件を処理する上に単に小乗的な観念を以て事務的に片づけるやうなことをしてはならない」[65]と述べた。同時に発表された海軍大臣の談話も険悪な世相に刺戟されて青年将校がこのような行為へ走ったことを考え、軍人も国民も反省し、二度と不祥事の起らないように努めねばならないという趣旨のものであった。

軍部指導者、なかんずく荒木らが青年将校に同情的であったことは、翌年に行われた五・一五事件の軍法会議のやり方に影響を与えることになった。法廷において、被告達は政党、資本家、ならびに宮中関係者に対する非難を自由に表明し、あたかも彼らの信条を宣伝する機会を与えられたかのごとくであった。[66]海軍側検察官は、いわゆる被告達の動機の純粋性なるものを公然と非難したが、陸軍側検察官は被告らの「愛国の赤誠」に敬意を表し、今日のような国家の内外ともに行き詰った情勢のもとでは、「国民をして真に其の使命を覚醒せしめんとする被告人等窮極の目的は寧ろ時世に適切なるものと謂はざるべからず」[67]とすら結論した。法廷は被告に対し有罪を宣言したが、その判決はきわめて寛大なものであった。首謀と見なされた古賀清志と実際に犬養を射殺した三上卓の二人には最高刑である禁錮十五年が言い渡された。また陸軍側は行動に加わった士官学校生徒十一名に対しわずか禁錮四年の判決が下ったのみであった。判決後間もなく、当時引き続き陸相であった荒木は、受刑者に恩赦または大赦の措置をとるよう首相やその他の要人に働きかけた。[68]

斎藤内閣の誕生

五・一五事件後政党指導者ならびに宮中関係者の直面した緊急問題は、後継内閣の結成であった。もし議会政治の常道に従って事態が収拾されるのであったならば、この問題は容易に解決されることが出来たであろう。丁度浜口首相が遭難した時若槻が後継者として内閣を組織したように、犬養の後には政友会の新総裁が新内閣を結成するのが当然であったに相異ない。

しかし、後継内閣首相推薦の任にあたっていた元老を中心とする人々が犬養の暗殺から学びとった一つの教訓は、当否は別として、政党はもはや政権担当の資格がないということであった。従来西園寺の指令のもとに次期総理の打診工作を行うことを常としていた原田は今回はまず陸軍の意向を打診した。陸軍の意向が政権担当者の決定にもっとも重要であると考えたからである。

陸軍省軍務局の鈴木貞一は原田、木戸、近衛らに対し五・一五事件が十月事件と関連していること、また陸軍大臣がかねがね阻止しようと努力していた過激行動がついに引き起されてしまったからには、その「結果ニ就イテハ徒労ニ終ラシメザルベク努」めなければならないと説いた。さらに鈴木は、陸軍青年将校のみならず少壮将校も五・一五事件に参加した人々の考え方に同調していることを指摘した上で次のように警告した。

内閣ガ再ビ政党ニ帰スルガ如キ結果トナランカ、第二、第三ノ事件ヲ繰返スニ至ルベシ。故ニ幾分ニテモ従来ノ弊害ヲ矯正シ得ル方法ヲ考ヘザルベカラズ。挙国一致内閣等モ其一案ナルベク、小磯次官ハ平沼内閣説ナルガ如シ

今回ノ事件ヲ直接刺戟シタルハ政党擁護ノ声明ナリト思フ。右ノ声明ニ就テハ少壮将校ノ間ニ非常ニ憤慨セルモノアリタリ(69)

「陸軍ノ中ニテハ最モ軟論ヲ有スルモノナリ」と自称していた永田鉄山は、同じく原田、木戸、近衛に対し、「現在ノ政党ニヨル政治ハ絶対ニ排斥スルトコロニシテ、若シ政党ニヨル単独内閣ノ組織セラレムトスルガ如キ場合ニハ陸軍大臣ニ就任スルモノハ恐ラク無カルベク、結局組閣難ニ陥ルベシ。……政党ニシテ入閣スルモノハ党籍ヲ離脱スルコトハ困

難ナリヤ[70]」と質問した。ここにおいて陸軍は、いかなる政党内閣が出現した場合でもこれを拒否することを暗示することにより、彼らの政治的圧力を組閣にあたっていた人々に充分認識させたのである。

しからば、政党はこのような危機に直面していかなる努力を示したのであろうか。政友会では、党内右派の指導者と目されていた鈴木喜三郎を総裁に推戴することにただちに成功したが、森は鈴木内閣を成立させようと努めず、かねてからの計画であった平沼のもとに政友会と軍部の協力内閣を実現させようとした[71]。民政党においても、海軍大将斎藤実を首班とする連立内閣の実現に努力する人々があった。政党は政党政治の存続を要求して立ち上がる気概を示さなかったのである。

確かに政党の腐敗と指導力の欠如に対する不満は広くかつ根深いものであった。また政党が政党政治の擁護を叫ぶ気力を欠いていたことも明らかである。しかし政党政治の崩壊をもたらした今一つの要因は、内閣総理大臣の選定が、憲法外の存在である元老の手に委ねられ、しかも元老は、原田や木戸らの如き、これまた憲法上の責任の地位にない側近の情報にたよっていたことである。五・一五事件後、陸軍が政党内閣の実現を拒否する意図であることを知った木戸は、五月一九日の日記に時勢に対する彼の判断を記した。

今回ノ陸軍将校ノ行動ハ必シモ盲動的ト見ルヲ妥当トセズ之ハ窮情ニ困メル農村ノ子弟ニ直接接触スルコトニヨリ感化セラレ既成政党ノ堕落財閥ノ横暴等ニ憤慨シタルモノト解スベク即チ之余ハ一ノ社会問題ト解スベキヲ至当トス。若シ之見解ニシテ誤リナシトセバ本問題ノ解決ハ因ツテ来ルトコロ深キ丈ニ簡単ニ解決シ得ベキモノニアラズ。之ガ解決ノ方式トシテハ此際政党モ軍部モ共ニ相協力シテ当ルヲ最モ当然トスベキモ軍部ノ政党否認ハ感情的ニ迄進展セルコト故両者ノ提携ハ困難ナリト思ハル。然ラバ此ノ際暫ク両者ヲ引退セシメ爰ニ第三者タル公平ナル有力者ヲ出馬セシメ此事態ヲ預リテ前後ノ処置ニ任セシムルモ亦一策ニシテ之ガ最モ実行的ナリト思考ス。即チ第三者ヲシテ政党ノ建直シ監視ニ当ラシムルト共ニ軍部ハ此者ヲ信頼シ専ラ国軍ノ統制建直ニ当ルコト之ナリ。而シテ右ノ第三者ハ斎藤実ヲ置イテ他ニ無之モノト思フ(72)

木戸の判断はあるいは妥当であったかも知れない。しかしながら彼ら側近の判断の結果、政党は再び指導力を回復する機会を封じられ、政党政治の消滅が早められたことは否定出来ない。

天皇は、後継内閣の性格については具体的になんらの指示を与えなかったが、首相となるべき人に関し次の如き希望を元老に伝えた。

一、ファッシヨ的傾向ヲ有セザルモノナルコト、
一、従来人格上兎角ノ問題アルガ如キ者ナラザルコト、
一、穏健ナル思想ヲ有スル者ナルコト、
一、軍国主義的ナラザルモノナルコト[73]

五月二二日、内閣組織の大命は元朝鮮総督海軍大将斎藤実に下った。斎藤は、穏健な思想の持主として知られ、早くから首相候補として噂をされていた人物であり、陸海軍双方に受け入れられる人物であった[74]。斎藤は、政友会と民政党から数名の入閣者を得て連立内閣を組織した。陸軍大臣には林銑十郎が予定されたが、陸軍部内の中堅層の強い意向で結局荒木が留任することとなった。彼らは、荒木のみが部内を統制することが出来ると主張した[75]。

一般に犬養内閣をもって、第二次世界大戦以前の最後の政党内閣として特徴づける傾向がある。その後十数年にわたり、政党指導者により内閣が組織されなかったという意味で、確かに犬養内閣の特質はその政党性にあったかも知れない。しかし、より正確には、犬養内閣について注目すべきことは、在任中の六カ月間に政党から軍へと政治権力が移動した

ことである。軍が政治的に擡頭した最大の原因は、満州における日本の権益の保護と発展という伝統的な国家目標を達成したことであった。平和的手段を用いてはこれに成功することの出来なかった政府は、軍に対しいきおい受身とならざるを得なかった。その上、軍は部内の過激分子の危険性を利用して、政府、政党ならびに宮中関係者に圧力を加え、権力を拡大することに努めた。

このような政治条件のもとにあって、満州に建設された新国家に対処しなければならなかった犬養内閣の取り得る措置は、まことに限定されたものであった。犬養内閣が満州国の正式承認を差しひかえたことは、せい一ぱいの試みであり、これにより、大陸発展を国際協調の範囲で達成しようとする従来の外交政策をともかく踏襲した。犬養内閣のもとでは外交政策上の大転換は行われなかったのである。しかしながら、軍部に対する統制を確立し、満州事変の解決を計るという組閣当初の目的を完遂するためには、恐らく次の二つの方法のいずれかを採らなければならなかったであろう。第一は、満州に対する基本方針を改め、中国ナショナリズムの要求を大幅に容認するような譲歩を行うことであり、第二は、正式の懲戒処分をも含む強硬措置により軍部に対する統制を確立することであった。満州事変の輝かしい成功は、そのいずれの実現をも著しく困難とした。そして、犬養内閣が突然の終りを遂げた結果、軍の政治権力の増大のみが決定的なものとして残ることとなったのである。

第十章　満州事変と外交政策の転換

満州事変の結果、著しく政治力を増大した軍部は、諸政策の決定実行について次第に影響力を強めて行った。斎藤内閣は、社会的および経済的改革を漸次行うことによって、五・一五事件の如き不祥事が再発することを防止することを使命としていたが、軍の要求、特に対満政策に関する要求に関しては極めて、協調的な態度をもって臨んだ。

満州国承認

まず斎藤内閣に与えられた対外的な課題としては満州国の承認問題があった。犬養内閣は承認を保留することを表明したが、これはあくまで一時的な決定であり、日本としては満州国を永久に無視することは無論出来なかった。承認を促進しようとする軍部の圧力に加えて、世論一般もまた満州国を承認することを次第に強く求めるに至った。事変当初には政府が軍をその統制下におき国際的影響をたえず考慮することを強く主張していた朝日新聞までが、昭和七年(一九三二年)三月には、満州国の早期承認を主張するに至った。すなわち、三月九日の社説は、「日本今日の最大急務は新事態を認識して、それによって速かに根本方針を確立することである。それとともに国際的に糊塗して来た遠慮勝ちの態度を改め、満州国と日本との不可分的な関係を卒直に語るべき時期ではなかろうか」と述べたが[1]、ここで根本方針の確立とは満州国の承認を意味していた[2]。満州からは、満州青年連盟の第五次遊説隊が派遣され、早期承認を実現するよう直接政府に働きかけると同時に、世論の喚起に努めた。更に六月一四日には、貴衆両院が満場一致をもって満州国の承認を決議したが、政府としては無論このような議会の決議を無視することは出来なかった。

政府が、早期承認を求める国内の声を容易に受け入れられなかったのは、国際関係を考慮したからである。当時国際連盟は、前年の一二月一〇日、理事会が満州の現状を調査するため委員会の派遣を決議して以来、満州事変を直接審議の対象からは除外していた。英国のビクター・A・G・R・リットンを団長とするいわゆるリットン調査団は、四カ月にわたって日本、中国、ならびに満州に滞在し、指導者と会見し、種々の資料の蒐集に従事していた。国際連盟ならびにアメリカ合衆国はすでに国際条約に違反して出現したいかなる事態をも承認しない方針を表明しており、またリットン調査団はいまだにその使命を完了していなかったから、その時にあたって日本が満州を承認することは、世界の大勢に挑戦し、今後独自の道を進む意志表示を行うのに等しかった。英国およびフランスは国際連盟において日本のために非常に尽力したが、日本が早急に満州国の承認に踏み切ることには強く反対していた。[3]

しかしながら七月六日、南満州鉄道株式会社総裁内田康哉が外務大臣に任命されるや、日本は早期承認へ急速に傾斜して行くこととなった。内田の任命は、彼が軍部の支持を得ることを期待した斎藤首相の意向に基くものであった。[4]「所謂満州問題の解決は、満州国を承認するにあり[5]」と考えていた内田は、七月一二日、リットンと会談し、日本は満州国を正式に承認する意向であることを明らかにした。これに対しリットンが、前外相芳澤謙吉が「日本ノ利益カ擁護セラルルニ於テハ満州ニ於テ如何ナル政府存在スルモ日本ハ大ナル関心ヲ有セス」と述べたことに言及すると、内田は、「右ハ満州国成立前ナルカ故ナルヘク満州国ノ存在ハ現実ノ事実ニシテ之ニ依リ全般ノ事態一変セリ吾人ハ此事実ヲ無視スルコトヲ得ス[6]」と答えた。

リットンは、日本は満州国を承認するにあたっては、極東に関する多数国間の条約当事国の了解を得るべきであると主張したが、これに対し内田は、「満州国ノ承認ハ九国条約ニ抵触スルモノニ非スト認ム尚ホ日本ハ嘗テ満州問題ニ付支那ト交渉セムトスル態度ヲ執リタルモ満州国独立後ハ最早右直接交渉ノ余地アリトモ思惟セス」と反論し、さらに「満州問題ハ、日本ノ「ヴァイタルインテレスト」及自衛権ニ関係スルモノニシテ日本ハ該問題ニ付関係国ト相談セサルコトアルヘシ」と述べた。内田の見解に従えば、日中紛争が複雑化した主たる原因は、「支那カ連盟其ノ他第三者ノ干渉ヲ期待シ居ル点」にあった。従って内田としては連盟が中国に対し、「問題ノ解決ノ為此上連盟ニ依頼スヘキモノニ非ス」と説得することこそ望ましいと考えたのである。(7) リットンに自己の見解を明らかにした内田は、七月一四日、天皇に対し日本が満州国を承認する意向である旨を報告した。(8) 日本の外交政策における重大な変化がここに起りつつあった。すなわち列国との協調関係のシンボルとして長期にわたり推進されてきた連盟外交は、ここにおいて、日本の利益にとり重大であると判断された満州国問題に比べれば、第二義的な重要性をもつものにすぎないと宣言されるに至ったのである。

この政策転換が何を意味するものであったかは、森恪が満州国の承認は「単なる法律上条約上の問題では断じてありませぬ(9)」と述べたことの中に、多少センセーショナルな形ではあったにしても、正しく表明されていた。彼の見解によれば、承認の相手は満州国ではなく、実際は日本国民、中国および列国であった。日本の満州国承認は、「従来追従を惟れ生命と致す様な」日本の外交が、「自主独立に相成った」ということを、日本自らが

「世界に宣言する」ことに等しかった。森は、政府の政策転換が、「六十年間盲目的に模倣し来った西欧の物質文明と袂を別って伝統的日本精神に立帰」えることを意味するものである点を強調した。(10)

このように満州国の承認問題は、挑戦的なナショナリズムの中心点となった。八月二五日、外務大臣は議会で演説し、たとえ日本の満州国承認が日本にとって不利な国際的反響をもたらしたとしても、日本国民は「此問題の為には所謂挙国一致、国を焦土にしても此主張を徹すことに於ては、一歩も譲らないと云ふ決心を持って居る」(11)と述べた。「焦土外交」として知られる内田外交は、列国の圧力をかえりみずこれに反撥した点において歓迎されたが、それと同時に非常な冒険を敢えてした点では不安をもたれた。

かくて昭和七年(一九三二年)夏、外交政策の一大転換が行われることとなった。犬養前内閣は、満州国が「逐次一国家タルノ実質ヲ具有スル様之ヲ誘導」(12)する政策をとるとともに、連盟に対しては日本代表の引揚を切札として連盟による満州問題への具体的干渉を排除するよう努めていたが、満州国の承認をさしひかえることにより、列国との正面衝突を避けていた。満州国承認を決定した斎藤内閣は、国民や軍部の要求を満足させたが、この結果対外的にはますます反日的となって行く世界に対決する準備をしなければならなかった。昭和七年(一九三二年)八月二七日、閣議は「国際関係ヨリ見タル時局処理方針案」を決定したが、この文書は再編成された日本の外交政策をもっとも端的に示すものである。まずその基調とするところは、「自主的外交」であった。日本としては「帝国独自ノ立場ニ於テ満蒙経略ノ実行ニ邁進スルヲ以テ……帝国外交ノ枢軸タラシムルコト」[13]がここにおいて明白に定められたのである。今後の対満政策は前内閣が三月一二日に決定した「満蒙問題処理方針要綱」に基いて実施されることも確認された。

「時局処理方針案」の特色としては、今後国際緊張が激化することは不可避であるとの前提に立って、軍事衝突を予想し、この問題と正面から取組んだことである。すなわち、政府としては、「斯ノ如キ場合ニ備フル為メ早キニ及ンテ軍備ノ充実、非常時経済及国家総動員ニ付テモ充分ニ考慮ヲ加ヘ断乎タル決意ト周到ナル用意ヲ以テ今後ノ事態ヲ処理[14]」することとなったのである。しかしながら最悪の事態を回避するために、中国本土、国際連盟、および列国に対し次の対策をとることが定められた。

(イ) 支那本部

帝国ノ対支那本部策ハ帝国ノ対満蒙策ト切離シ主トシテ其ノ貿易及企業市場タル性能ヲ発揮セシムルヲ以テ主トスヘク従テ我カ満蒙経略ニ支障ヲ及ホササル限リ列国ト協力シテ支那本部殊ニ経済上列国ト重要関係ヲ有スル地域ノ和平ヲ保持シツツ

其ノ門戸ヲ開放セシムルニ努ムヘシ尚帝国ノ対満蒙政策ト対支那本部策トニ本質的区別アルコトヲ機会アル毎ニ如実ニ示シ関係各国側(中華民国ヲ含ム)ヲシテ帝国ノ支那本部ニ対スル政策ニ付無用ノ危惧ヲ抱カシメサルニ努ムヘク差当リ別紙甲号(対支那本部策)ニ依リ処理スルコト

(ロ)　聯盟

此ノ上トモ帝国ノ満蒙ニ対スル多大ノ関心ト我公正ナル態度ニ関シ充分認識セシムル如ク誘導スル一方我方ヨリ挑発的態度ヲ示スコトヲ避クヘキモ聯盟側ヨリ進ンテ帝国満蒙経略ノ根本ニ触ルル干渉ヲ敢テセムトスルカ如キ場合ニハ差当リ三月二十五日閣議決定(15)ノ方針ニ基キ処理スヘク而シテ聯盟側カ右ニ拘ラス依然トシテ反省スル所ナキノミナラス更ニ進ンテ帝国満蒙経略ノ根本ヲ覆シ我カ国運ノ将来ヲ脅威スルノ虞アル現実的圧迫ヲ加ヘムトスルカ如キ情勢ニ立至ル場合ニ於テハ帝国ハ最早聯盟ニ留ルコトヲ得サル次第ナルカ如斯場合ニモ我方トシテハ聯盟側ノ不当ナル行動ニ依リ已ムヲ得ス右態度ニ出ツルノ余儀ナキモノナルコトヲ世論ヲシテ充分ニ諒解セシムル様措置スルコト

(ハ)　列国

世界各国中米蘇等聯盟ニ加入シ居ラサルモノハ勿論英仏其ノ他ノ聯盟国ト雖モ其

ノ聯盟国トシテノ立場以外ニ夫々固有ノ立場ヲ有スル次第ナルニ顧ミ前記対聯盟策ノ如何ニ拘ラス各国側ノ特殊事情ヲモ利用シテ列国トノ間ノ友好関係ヲ増進シ帝国ノ国際的地位ノ向上ニ努力スヘク差当リ別紙乙号(対列国策)ニ依リ処理スルコト[16]

まず満州に対する「自主」外交の第一歩として、斎藤内閣は、八月八日、武藤信義大将を満州国駐劄特命全権大使に任命し、日満議定書の交渉にあたらせた。満州国の正式承認は、九月中旬に予定されていた議定書の締結をまって行われることになっていた。また承認と引換えに、満州国は従来の日中間の条約ならびに協定に基く日本の権益を尊重することを約すとともに、両国共同して国家の防衛にあたる目的で日本軍が満州に駐屯することを許すことになっていた。[17] また三月一〇日付本庄・溥儀書簡を始め関東軍司令官と満州国執政または国務総理との間で結ばれた取りきめは日満議定書の締結に際して再確認され、引続き効力を有するものである旨の了解が成立した。

満州国へ特命全権大使を派遣したいま一つの目的は、満州における日本の文武両機関を統合することにあった。満州国駐劄特命全権大使は、関東軍司令官と関東庁長官とを兼任することとなっていた。従って大使としての武藤は外務大臣の指揮下にあったが、関東軍司令官としてはいかなる文官の権威にも服することなく、天皇に直属していた。また関東軍参謀の首脳も、大使の補佐官としての職務を兼任していた。しかしながら実際問題としては、外交と軍事とを区別することは必ずしも容易でなく、従ってこのような一連の機構改革は日本と満州国との間に国際関係の外見が確立されて後も、関東軍が優位を引続き保持することを意味した。九月一五日、日満議定書は調印され、ここに日本は正式に満州国を承認するに至った。

対列国政策

ここでまず、疑問とされるのは、昭和七年(一九三二年)夏、諸外国の抵抗を知りつつあえて満州国承認にふみきった日本は、果して最終的に戦争を予期していたのかどうかという問題である。この点については、史実から一貫した答を見出すことは容易でない。まず日本を満州における軍事行動に突入せしめた関東軍は、この時期においては節度ある態度をもって対外関係にあたるよう主張するようになっていた。板垣の作成した昭和七年(一九三二年)の「情勢判断」は次のように結論していた。

満蒙ノ経営ハ夫レ自体重大ナル事業ナレト帝国ノ資力必スシモ十分ナラサル為メ之

カ完成ニハ今後幾多ノ年処ヲ要スルモノトス此故ヲ以テ帝国ハ全力ヲ此帝国有史以来ノ大事業ニ傾注スルト共ニ外ニ対シテハ隠忍自重勉メテ事端ノ発生ヲ避ケ国力ノ消費ヲ防カサル可カラス(18)

要するに、板垣は、財政的にも経済的にも日本の国力に限界があることに留意し、このような限界から日本はむやみに敵対行為をとることが出来ないことを充分認識していたのである。

軍中央部においても同様に節度ある行動の必要性は認識されていたと考えられる。それは、八月一日に原田が海軍大臣を訪問した際、海相が、軍令部と参謀本部の間に「まづ第一に、露国とも米国ともなるべく戦争は避ける。第二には、国際連盟脱退は不可である(19)」の二点について秘密の協定が成立したと語ったことからも推察出来よう。かくのごとく国際的ならびに国内的状況を判断した結果、軍部すら平和的方針をとらざるを得なかったのであるとすれば、何故日本政府は挑戦的な「焦土外交」を採用したのであろうか。

この疑問に対する解答の鍵は、列国が国際連盟の加盟国としては日本を非難しながらも、個々の国家利益の追求者としては妥協的態度をとっていることを日本がはっきりと見てとったことにあろう。事実、日本は満州問題を小国の強い批判の場となり得る連盟から切離して、日本と同様極東に利害関係を有する大国との間で解決することが可能であると考えたのである。八月二七日の「時局処理方針案」に示されたように列国の「特殊事情ヲモ利用シテ列国トノ間ノ友好関係ヲ増進[20]」する方針は、列国との間に相互理解の余地が依然存在し、国際的な敵意が必ずしも戦争を意味するものではないとの判断に基くものであった。

上述の方針案は、英国、フランス、米国およびソ連の四カ国を日本が特別の政策的考慮を必要とする国と指定した。まず英国については、「支那問題ニ関スル日英協調ノ回復ハ……甚タ望マシ」く、このために「我方ニ於テハ適当ノ機会ヲ捉ヘ」ねばならないとされた[21]。英国は、昭和七年(一九三二年)一月に治外法権問題について日英両国が共同で中国と交渉することを提案したが、このような申出は日英協調を回復する可能性を示すものとして「事局処理方針案」に挙げられている。上海事変の勃発は、対中国交渉の実現を阻んだが、日本は、満州事変中米英共同で不承認主義を宣言するよう呼びかけたスチムソンの要求をサイモンが拒否したことをもって英国の親日的態度の現れであると解し、英国が日本に治外法権に関する共同交渉を提案したのは、日本の立場に対し英国がひそかに同情を寄せていることを裏書きするものであると考えた。日本が切札として考えていたのは、英国が特殊な利益を有している「上海・広東其他長江沿岸及南支方面ニ於ケル英国ノ立場ヲ適当ニ尊重[22]」することであった。つまり、日本は中国において共通の帝国主義的利益の追求を基盤として英国との協力関係を樹立することを期待したのである。

当時は軍部も政府の親英的傾向を支持する意向であったと考えられる。昭和七年(一九三二年)七月に陸軍省から出版された「満州事変に対する列強の態度」と題する小冊子は、昭和六年(一九三一年)一〇月の総選挙において保守党が勝利をおさめて以来英国の態度はますます親日的であるとし、特にサイモン外相の友好的行為を強調して、「保守党全盛の極にある英国の現状に於ては、自由党系、労働党の反日的勢力は、微々たるもので、殆ど無視しても差支えない[23]」と結論した。

軍はさらにこの小冊子において、日英協力を可能とする現実的な基盤として次の四つの要因を指摘している。すなわち、伝統的友好関係、ロシアの南下阻止の必要性、中国ナショナリズムに対する共通の利害および香港問題である。英国にとってきわめて重要な存在であった香港は、ひとたび日本が条約に基く満州での権益を喪失すれば、さし迫った危険に直面することになろう。また、香港はワシントンの五大国海軍条約の結果、要塞建築禁止地帯に入っているため、日本と米国と何れの国からの攻撃に対しても危険である。これらの点から、軍部は英国が日本との友好関係の維持を余儀なくされるであろうと判断した[24]。関東軍による昭和七年(一九三二年)の「情勢判断」は、全般的な親英路線を支持し、中国に関して英国との間に引き続き事前的了解を維持することの必要性を指摘するとともに、

「必要アル場合ニ於テハ印度ニ対シ安全ヲ保証スルコトヲ考慮スル」[25]ことを提案していた。

政府ならびに軍は、フランスに対しても英国に対すると同様、協力関係の樹立に努めるよう主張した。しかも日仏協力の可能性は、対英協力に比べて一層強い確信と熱意をもって提唱されたもののように思われるが、この場合も協力の基礎は、日仏両国が極東で有しているとみられる共通の利益であった。フランスは満州に対しては何ら直接の利益を有していなかったが、インドシナおよび広州湾地域に重大な権益を有していたため、中国ナショナリズムの失権回復要求に対しては強硬な手段を用いてもこれを保護しなければならない立場にあり、このため日本と接近する可能性が大であると考えられた。[26] またフランスは、ナチス・ドイツの擡頭および独墺合併の結果欧州におけるフランス勢力の失墜を憂えて、「極東ニ於ケル日仏両国ノ政治的接近ヲ求メムトスル」[27]のではないかとも考えられていた。八月二七日の「時局処理方針案」は、「最近ノ機会ヲ捉ヘテ極東ニ於ケル日仏間ノ一般的諒解ニ関スル話合ヲ促進スル」[28]方針を打ち出している。

政府は最終目標として、日仏協商の締結を想定していた。[29] そして、両国の国家利益が全般的に一致しているのみならず、フランスが国際連盟における満州事変の討議に際して明白に日本に同情的態度を示したことからも、その見通しは明るいものと考えていた。しかしながら、政府の真の意図は、軍や外務省内の一部で主張された如く英米の圧力に対抗する手段として日仏同盟を締結することにあったのではない[30]。むしろ政府は、極東での日仏の接近が、英国にも中国問題に関して日本と協調的な立場をとるに至らしめる契機となることを期待していたのである。フランスとの協力関係を樹立する実際的手段の一つは、満州に対するフランスの投資を奨励することであるとされていた[31]。関東軍は、満州開発にあたりフランス資本に優先権を与えることに同意しており、またフランスに対する友好関係のしるしとしてインドシナの安全について保障を与えることをもいとわぬ考えであった[32]。

米国は、満州事変中率先して日本の行動を非難し、ことに不承認主義の宣言後はその態度を硬化させていたため、日本の極東政策に関し了解を成立させることは最も困難な国と目されていた。無論石原流の日米戦争論は極端な例外であったが、「機会均等」「門戸開放」を旗じるしとする米国の経済的拡張政策が、満州を完全に経済的に支配しようとする日本の政策とやがては衝突するのではないかと危惧する空気は一般にかなり強かった。事実、八月二七日の「時局処理方針案」は米国との対決にそなえ、「内外諸般ノ準備ヲ速ニ進メ置クコト」の必要性を指摘している[33]。しかしながら、昭和七年(一九三二年)夏には政府はまだ戦争がそれ程切迫しているとは考えていなかった。米国は当時深刻な経済不況に悩んでいたし、さらに、海軍軍縮条約の結果海軍力には限界があったからである。その上日本は、中国における米国の利害は米国に軍事行動をとらしめる程重要なものではないとの見通しに立っていた。また関東軍は、昭和七年（一九三二年）の「情勢判断」の中で、米国の極東貿易および投資において日本が中国よりはるかに大きな割合を占めている点を強調し、「米国ノ支那ニ対スル経済的利害ハ今日ニ於テハ未タ以テ重大ナリト謂フヘカラサル」こと、および「米国ハ経済的利害ノ打算ニ依リ其ノ国策ヲ決スルノ傾向特ニ顕著ナル国柄」であることを指摘して、米国が対日戦争に突入することはあり得ないと結論した。[34]

日本政府としては、一方で戦争に対する準備体制確立の必要を説くとともに、他方では米国極東外交の基本原則である「機会均等」「門戸開放」をたくみに利用することにより、日本の満蒙経略に対する米国の反対をやわらげようとしていたと考えられる。[35]「時局処理方針案」は、米国「実業界等ニテハ門戸開放機会均等主義ニシテ現実ニ維持セラルレハ其ノ他ノ問題ハ成行ニ委セ差支ナシトノ空気モ徐ロニ擡頭シ居ルモノト認メラルル」と希望的観測を述べさらに、上記の原則が尊重され、「米国側ヲシテ満州国ニ於ケル経済的利益ニ相当ニ均霑セシメ得ルニ於テハ[36]」米国の態度を当然緩和することが出来ると述べた。事実資本主義に対し批判的であった関東軍も、米国の反対を除去するためには日米経済関係を緊密化することが必要であることを認め、満州国への米国資本導入を奨励することを標榜した。[37]無論関東軍は、日米の経済競争を生じるような米国の直接投資を無制限に認めることには警戒的であったが[38]、その意図したところは、結局米国を中国や満州に既得権益を有する植民地国に転化させることであったといえよう。英国ないしはフランスと親善関係を樹立することは、米国の対日非難を緩和させる上からも大いに重要視された(39)。

ここで対ソ政策について考察すれば、満州事変の全期間を通じて、日ソ両国が直接衝突を回避しようと努力したことをまず想起しなければならない。軍中央部と関東軍の間で取かわされた最大の論争は、関東軍の北満進出をめぐるものであり、軍中央部はかかる冒険的行動を、ソ連を挑発する危険を冒すものであるとして厳しく禁止したのである。結局関東軍は徐々に北満の要所を占領するに至ったが、ソ連は妥協的態度を守り続け、昭和六年(一九三一年)一二月には日ソ不可侵条約の締結を提案した。ソ連のこの提案は、日本をジレンマに陥しいれた。

列国との戦争回避を全般的な政策としていた日本にとって、ソ連との間に友好関係を樹立すること自体は望ましいことには相異なかった。「時局処理方針案」は、「現下ノ国際関係ニ顧ミ少ナクトモ此際ハ蘇聯トノ衝突ヲ避クルコト極メテ肝要ナルヲ以テ我方ヨリ進ンテ蘇聯ヲ刺戟スルカ如キ措置ニ出テサル様留意スヘ」きであると主張している。しかしながら、具体的に不可侵条約の締結という問題に直面すると、日本政府は他の諸要因を考慮に入れざるを得なかった。「時局処理方針案」は、「満州国ノ安定ヲ計ルト共ニ帝国ノ立場ヲ拘束セサル見地ヨリシテ同国ト蘇聯又ハ帝国ト蘇聯トノ間ニ条約ノ形式ニ依ラス何トカ不可侵的意図ヲ相互ニ表明スル等ノ方法ニ依リ成ルヘク日蘇関係ノ緩和ヲ見ル[40]」ように努めるべきであると述べているが、ここで注目すべきことは日本は自国の立場を拘束されないこと、ならびに正式な条約関係によらずに相互不可侵の意図を表明することを希望したことである。関東軍の昭和七年(一九三二年)「情勢判断」は、「目下蘇聯邦ヨリ提議シアル不侵略条約ノ締結ニ対シテハ不即不離ノ関係ニ置キ以テ帝国ノ行動ニ自由ヲ保留スルヲ要ス[41]」とし、閣議決定方針と同様の意向を示している。

日本がソ連との間に不可侵条約を締結することをためらわせた要因はいくつかあったと考えられる。まず第一に、陸軍はソ連の軍事力が次第に増強されて行くことに不安を感じており、日ソ両国間の戦争は先に行けば行くほど日本にとって不利であると信じていた。さらに、伝統的に対露戦を仮定して軍備を拡大して来た陸軍にとっては、ソ連からの脅威がある程度存在していることはまさに「必要」であったとさえいえよう。日ソ不可侵条約の締結にもっとも強硬に反対したのは陸軍であり、代表的反ソ指導者として知られていた荒木陸相は軍の意向を閣議においても、また一般に対しても広く鼓吹した[42]。

関東軍は、満州開発を重視していたため、ソ連を挑発しないように自制することをしきりに説いてはいた。しかし昭和七年「情勢判断」は、「将来ニ於ケル日蘇戦争ハ不可避ナリ」とし、「蘇国ニシテ我満蒙経営ニ対シ積極的ニ妨害スルカ若ハ赤化ノ魔手ヲ恣ニ」する場合、日本はただちに行動出来るよう準備体制を固めておくことが必要であるとも述べている。[43]

赤化問題は、正式な日ソ友好関係の樹立に日本を踏切らせなかった第二の要因であった。ソ連および中国からの共産主義の滲透が、満州国にとり真の脅威となり得たことは否定出来ない。しかしそうであるとすれば、不可侵条約に共産主義宣伝活動を禁止する条項をつけ加えることも可能であったのではなかろうか。この問題はまずソ連が当時国際社会において占めていた地位と関連して検討されなければなるまい。当時ソ連は米国にもいまだ承認されておらず、国際連盟の加盟国でもなく、全く国際社会において孤立的な立場にあったが、このような立場は唯一の共産主義国家とそれをとりまく資本主義国家間に介在していた一般的な敵意を反映したものであった。[44] 従って、日本の満州進出も極東における共産主義勢力の滲透を阻止するという名目が与えられる限りにおいては、非共産主義諸国から少くとも若干の支持を得ることが出来たのである。従って、ソ連との間に不可侵条約を結ぶことは、赤化阻止という大義名分を損なうものであった。外務省亜細亜局長谷正之の次のような発言は、このような日本政府の懸念をはっきりと示すものである。「結局ロシアをやはり赤露としておくことが日本のために外交上有利であって、もしこんご白露に変れば、欧州列国等の同情がすべてロシアに移る。やはりロシアはある程度まで憎まれ者にしておくことが日本の立場から得策である。で、我が外交の方針としては、できるだけロシアと事を構えず、他方進んで親米主義をと[45]」ることである。

パリからは、長岡春一大使が、不可侵条約の締結はソ連に満州国を承認させるためには望ましいことであるが、英国とフランスの好意を失わないためには日本および満州における共産主義宣伝活動禁止の条項を同条約に挿入させる必要がある、と報告してきた。さらに長岡は、満州における日本の行動に対し列国が同情をもったとすれば、それは満州を共産主義の防波堤にするという期待に基くものであると述べた[46]。日本は、昭和七年(一九三二年)一二月一三日、日ソ不可侵条約の締結を拒否したが、その後程なくしてソ連は中国に接近し、中国との間に正式な外交関係を樹立したのである。

しからば満州事変直後の日本の対中国政策はいかなるものであったろうか。「時局処理方針案」は列国との協力のもとに中国との経済関係を促進することを目標に挙げている。しかし、日本の満州占領の結果次第に高まっていった中国の反日感情を考慮した場合、中国が自ら進んで日本の貿易相手国となるのを期待することは到底無理であった。事実、満州事変中反日ボイコットは激烈であり、遂に上海事変において両国の軍事衝突をさえ見たのである。今後日本による満州支配が顕著になれば、中国における反日運動は当然激しさを増すと予想すべきであったろう。しかるに、この時期における日本側の資料中には、中国の報復、特に軍事的報復に対する懸念は全く見あたらない。国民党内部の紛争および国民党・共産党間の抗争による内戦の結果依然として分裂状態にあった中国は、恐るべき強国ではなかったのである。中国はもはや明治の日本指導者を恐れさせた「眠れる獅子」ではなかった。日本はかつて中国の無秩序状態が国際的分割を招来するのではないかと憂えたが、右のような中国の弱体化は、満州に強力な足場を確保した満州事変後の日本にとって必しも不利なことではなかった。

関東軍は昭和七年「情勢判断」で次のように述べている。

此等一般政情ノ不安ト内争ノ頻発トハ一面満蒙ニ対スル彼等ノ関心ヲ奪ヒ又ハ之ヲ軽減スルノミナラズ時ニ利己的立場ヨリ帝国ノ好意ヲ求メ排日、抗日ヲ抑制スルコトアルベク又他面列強ノ支那ニ対スル経済的発展ヲ阻害シ列国ノ好意ト期待トヲ消磨スルニ至ルベシ故ニ叙上ノ如ク支那ニ統一ナク政情不安ナルハ即チ満蒙問題ノ解決ヲ有利ナラシムルモノト謂フベク東洋永遠ノ平和ヲ確立スル途上要スレバ機宜ノ措置トシテ之ヲ助成スルコト亦一策タルヲ失ハズ(47)

ただし、ここで「政情ノ不安ト内争ノ頻発」を促進すると述べていても、関東軍が中国に対し大規模な介入や紛争を考えていたのではなかったことは、関東軍の関心の中心が当時満州の開発にあり、そのためには無闇に列国を刺戟しないよう自制の必要を説いていたことからも察することが出来よう。

しかし日本の中国政策を牽制したのは列国の動向であった。列国は、中国に対し常に強い関心を示し、日本の行動を監視していたので、日本は列国の諒解なしには中国において は何んらの手を打つことも出来なかったのである。

満州事変中、日本は連盟ならびに列国に対し「支那は組織ある国家にあらず」と論じたが、このような主張は、日本が満州分離を画策し中国の領土保全尊重の条約に違反しているという列国の非難に対する外交上の対抗手段であった。日本政府は中国の地位に関し次のような正式見解を、昭和七年(一九三二年)二月二三日付国際連盟あて声明において表明した。

七、最後ニ帝国政府ハ支那ヲ以テ聯盟規約ニ所謂「組織アル国家」ト思考セス又思考シ得サルコトヲ強調セムトスルモノナリ過去ニ於テ支那ハ各国ノ約束ニ依リ恰モ組織アル国家ナルカノ如キ取扱ヲ受ケ来レルハ事実ナリ然シ乍ラ凡ソ擬制ハ永続スルモノニ非ス又擬制ヲ認ムルカ為実際上重大ナル危険カ醸サルル場合ニハ最早之ヲ許容スルコトヲ得ス今ヤ必然的ニ擬制ヲ棄テテ現実ニ直面スヘキ時期到来シタリ従来一般ニ支那ノ幸福、繁栄、統一ヲ欲スルノ余リ世界ハ現実ニ反シテ支那ヲ遇スルニ統一国家ヲ以テシタリ然レトモ其人民ハ部分的ニハ結合アルモ全体トシテ組織セラレ居ラス若シ日本ニシテ支那ニ何等利害関係ナキモノトセハ同地カ「組織アル国民」ニ依リ占拠セラレ居ルモノトスル擬制ヲ尊重シ行クコトヲ得ヘケンモ日本ハ同時ニ巨多ノ利害関係ヲ有スルヲ以テ此ノ上支那ニ於ケル混沌タル状態ヲ以テ秩序アル状態ナリトシテ取扱フコト不可能ナリ支那各地方ニ存在スル権力ハ其ノ地方地方ニ於テ実際上ノ力ヲ行使シ居ルノ事実ノミニ其ノ基礎ヲ有スルモノニシテ該地域ヲ越エテ支配ヲ行フノ資格ナシ此ノ不正規ナル事態ハ支那問題ニ対シ聯盟規約ヲ適用スルニ当リ最深ク考慮セサル可カラス支那ニ於テハ単一ナル統一国家ノ代リニ諸種ノ粗笨ナル組織体存ス日本政府ハ固ヨリ此ノ現実ノ事態ヲ直視スルコトニ依リ生スル各般ノ推論及結果ヲ整理調和スルコトノ極メテ困難ナルヲ認ム右ハ困難ナルモ必要事ナリ吾人ハ真実ニ直面セサルヘカラス而シテ支那ニ何等統制アル政府ナク又全支ニ対シ完全ナル支配ヲ主張シ得ル権力ナキコトカ根本的事実ナリ(48)

満州における中国主権をこのような形で否定しようとする政策は、満州事変が連盟で討議されるようになって以来早くから外務省により採用されていた。また、ヨーロッパ駐在の諸大使も、連盟に対する説明は、連盟をして中国がもはや「組織ある国家」に値しないと結論するように工夫されるべきであると勧告していた[49]。この政策が前提としているのは中国に対する帝国主義的意図であり、満州事変中満州人民に対し民族自決と自治の高遠な原則を支持する公約を掲げたのと皮肉な対照をなしている。満州事変後においては、日本は列国との友好関係の促進を政策目標としたが、中国との間には依然敵対関係が継続することを予想し、しかもそれを緩和するためなんらの措置を講じる意図も持ち合せていなかった[50]。

リットン報告

昭和七年(一九三二年)夏、新外交政策が採用された後においても、斎藤内閣は日本と国際連盟の関係改善をほとんど期待していなかったし、望んでもいなかったように推察される。連盟加盟諸国ならびに米国は、満州国の法的正当性の問題をはじめ、満州における事態の進展に対し最終的な判断を下すことを差し控えていた。これらの諸国は、リットン委員会の調査結果を尊重することを方針としていた。かくして、日本の行動に対する世界の評価は主としてリットン委員会の報告内容如何にかかることになっていたのである。

一〇月二日、リットン報告の内容が公表された。同報告は、特に結論して、満州事変の直接的原因となった九月一八日・一九日夜の「日本ノ軍事行動ヲ以テ自衛ノ措置ト認ムルコトヲ得ス」[51]と述べ、また満州国の建設を可能ならしめた二大要因が、日本軍の存在と文官および武官からなる日本人の活動であった点を指摘して、満州の現政権が「自然的且純真ナル独立運動」の結果であることを否定した。[52]このような報告内容は、従来の日本の主張に真向から挑戦するものであった。

リットン報告の最後の二章は、満州問題をめぐる日中紛争の解決について同委員会が重要と認めた原則に基いて作成した勧告案から成っていた。まず「単ナル現状回復カ問題ノ解決タリ得サルコト」を認めつつも、同報告は、「満州ニ於ケル現政権ノ維持及承認モ均シク不満足ナルヘシ」と明言した。前者は、これまでの紛糾の繰り返しを招くのみであり、後者は、「現行国際義務ノ根本的原則若ハ極東平和ノ基礎タルヘキ両国間ノ良好ナル諒解ト両立スルモノ」でなかったからである。[53]リットン委員会の提示した解決方法は、東三省に特別な行政組織構成をすることにあったが、[54]この政府は「支那ノ主権及行政的保全トノ一致ノ下ニ東三省ノ地方的状況及特質ニ応スル様工夫セラレタル広汎ナル範囲ノ自治ヲ確保スル」ことを条件とするものであった。[55]「満州ノ内部的秩序ハ有効ナル地方的憲兵隊ニ依リ確保セラルコトヲ要シ外部的侵略ニ対スル安全保障ハ憲兵隊以外ノ一切ノ武装隊ノ撤退」によることとされていた。この場合撤退すべき武装隊とは、日中を問わず一切の特別警察隊および鉄道守備隊を対象としていた。[56] 満州における日本の利益は、日中両国間に締結される条約により保証されることとなっていたが、この条約は、「満州ノ経済的開発ニ対スル日本ノ自由ナル参加」を認めはしても、「同地方ヲ経済的又ハ政治的ニ支配スル権利」を否定するものであった。[57]

一方、満州問題の解決条件として日本政府が採用するに至った方策は、リットン委員会の提案した解決案と真向から対立するものであった。まず昭和七年(一九三二年)九月一五日の満州国承認という行為で明白に示されたように、日本が新満州国を名実共に支持する方針を打ち立てた今日では、満州に関する中国の主権についてもはや譲歩の余地はなかった。昭和六年(一九三一年)一〇月二日以来関東軍は、満州を中国本土から完全に分離させることが、満州問題の解決にとって絶対に必要であると主張し続けていた。政府は、関東軍が満州で作り出して行く政治情勢にその政策を適合させて行く始末であった。昭和七年(一九三二年)三月、政府は満州に樹立される新政権を日本の権益回復ならびに拡大について交渉するための当事者とみなし、これを援助することを決定した。また同年八月には、政府は、世界世論に対抗して、「帝国独自ノ立場ニ於テ」満州政策を遂行することに決した。新満州国により保証されることとなった日本の権益は、単に経済的なものにとどまらず、日本軍の駐屯、鉄道、港湾、空路の管理、日本人顧問を通じての満州政府の指導監督にまで及んでいた。このように、日本の対満政策の目的は、リットン委員会が認めた「満州ノ経済的開発ニ対スル日本ノ自由ナル参加[58]」の領域をはるかに越えるものであって、満州を軍事的にも、経済的にも、政治的にも完全に支配することにまで発展していたのである。満州事変以前であったならば、リットン委員会の勧告を日本は容易に受け入れたかもしれない。しかし、昭和七年(一九三二年)秋には、その勧告内容は、日本が自己の正当な権利であると信じているものをもはや満足させ得るものではなかった。

しかしながら、日本は国際連盟との最終的な衝突を回避しようと努め、連盟に対し満州事変の解決に介入しないよう説得を続けた。リットン委員会が提案した解決条件については、日本は同委員会がそもそも勧告権を有するか否かを問題とし、故意に同報告を無視する態度に出た。連盟が規約にあげられた安全保障の諸原則を遵奉するため、満州事変の解決に努力したのに対し、日本は満州問題がきわめて複雑であり、世界に類例をみないものであるから、同問題は今後紛争を解決するにあたってなんら先例とはなり得ない、という理論を展開した[59]。要するに、日本としては、日中紛争が第一次大戦後の集団安全保障制度が直面した一大試練であるとする考え方を否定することによって、この紛争の解決を義務と考えていた連盟の介入を回避しようとしたのである。日本には、連盟に満州の新秩序を承認することを強いる意図はなかった。しかし、連盟が日本を侵略国もしくは連盟規約違反国と指摘したり、日満議定書を通じて両国が確立した関係を左右するような決議を行ったりすることには、強い反対の立場をとる決意をもっていた。(60)

連盟脱退

満州事変に関する国際連盟の最後の討議は、昭和八年(一九三三年)二月二一日から総会で行われた。日中紛争の解決提案の起草にあたっていた十九人委員会(61)の努力はすでに失敗に終っており、同委員会はこのような場合の措置を定めた連盟規約第十五条第四項の規定に従って「紛争ノ事実ヲ述ヘ公正且適当ト認ムル勧告ヲ載セタル報告書」を総会に提出していた。二月二四日、報告書が日本だけの反対を押し切って賛成四十二、棄権一(シャム)で採択されるや、日本代表団は退場した。

十九人委員会の報告は、リットン報告をすべて採用していた。ただし、リットン報告中勧告事項を含んでいた最後の二章に代って、十九人委員会は自ら作成した結論や勧告案を提出したが、本質的にはリットン報告の線に沿ったものであった。十九人委員会は、中国の主権の下に満州に自治政府を建設し、日本軍を鉄道附属地外から撤退させ、日中交渉を開始させるとともに連盟加盟国には満州国不承認政策を遵守させることを提案した。[62] 三月二七日、日本は連盟に対し正式に脱退を通告した。かくして、日本は極東関係において独自の道を歩むこととなったのである。

日本が連盟脱退を決意したことは、満州進出を列国との協調関係を犠牲にしても成し遂げようとする考え方が最終的に勝利を収めたことを意味していた。閣内にあってこの政策をもっとも強く推進したのは荒木陸相であった。荒木は国際連盟をもって、極東における日本の自由行動を制約する機関であると考えていた。[63] 急進的革新論者にとって、世界大戦後打ち立てられた平和体制が、むしろ日本の発展を阻害する「手枷・足枷」と見なされていたことは、すでに本書のはじめに指摘した通りである。しかしここで注目すべきことは、連盟脱退は、支持者と反対者との間ではげしく討論された結果採択されたような政策決定ではなかったことである。首相をはじめとする政府責任者、後に連盟脱退の立役者[64]となった松岡洋右をはじめ、連盟の日本代表部、西園寺を中心とする宮中関係者中、日本を連盟から脱退させようと望みかつ画策したものは一人もいなかった。それにもかかわらず日本が連盟を脱退するようになったのは、彼らの日和見主義あるいは不決断、あるいは消極性が強硬論者に道を譲る結果となったからである。

このような敗北の経緯は、「原田日記」の随所に見られる。例えば、有田外務次官と谷亜細亜局長は、内田外相の日和見主義について次のように語ったといわれる。「内田外務大臣は、国論というものはいつでも少数の強硬論に引張られて行き易い。知識階級の議論などはいかに合理的であらうとも実行力に乏しいのだから、多少極論でも実行力の伴った強硬論を以って国力を固めた方が実現の可能性が多い、といふ考から、いろんな問題に対処している[65]」。内田は閣議において、日本の連盟脱退を主張した荒木陸相を支持した。

また、根本博陸軍中佐は、昭和八年(一九三三年)一月末、不決断の結果は望ましからざる事態をもたらすであろうとして次のように述べた。

今度ぐらゐ危い時はない。政府に聯盟脱退の最後の決心が付いてゐないならば、寧ろ十五条の三項[66]で行く方がよい。このことは、現在の日本の空気から云えば、脱退の決意をするよりも寧ろ非常な勇気を要するが、しかしできるならばこの方が確実だ。もしまた本当に脱退の決心が付いてゐるのならば、無論三項を蹴飛ばして四項[67]に来るのを待つも宜しかろう。うはべばかりの強がりで肚に脱退の決意なく、その時時の情勢に引摺られて、結局は脱退を余儀なくされるやうなことになれば、これは一番つまらないことだと思ふけれどもこの場合どうも已むを得ない[68]。

二月中旬に連盟総会における報告書の概要が伝えられ、日本の反連盟感情が急速に高まった時、西園寺は一般的情勢からみて「脱退は不可避」と考えざるを得ないと判断し、連盟脱退を阻止するために重臣会議を開くべきであるとする意見に対しては、「結局脱退へ引きずって行かれそうな大勢だからこの際かういう重臣会議は寧ろやめた方がいいやうに思う」[69]との考えを明らかにしていた。

連盟からの脱退は、日本が過去数十年にわたって遵奉してきた国際協力関係を打ち切るものであった。これは、昭和七年(一九三二年)夏に採択された満州進出をすべてに優先させるという政策の当然の帰結であったが、日本の政策決定者の多数が明確な意図と見通しとのもとに選択した国策ではなかった。これらの政策決定者は、国際協調を求めていたのであり、特に列国に対しては、共に帝国主義政策を推進して行くために協力することを期待していたのである。中には、国際連盟の外での国際協調に積極的な希望を託すものもあった。

しかしながら、日本の外交政策の目標を国際協力の方向に転化させるためには、軍内部の秩序ならびに軍部と政府との間の秩序を回復させることが必要であった。このような危機の根本原因については天皇はある程度の認識を持っていたと思われる。天皇は連盟脱退に際し出された詔書において世界平和への願望とともに軍部と政府とが各々その区分を守るべきであるとの趣旨を表明するようにと指示した。(70) またこの詔書の草案には、「上、下其ノ序ニ従ヒ」という一節も含まれていたが、詔書を検討した閣議の席上、荒木陸相が強硬に反対したため採択されずに葬られるという経緯もあった。(71) この荒木陸相の反対は、まことに皮肉なことであるといわざるを得まい。陸相の反対にもかかわらず、秩序の回復をもっとも必要としていたのは陸軍であったからである。陸軍においては荒木自身部下の支持なしには陸相の地位を保つことすら出来ないような体制が成立していた。

満州事変は、一つには高まる中国ナショナリズムの要求から満州における日本の権益を守るための必死の試みとして始められ、またいま一つには日本における政治的、社会的、経済的体制を革新しようとする要求によってもたらされたのであった。しかしながら、満州事変が日本の政治体制に残した遺産は、秩序の破壊であった。新しい指導者が満州における戦争を契機として権力の座を獲得し、日本外交の針路を変えてしまったのである。しからばこの新しい指導者は、国内的に秩序を再建することによって、対外的に国家にとって有利な政策を実現することが可能な人々であったろうか。満州事変を推進した人々の思想と行動から予測される日本の前途は極めて暗いものであったといわなくてはならない。

結　論

歴史的にみれば、満州事変はアジア大陸に向って絶えず進出しようとした日本の膨脹政策の顕著な一例であった。その後一段と積極化した日本の大陸に対する野望は、後年中国と全面的に衝突するに至ったのであるが、このような方向に日本を導いた端緒としても、満州事変の重要性は広く認められている。しかしながら、本書の直接目的は、満州事変が遂には太平洋戦争をもたらした日本帝国主義の一発展段階であることを記述したり証明したりすることにあるのではない。むしろ本書の意図するところは満州事変を契機として転換した外交政策の評価、その背後にある思想の流れ、ならびに政策転換の過程等を明らかにすることである。

昭和六年(一九三一年)から七年(一九三二年)にかけて日本外交はまさに一大転換を行ったといえよう。それは、日本が伝統的に金科玉条として奉して来た外交上の二大目的、すなわち大陸に対する膨脹と列国との協調との間の均衡が失われたことを意味していた。大陸への膨張──それは主として満州における日本権益の維持と拡張とを目標としていた──は、日露戦争以後歴代の日本政府が絶えず追求してきた日本の国策であった。日本の満州進出は常に列国の監視下に行われたが、ことにワシントン会議以後はその監視はきびしく、その上中国ナショナリズムの挑戦も激化するに至ったため、日本の外交の最大の課題は、いかにして最大限の拡張を最小限の抵抗で成し遂げるかという点にあった。幣原「軟弱」外交は、日本権益の拡張を列国ならびに中国との合意の枠内で推進しようとする試みであった。幣原は、対外的には日本の進出に対する抵抗を緩和し、対内的には膨脹的要求の速度を制御することに努めた。それに対し、田中「強硬」外交は一見満州に対する膨脹を優先視するかの如く考えられているが、その真の意図は、満州を中国本土から分離させ、日本の権益に対する保証を、満州、中国双方の指導者から獲得することであった。幣原が西欧諸国との協調を重視していたのに対し、田中は中国の援助により日本の満州開発を実現することを期待していた。この場合、幣原も田中も、国際協調を犠牲にしてまでも満州経略を遂行しようといういわゆる「自主」外交を意図していなかったことはいうまでもない。

満州事変の全期間にわたって、政府ならびに軍中央部は、満州における日本の軍事的、政治的行動が対外的に挑発的な印象を与えるのを最小限にくいとめようと努め、国際的反響には常に細心の注意を払っていた。事変中、軍中央部と関東軍との間の最大の戦略論争は、北満をめぐるものであったが、軍事行動の拡大に対する中央の反対は、かかる行動がソ連を刺戟して武力行使に踏み切らせるか、または列国をして日本のいかなる満州進出をも阻止しようとするような共同行動をとるに至らしめることを危惧した結果であった。上海事変に際しては、政府ならびに軍首脳は、戦線の拡大を防ぐことに努力し、かつ、事変の解決のため列国の援助をさえ要請した。このような努力は、満州が世界の注目の的とならないよう、国際的利益の錯綜した地域で国際的反感を買うような行動に出る愚を彼らが十分に承知していたことを示している。

関東軍が中国本土から分離した満州新国家建設を目標としてしきりに謀略を行使していたのに対し、政府ならびに軍中央部は程度の差こそあれ、常に反対の意志を表明した。まず初期の段階においては、参謀総長ならびに陸軍大臣は関東軍が満州新政権樹立運動に参加することを禁じた。しかしながら、政治謀略活動が命令により制御し得ない段階に至ると、軍中央部の主たる関心は、満州における日本の政治活動の事実を世界の注視から隠すことに集中された。国際的露顕とそれに続くであろう非難を恐れたからこそ、軍中央部は、満州にある中国人を煽動して新政権を樹立しようとする関東軍の計画に反対したのである。満州における政治情勢が、中国本土から分離独立した全満政府樹立の段階にまで進展した後においても、軍中央部はこれを認めようとはせず、満州問題の解決を交渉する権限を有しながらも、依然中国国民政府主権下にある地方政権の樹立を主張したのである。

満州に広範な自治権を有する中国の地方政権を樹立するという主張は、従来存在していた統治形態に準じた解決策である。犬養が試みた解決もこの方法に基いたものであり、これならば列国も進んで承認したであろうと考えられる方式でもあった。リットン委員会も、満州統治のため広汎な自治権を与えられた特別政権を中国の主権下に樹立することを提案した。そして遂に満州国が独立を宣言する事態に立ち至った後においても、日本政府は列国との正面衝突を避けるため、新政府に対する承認を差し控えた。この頃には、列国は満州における日本の軍事行動の結果生じた状態を承認しないという原則を表明していたからである。要するに満州国の建設は、政府と軍中央部の反対を無視して関東軍の手により実行されたものであった。満州発展と国際協力との間の微妙なバランスは、前者が急激に進められ、妥協の余地もないような状態になった時、もはや到底保持されることは出来なくなったのである。

日本にとって、満州の新秩序に対し全面的支持を与えることを意味する満州国の承認を行うか、あるいはこの新秩序を否定した世界の判決に従うかという決定は、もはや二者択一的な判断ではあり得なかった。すでに満州事変中に行われた外交政策上のいくつかの決定の結果、大勢は新満州国の支持に傾いていたのである。これらの決定のうちもっとも重要なものは、すでに幣原外相のもとで行われた。すなわち外務省は昭和六年(一九三一年)一一月一二日に、当時満州各地に形成されつつあった治安維持委員会を援助し、将来これを母体とする政権と満州問題について交渉するという方針を打ち出したのである。このような決定からも明らかなように、満州国承認の方針は決して突然生れたものではない。しかし、それにもかかわらず満州国承認が日本の対外政策の明白な転換を示したというのは、国際協調を著しく損うことを承知の上で満州進出を優先させるという政策がここで公式に採用されたと考えられるからである。それ故にこそ満州国承認の方針が確定するやいなや、内田外相は反日的な諸外国との対決に備えて、日本の外交政策を全面的に再建することを余儀なくされた。そしてその後は、中国本土、列国、ならびに国際連盟との関係は、満州進出という第一目標に対して第二義的なものとなった。

しかし、このような外交目標上の転換は当時の国際情勢からももたらされたものであることを想起することが重要であろう。満州事変以後、日本は国際的環境が好意的なものであり得ないとは覚悟していたが、列国の対日態度の実体が、日本を連盟脱退に至らしめた激しい非難の語調よりははるかに弱いものであると考えていた。要するに日本は、列国中日本の大陸経営を阻止するため軍事行動をとらなければならない程重大な利害を満州に有している国は存在しないと見通したのである。中国は満州で敗退し、その軍事的弱体を露呈した。列国は、昭和四年(一九二九年)に始まった世界恐慌から国内経済を再建させることに専念していた。軍中央部が極力その挑発を回避しようと努めたソ連は、満州事変の全期間を通じて自制的な態度をとりつづけただけでなく、日本に対し不可侵条約の締結さえ提案した。米国も、事変初期の不偏不党政策からスチムソンの不承認主義へと次第にその態度を硬化して行ったとはいえ、決してその軍隊を極東へ派遣する意図は有していなかった。英仏は、連盟の諸決議を尊重する意志を表明してはいたものの、植民地国家としての利害が一致しているところから日本に対し同情的であった。連盟も、原則論に基く決議を採択する以上には、何ら具体的な行動をとることが出来なかった。

このように列国ならびに連盟の反対が、実質的な裏付けを有しなかったことが、日本の軍部をしてなんらはばかることなく満州進出を遂行せしめる一因となったといえよう。もし武力干渉の危険が実在したならば、日本政府は急激な拡張政策を阻止するために今少し断固たる態度をとったに違いない。列国の反対が不決断、不鮮明、あるいは幾分かの同情を含んでいる限り、日本は、その隣接する中国大陸に対し勢力を拡張し、支配権を確立する余地があると考えたのである。満州事変の遺産の一つは、日本が列国の名目上の反対と実質上の反対との間に差があることを発見したことである。それ以後国際情勢に対する日本の評価には一種の「甘さ」が見られるようになり、さらにそれが日本の外交政策を冒険主義へと駆りたてたといえる。この意味で、満州進出をすべてに優先させることをその目標としたいわゆる「自主外交」は、満州事変をめぐる国際情勢の産物でもあった。

満州事変を契機として日本外交は「自主外交」へと大きく転換し、列国の冷い注視の中で満州経略に邁進する決意を示した。しからば満州事変の背後にある思想ないし意識の変遷から、いかなる進展が予測され得たであろうか。満州事変は形式的には外交上の問題であったが、すでに指摘した通り、日本の国内の政治社会経済問題と密接な関連を有していた。従って、満州事変は、当時の政治的、社会的、経済的思想を充分反映している点でまことに興味深いものがある。満州事変の背後にある思想ないし意識を便宜上、対外問題に関するものと国内情勢に関するものとの二つの範疇に分けて考察することとする。

まず満州国の承認と連盟脱退とは、日本の国力に関する日本自身の評価が大きく変化したことを示していた。そのような変化は、八十年間にわたる日本の西欧崇拝と比較するとまことに対照的である。元来日本の民族主義は、日本、中国、西欧諸国の三者間の力関係の上に築かれていた。徳川時代の末期に西欧諸国の圧倒的な威力に直面して日本の国家的存立に対する脅威を知った明治の国家主義者達にとって、列国に対する畏怖ないし崇拝の念が、基本的な心理状態であったことは容易に理解出来よう。それ故にこそ、彼らはあるいは英国あるいは露国と同盟関係を樹立しようとしたのである。それと同時に、彼らは西欧の侵入からアジアを守るために日本と協力し得る国として中国に期待をかけていた。

しかし、大正末期から昭和にかけて(一九二〇年代)満州に対する強硬政策を主張した人々は、明らかに異なった世代に属していた。彼らのうちには、誰一人として黒船の脅威を経験した者はなかった。陸軍部内でもっとも早くから革新を主張した一夕会の会員の大部分は、三国干渉の際にはまだ一〇代になってもおらず、日露戦争の体験もなかった。永田鉄山も明治三六年(一九〇三年)に陸軍士官学校を卒業したとき、わずか十九歳であった。明治四二年(一九〇九年)に卒業した石原莞爾は当時二十歳にすぎなかった。彼らが軍人として直面した中国はすでに敗北した国家であり、日本は二回の戦争に勝利を収めて大陸進出への途上にあったのである。西欧列国に挑戦して満州での「自主外交」の道を歩むことを決定した人々が、主として明治後期の世代に属していたことを認識することは決して無意味なことではないであろう。西欧諸国の要求に従う必要を感ぜずに育ったこの新しい世代にとって、国際的反響に鋭敏であることは、隷従ではないまでも、弱さを意味するものと解されていた。彼らにとって満州事変の成功は、日本の国際的地位の上昇を証明する以外の何ものでもなかった。

しかし、中国との関係についていえば、日本が自己の国際的地位に対する自信と評価を高めたことは、その中国政策論に内在していた矛盾を深めるものであった。周知の通り、従来日本の指導者達は、中国との協力が西欧の進出からアジアを守る上で不可欠であると考えていた。この意味から、日中協力は究極的には日本の安全を確保するための手段であると考えられていたのである。しかし同時に、日本が中国とは比較出来ない程急速に近代化を成し遂げ、国力を増大させるにつれ、日本は自国の膨脹の場として中国大陸に目を向けることとなった。さらに、豊富な未開発資源を保有しながらも政治的な脆弱さに悩んでいた中国は、日本のみでなく、圧倒的な軍事力と経済力とをもって東進しつつあった西欧列国にとってもまことに誘惑的な存在であった。従って日本は、中国における列国との競争において有利な地位を確保するため、種々の方策を講じなければならなかった。

人種的、文化的、地理的近似性を強調する大アジア主義は、一つには中国と共同で西欧にあたろうとする意図の表現であり、またいま一つには西欧勢力の侵入の危険を指摘することにより中国を日本に協力させようとする手段でもあった。大正末期から昭和にかけて(一九二〇年代)活躍した国家主義者達は、大川周明、北一輝、桜会から日本国家社会党、日本国民社会党などの無産政党員に至るまで、いずれも西欧の支配からアジア諸民族を解放することが日本の使命であると主張し、大アジア主義思想を鼓吹した。また、石原莞爾が予言した世界最終戦争は、アジア文明の代表的担い手としての日本と西欧文明の担い手としての米国との間に戦われると考えられていた。しかし、中国における西欧列国の進出に対する日本の反抗が、現実的には日本自身の中国進出という形をとり、それに対抗する中国国民のナショナリズムが反日的方向をとるようになると、日本の唱道した大アジア主義は非常な矛盾をはらんだ思想となり、満州事変を経てその矛盾は一段と顕著なものとなったのであった。

満州国建設の基本的理念であった民族協和思想は、大アジア主義のもつ純粋に友愛的な側面を具体化したものといえよう。満州青年連盟が建設を計画した満蒙自治国家は、民族協和を指導理念とすることにより、在満日本人が他民族の地たる満州に引続き安住することを可能にしようとする、いわば防衛的な構想であった。提案者達は、このような新国家の建設にあたっては日本国籍を離脱して他のアジア人と結合することさえ躊躇しなかったのである。しかしながら関東軍が民族協和をスローガンとしたのは政治的考慮が大きかった。日本の行動について満州在住諸民族の支持を獲得し、かれらの民族主義的傾向に訴えるためには民族協和思想が有効な手段であると考えられたからである。それと同時に、関東軍の人種観が、このような原則をかなり忠実に遵奉出来るものであったことも事実であった。関東軍は、「占領地ニ於ケル対人的行政ニ関シテハ在満支那民衆ヲ第一ノ対象」[1]とすることを約し、地方における在来の中国自治体に大幅な自由を与え、在満諸民族の日常生活に干渉したり日本文化への同化を要求したりすることを意図してはいなかった。[2]事実、当時の関東軍の覚書や政策立案中、日本民族の優越性に言及したものは一つとして発見されない。

民族協和思想と対照的なのは、「支那は組織ある国家にはあらず」という主張である。これは中国の主権を理論的に否定したものであって、アジア諸民族を尊重すべき大アジア主義から著しく逸脱したものといえよう。この主張は、日本の満州進出が九国条約に違反しているという西欧列国の非難に答えるための主として外交的武器として考案されたものではあったが、その根底に国際社会において新しい権力的地位を獲得しつつあった日本にとって、大アジア主義的理想の共同の担い手として期待し得なくなって行く弱体化した中国に対する幻滅があったことは否定出来ない。外務省もしくは関東軍関係の文書で満州事変中に日本の利益の見地から将来中国との協力が必要であることを論じたものは全く存在していない。日中間の敵対関係の現状と、激化する中国ナショナリズムの脅威とが、両国間の緊密な同盟関係を不可能にしていたことは勿論であるが、それにもかかわらず、その後も大アジア主義が日本の対中国政策論の一つの主要なテーマとして存続したのは、一つには宣伝効果のためであり、一つにはアジアにおける西欧諸国の全面的優勢という状況が、アジア全体の安全と日本の運命を一体視する明治以来の思考傾向を放棄させるに至らなかったことにもよるのである。

さて、次に満州事変と国内における革新運動との思想的関連性を考察すると、まず、満州問題が多大の関心を引くようになったのは、日本の在満権益が中国ナショナリズムの攻勢により重大な危機にさらされたからだけでなく、日本が国内的危機の解決の場を満州に求めたからであることを銘記しなければならない。大陸における日本の利益を擁護することも出来ず、国内の経済的社会的不安を緩和することも出来なかった当時の指導者に対する不満は、政党政治と資本主義という既存の政治経済体制そのものを否定する革新運動となってあらわれた。北や大川は、天皇と国民とが直結し、しかも国民は相互に絶対的平等関係にあるという原則に基いた社会主義を主張し、貴族階級と不当な私有財産の廃止を提案した。しかし、国内における社会主義の実施は、日本の経済的基盤を拡大することなしには不可能と考えられたため、満州の支配は、富を公平に分配し、しかも国民すべてを窮乏化させないための不可欠の条件であるとされた。

満州事変が昭和初期に擡頭した国家社会主義的革新運動に属するものであったことは、満州事変を推進した人々の政治思想ならびに新満州国が採用した政治理念を検討すれば明らかである。満州事変を推進した中心的勢力は、板垣と石原に指導された関東軍首脳ならびに軍中央部の有力な将校であった。彼らはいずれも程度の差こそあれ、国家革新の必要を認めていた。しかしながら革新を主張していた軍人の間には、満州を支配した後どのようにして日本国内の革新へと運動を発展させるかについての精密な計画も明確な見解も存在していなかった。彼らが共通に支持していたのは、日本の対外拡張と国内革新という二大目標であり、政党政治家および資本家に対する批判的な態度と、その反映としての国民大衆に対する同情であり、かつ大陸における日本の支配や地位にいかなる制限をも加えることに対する反対であった。

満州事変勃発前に作成された「満州占領地行政ノ研究」から新満州国設立大綱案に至る関東軍の満州問題解決の諸計画は、関東軍首脳の抱いていた政治思想を知る上の貴重な手掛りである。彼らは当時の日本の国内状況に強い不満を有していた。そして、内戦と軍閥官僚による悪政に苦しんでいた満州民衆の悲惨な状態の中に、政党政治と資本主義の下で苦しんでいた日本民衆と相通ずるものを発見したのである。さらに、国家社会主義的思想傾向を持っていた関東軍首脳は、隣国ソ連からの共産主義の圧力を緊急なものとして感じていた。このような状況のもとで、彼らは満州を資本主義の悪弊から守るべく非常な決意をかためたのである。かくして、満州民衆の福祉の問題は、関東軍の満州問題解決計画の中で重要な意味を持つに至り、具体的には、高税と官僚の腐敗の如き伝統的な不正からばかりでなく、資本主義がもたらす恐れのある種々の不正からも人々を解放することを約束した「楽園」の到来という表現に集約されていた。

自国の指導者と政治制度に対する関東軍の不信と反対は、満州に「楽園」を建設することだけでは解消しなかった。関東軍は、日本国内から彼らの意図に反するような影響が満州に及ぶのを防ぐため、自らを満州国の保護者の地位につけるよう工作した。本庄・溥儀書簡は、満州に軍隊を駐屯させ、交通機関を管理し、満州国政府に顧問を派遣する権利を日本に認めたが、在満日本軍の指揮が関東軍司令官に属するものであることは当然にしても、日本人顧問の推薦権および解任承認権までが、関東軍司令官に属することを明白に規定していた。また関東軍は、南満州鉄道に対する支配を確保するため、総裁の地位が政党政治の弊害である猟官制度により濫用されてきたことを非難し、満鉄総裁の「恒久性」の原則を打ちたてることにより、彼らにとって都合のよい総裁を維持しようと試みた。犬養内閣時代に関東軍が内田総裁の更迭反対に成功したことは、満鉄に対しても関東軍がすでに実質的監督権を獲得していたことを示したものであろう。

総じて、関東軍が要求しかつ獲得したのは、関東軍による満州国の支配であり、日本政府といえども関東軍を差し置いてなんら直接の影響を新国家に及ぼすことは許されなかった。つまり、関東軍としては、いまだ政党政治と資本主義の弊害を克服出来ない日本の手に、満州国の開発をゆだねる意志はなかったのである。満州国の開発にあたっては門戸開放の原則が尊重され、日本および他の列国からの投資が歓迎されることになっていたとはいえ、関東軍の真意は資本家を自由に満州開発に参加させたり、利益を独占したりすることは許可しない方針であったのである。関東軍は、満州開発を日本および日本の他の植民地の開発と融合させ、満州の経済的発展をもっとも効果あるものとするよう計画していた。

関東軍は、彼らの意図通りの満州国を建設し、本庄・溥儀書簡により彼らの特殊な地位を確立した上、日本政府に対しても、関東軍の政治的見解を国策に採択するよう強く要請した。昭和七年(一九三二年)板垣が上京した際、陸・海・外三省の間でとりきめられた「支那問題処理方針要綱」には、満州における日本の権益を、「一部資本家ノ壟断ニ委スルコトナク広ク一般ニ均霑セシムベキコトヲ期ス[3]」と記されてあったが、これは関東軍の反資本主義的理念を公式に表明したものである。関東軍は板垣を通じて、満州問題が「政党干与シ党利党略ニ利用セラレサルコト最モ緊要ナリ[4]」と忠告し、さらに満州から得られる利益には広く一般国民が浴しうるように社会政策を大幅に改革し、特に満州事変に従軍した兵士に対しては潤沢な恩恵を与えることを考慮するよう提案した。ここで興味深いのは、関東軍首脳が国内改革を主張し、反政党の立場をとったにもかかわらず、彼らが政党を完全に排除したり、軍事政権を確立しようとは考えていなかったことである。関東軍首脳、なかでも石原は、国内改革を先行することには疑念を有しており、その点で国内の革新論者とは一線を画していたが、満州事変が成功裡に終ると、関東軍は政府に対し種々の革新的プログラムを強要した。

では、満州事変の背後にあった思想や関係当事者の態度からみて、当時の日本の帝国主義をいかに性格づけるべきであろうか。私は、満州事変の原動力となった帝国主義を「社会主義的帝国主義」と定義してみたいと思う。無論丸山眞男教授が指摘した如く、「ファシズムの進行過程における「下から」の要素の強さはその国における民主主義の強さによって限定される、いいかえるならば、民主主義革命を経ていないところでは、典型的なファシズム運動の下からの成長もまたありえない[(5)]」ことは十分認められなければならないであろう。日本のファシズム運動において大衆が占めた比重は決して大きくなく、彼らはファシズム運動の指導者達の心に幻影として存在したに過ぎないともいえよう。

このような観点からは日本の帝国主義を「社会主義的」と称することは不適当といえるかも知れない。しかし、それにもかかわらず一つの重要な点で大衆が昭和初期の帝国主義に影響を与えた事実にわれわれは注目すべきであると思う。国家社会主義の教義は、人民大衆を国家的事業によりもたらされる利益の受益者の地位にまで高め、国富に対し公正でかつより大きな分配を求める彼らの要求を正当なものとして弁護した。満州事変が国民に歓迎された一つの理由は、事変の結果国民経済が拡大されることが期待されたからである。満州事変が終結した際、関東軍が日本政府に対し、満州開発の成果を国民大衆に享受させるため、社会政策上の大改革を断行するよう要請したことは、明らかに関東軍が帝国主義的発展と関連して大衆の地位の向上を考慮していたことを示している。大衆の地位向上は日本の膨脹主義と何ら矛盾しなかったばかりか、むしろ膨脹を促進する結果をもたらすことにもなったのである。

それでは関東軍は日本の帝国主義的発展に必然的にまきこまれる他国の人民との関係をどのように考えていたのであろうか。先に述べたように、関東軍の満州人民大衆に対する態度は、主として日本人民の大衆に対する態度の反映であり、それなりの誠実味のあるものであった。さらに、政策的にも、中国ナショナリズムの挑戦に対処するためには、関東軍は満州人民の利益を擁護せざるを得ない立場にあった。関東軍が日本および満州の人民大衆を国家的事業の受益者であると認める立場をとりつづける限り、日本の満州における帝国主義的支配には一つの限度が自ら課せられる筈であった。満州事変当時関東軍が抱いていた理想や政策から、われわれは関東軍がそのような限度を認めていたことを推察することが出来る。しかしながら究極的には日本人民の利益が満州人民の利に優先するものであったことは勿論のことである。事変後次第に満州を戦略基地および補給源として使用しようとする要求が強くなるにつれ、人民の利益、特に満州人民の利益に対する考慮は大きく後退した。

満州事変当時関東軍の抱いていた人種観ならびに政治思想は、多くの矛盾をはらみ、一貫した迫力を持つものでは到底なかったが、事変を推進した膨脹的欲求に対し、一種の重要な制限的役割を果していたといえる。しかし将来にわたってこのような制限が維持される保証は全くなかった。制度的には日本は満州国を完全に支配出来る態勢にあり、しかも日本の支配権は関東軍首脳の手中にあったのであるから、満州国の運命はその時々の関東軍首脳部の思想や態度に左右されざるを得ないこととなったからである。結局、民族協和や「楽土」の理想を守り続けるには、日本が満州で得た権力はあまりにも強大であった。満州事変当時の関東軍に見られる理想主義に無関心ないし無関係な多くの軍人や民間人が満州に乗り込んで来るに従い、日本帝国主義は何ら自制のない赤裸々な権力の追求と化して行った。

最後に、満州事変の政策決定過程を考察した上、全般的な結論を試みたいと思う。要するに、満州事変政策決定のもっとも顕著な特色は、公式の権威に対する反抗であった。政策を最終的に決定したのは常に関東軍幕僚であり、彼らは司令官ならびに軍中央部を彼らの政策目標に同調させるよう強制したのである。

奉天事件を全満戦争にまで拡大させる決定は、まず板垣により行われ、ついで関東軍司令官に強制されたものであった。その間板垣は、軍中央部が戦線の拡大を禁止する命令に関東軍が服従せざるを得なくなるような事態が起らないようあらゆる措置を構じた。吉林派兵は、関東軍の反抗を示す適例である。この決定は、満州における戦闘行為の拡大を阻止するという閣議決定に従って参謀総長ならびに陸軍大臣が関東軍に対して発した命令を故意に無視したものであった。そして吉林派兵に関し関東軍が軍中央部に行った報告は、派兵が既成事実となってから伝達されるよう意図的に遅延された。吉林派兵の決定は、関東軍幕僚が総辞任を申し入れる程の強い圧力を司令官に加えることによってはじめて実現したものである。さらに、吉林派兵は朝鮮軍の独断出兵という事態を生じ、軍の規律問題をいよいよ表面化するに至った。昭和六年(一九三一年)一〇月四日の反張声明、ならびに同月八日の錦州爆撃は、いずれも全満州を占領し、新政権を樹立させようとする関東軍の方針を軍中央部に承認させる目的で幕僚が計画したものであった。満州国の独立は全く関東軍の計画に基くものであって、これは満州問題をより限定された範囲で解決しようと考えていた軍中央部ならびに政府の意図に反するものであった。

満州事変の政策を左右する実質的権限が現地にあった少壮将校の手中に握られていたという事実に加えて、彼らがしばしばあるいは「辞任」あるいは「独立」というような過激な表現を用いて上司に迫ったことも忘れてはなるまい。当時の軍上層部に対する信頼と尊敬の喪失が関東軍の思想の根底にあったことは明らかであるが、片倉日誌は、関東軍幕僚が軍中央部の無為無策および不決断に対し非常に強い憤りを抱いていたことを記録している。関東軍は、「陸軍大臣ニ腹ナシ」[6]と判断し、満州問題の解決のための多少とも明確な計画を有しているのは関東軍のみであると信じていた。[7]関東軍司令官が吉林派兵の決定に反対したとき、幕僚は彼らの主張が容れられなければ全員辞任するとの決意を表明した。また、一〇月二日の「満蒙問題解決案」提出に際し関東軍幕僚は、「万々一政府カ我方針ヲ入レサル如キ場合ニ於テハ在満軍人有志ハ一時日本ノ国籍ヲ離脱シテ目的達成ニ突進スルヲ要ス」[8]との決意を示した。関東軍独立の風聞が中央において深刻に受け取られたのは、当時の関東軍全般に反抗的風潮が強かった事実を裏書きするものであった。

軍上層部に対するこのような強い反抗は、大正末期から昭和初期の過激な革新運動の根底にあった既存体制への強い不満と密接な関連があった。当初においては、軍内部の革新運動は近代戦に対処する能力を欠き、かつその権力源を時代遅れの藩閥に依存していた当時の上層部に対する不満が原因となっていた。つまり、軍内部における革新運動は反長州運動として出発したのである。しかしながらワシントン・ロンドン両軍縮条約と並行して国内においてもいよいよ軍縮が実施されるにつれ、革新将校らは「頽廃し竭せる政党者流の毒刀」[9]に対抗すべきはずの軍上層部の無能と偽善とが一段と明白に示されたと信ずるようになり、上層部に対する不満は、彼らの指揮に対する反抗へと発展し、さらに政党政治と資本主義的体制を破壊しようとする方向へと進んで行った。そして遂には桜会ならびに北一輝、西田税系の青年将校がクーデターという過激手段に訴えるに至ったのである。総じて、満州事変前の軍部内における革新運動は「下から」の運動であった。満州事変中においても、関東軍幕僚の上司を無視した反抗的な政策決定の態度は、この「下から」の圧力傾向と軌を一にするものであった。満州事変はすでに論じたように思想的に国家社会主義運動の系譜に属していたのみならず、行動形態の点からみても「下から」の反抗運動の一部をなすものであった。

この「下から」の行動形態をさらに厳密に分析してみると、軍の内部関係の本質が一層理解しやすくなるであろう。関東軍がしばしば用いた「辞任」あるいは「独立」というような言葉の表わす概念は非常に重大な意味を持っている。それは、この二概念がいずれも既存の秩序の保持を前提としていることである。前者は任ぜられている地位から自ら退くことを意味するが、同時に既に確立されている軍機構には何ら手をふれないことでもある。後者は本質的により過激な概念であると考えられるが、反乱的行為を恣にするため天皇制への忠誠義務から自らを解放する意図を現わすのみならず、天皇制そのものをかかる行為のもたらす危険な圧力から解放することをも意味している。「独立」の概念は、関東軍がかかる反乱的行為を開始するにあたり日本国籍を離脱すべきであると考えていた事実と関連して検討すべきであろう。要するに、既存体制に対する忠誠は不可侵であると考えられていたから、反乱を起すにあたってはその忠誠の基盤をなしている日本国籍を清算することが必要であったのである。関東軍ないし革新運動全般にみられる「下から」の運動形態の限界は、まさにこのような既存体制の保持という点にあった。革新運動の源泉力は確かに「下から」であったし、またその効果も革命的なものがあった。しかし、天皇制を破壊した上で完全な統治権を手中におさめようという意味での革命は、当時の過激思想の枠を越えるものであった。

関東軍独立の情報が伝えられた時、陸軍大臣および次官の発した阻止命令も、また関東軍幕僚が行った独立の情報の否定も、いずれも機構としての軍の権威を保持するという見地からなされていることは注目に値する。事実、東京からの電文は、軍中央部が関東軍の掲げる政策目標を実現することを約束する代償として、関東軍が軍中央部に対し絶対的服従を示すことを要請していた。独立計画を真向から否定した関東軍幕僚は、「光輝アル帝国軍ノ威信ヲ失墜シ軍ヲ利用スル策士ハ其現職ニ在ルト退職セルトニ関セス徹底的ニ極刑ニ処シ帝国軍ノ栄誉ニ寸隙ナカラシメンコト」(10)を強硬に要求している。陸軍次官に対し、関東軍が「聊カ積極独断ニ過クルノ点ナキニシモアラサル」ことを認めた関東軍司令官でさえ、関東軍が「一同国家ノ為協力一致、君恩ニ報インコトヲ専念シ」(11)ていることははっきり認めていた。事態の進展に強い不安を抱き、白川義則大将ならびに今村均大佐を満州に派遣した軍中央部においても、関東軍独立事件に関係した将校を処罰したり、解任したりすることを示すような言辞は全く用いなかった。十月事件の如く計画者が逮捕されたような事件においてさえ、陸軍当局は寛大な処置をとり、彼らの動機に対する同情的な賛辞を弄して、部内における和解に努めたのであった。陸軍にとっては、部内の統一と威信の維持がもっとも大きな関心事であったのである。

軍内部におけるこのような上下関係の結果生じたのは、政策決定における二重構造である。権力の事実上の源泉は、中堅ないし青年将校層であった。形式上の政策決定者はもはや自ら政策を決定することが出来なかった。しかし同時に、また事実上の政策決定者と形式上の政策決定者とは、相互に公然と政策決定権を主張し合うことはなく、いずれも現存の軍機構の保持存続を使命と考えていたから、新たな責任ある政策決定構造が成立する可能性はまったくなかった。さらに、このような新しい構造の発達を阻害していたのは、天皇の絶対的神聖と権威とであった。天皇への直結を誇っていた軍人としては、内部における立場の如何にかかわらず、この特権を主張し続けるためには現存する軍機構を保全しなければならないことを承知していたからである。権威や責任の概念の再評価を前提とする政策決定構造上の根本的変革は、天皇制の価値体系そのものを変更することなしには行われ得ないものであった。そしてかかる変更は、自我に目覚めた大衆の幅広い支持に基く運動があってのみはじめて達成し得るものであったろう(12)。

さらに陸軍内部の政策決定権を明確にすることを阻害した要因として挙げられるものに統帥権問題がある。「統帥権の独立」は、外部的圧力によって前述の二重権力構造を打破することを不可能にした。それに反し、軍部は内部の緊張を外部に向って発散させることが出来た。事実、あるいは軍中央部内、あるいは関東軍内、あるいは関東軍と軍中央部との間に、政治、政策、戦略上の種々の対立があったにもかかわらず、外部に対しては陸軍は常に統一体として行動したのである。たとえば十月事件や五・一五事件を処理するに際し軍上層部のとった態度を観察すると、彼らは公然と青年将校の主義・主張を擁護した結果、過激主義の脅威を利用して、外交政策の立案や後継内閣の組織に干与出来るほど軍部の支配範囲を拡げて行った。以上述べたように、組織としての軍部に対する忠誠が存在し、しかも軍に対して外部から効果的な圧力が欠けている状態のもとでは、軍部の支配範囲が全面的に拡大し続けるにつけ、軍内部において指導権の問題を徹底的に究明し解決する必要は減少したのであった。

陸軍部内の指導権問題をさらに曖昧にしたのは満州の現状であった。私は満州事変が軍内部に鬱積していた緊張を発散させたということを指摘しようとしているのではない。むしろここで注目すべきことは、満州事変中関東軍が政策を決定して行く過程において軍中央部の指示監督を受けなくてよい余地が非常に広く存在していたことである。軍中央部は、もっぱら軍事作戦の面で関東軍に対する命令支配を確立しようと努めた。本書において詳細に検討した北満経略をめぐる関東軍と軍中央部との論争は、当時の陸軍部内における深刻な対立や不信の程度を立証するものである。参謀総長が関東軍司令官の指揮下にあった軍隊に対する決定命令権を総長自身の下に移したことは、軍中央部の権限を関東軍に正式に示した顕著な例であった。また少なくとも三つの主要作戦において、すなわち昭和六年(一九三一年)九月のハルピン進出、一一月のチチハル占領および翌年一月の錦州攻撃において、軍中央部の行動阻止命令は関東軍の反対を押し切って実施された。

右に述べた如く、軍中央部は軍事作戦においては断固として指揮権を行使したが、関東軍の政治工作に対しては全く統制力を発揮することが出来なかった。このことは、いわゆる政治謀略と称せられる行為の本質によるところが大きいと思われる。政治謀略とは、不穏状態を引起したり、敵側の人員を味方に引入れたりする目的で行われる秘密活動のことである。そのような活動は秘密裡にいかがわしい手段を用いて行われるのが通常であり、必然的に少数の人々の裁量にゆだねられなければならない。政治謀略は、政治的に不安定なアジア諸地域における日本軍隊の常踏手段であった。関東軍はかかる政治謀略によって南満州に親日政権を樹立することを決定し、それが遂に満州国の建設にまで発展したのである。軍中央部は、軍事行動面で関東軍を制約したのと引換えにある程度の自由を政治謀略活動については容認せざるを得なかった。そしてひとたび謀略手段の行使が許されると、関東軍は軍事行動に訴えることなく、満州を実質的に支配することが出来たのである。軍中央部が関東軍に禁止し得たのは、彼らが公然と表面に立って政治活動に参加することだけであった。満州事変中、満州の地方指導者は、関東軍の支持を受けて相次いで独立を宣言した。それに対し、軍中央部や日本政府は、彼らを無視することは出来ても、到底彼らをその地位から取り除くことは出来なかった。満州国の建設は、関東軍の裏面工作の最大の産物であり、結局日本はそれに対し正式に態度の決定を迫まられる結果となったのである。

政治謀略が是認されている政治制度のもとでは、効果的でかつ責任ある政策決定は行われ得ない。たとえ日本において統帥権独立の問題が克服され、文民優位の原則が確立されたとしても、中央の統制の及ばない領域が広汎に存在するかぎり、政策の決定とその執行について政府ならびに軍当局が完全な主導権を確立することは出来なかったであろう。要するに、日本軍部はその行動の全領域を合理的な支配体制のもとにおいてはいなかったのである。上述の如く、中央の統制の及ばない領域が存在したため、権力をめぐって対立する諸勢力がそれぞれの立場を対決し合う必要性が減少し、それがまた統一された政策決定構造の発達を妨げたといえよう。かくして、満州事変以後に残されたものは、合理的で、一貫した外交政策を決定、実施することの出来ない「無責任の体制」だけだったのである。

注

第一章　満州における日本権益の擁護と拡大

（1）栗原健『対満蒙政策史の一面』、昭和四一年、四六ページ。
（2）鶴見祐輔『後藤新平』、昭和一三年、六七八ページ。
（3）国際連盟規約第一〇条。
（4）国際連盟規約第一一条。
（5）外務省編『日本外交年表並主要文書』下巻、昭和三〇年、一七ページ。（以下『日本外交年表』と省略）。
（6）陸軍省『我が満蒙発展の歴史と列国干渉の回顧』、昭和七年、三八ページ。
（7）大谷隼人（本名、石川信吾）『日本之危機』、昭和六年、一一〇ページ。
（8）山浦貫一『森恪』、昭和一六年、二一ページ、七五五ページ。
（9）幣原平和財団『幣原喜重郎』、昭和三〇年、三六五—三六七ページ、三七二—三七三ページ。
（10）前掲、三三一—三三二ページ。
（11）幣原の中国政策については、臼井勝美「幣原外交覚書」（『日本歴史』、昭和三三年一二月号）参照。
（12）重光葵『昭和の動乱』上巻、昭和二七年、四六ページ。

(13) 『日本外交年表』下巻、一〇五ページ。
(14) 前掲、一七二—一八〇ページ。
(15) 幣原平和財団『前掲書』、三二〇—三二一ページ。
(16) 『日本外交年表』下巻、一〇一—一〇二ページ。
(17) 臼井勝美「田中外交についての覚書」(『国際政治』昭和三五年一月号)、二六—二七ページ。
(18) 田中義一伝記刊行会『田中義一伝記』下巻、昭和三五年、六七四—六九一ページ。なお、森義彪「張作霖爆死と町野武馬」(『日本週報』昭和三二年三月二五日号)参照。
(19) 前掲、七四八—七四九ページ。
(20) 『日本外交年表』下巻、一〇二—一〇六ページ。
(21) 前掲、一一九ページ。
(22) 外務省「帝国ノ対支外交政策関係一件」、マイクロフィルム番号P. V. M. 32—33二一一—二二六ページ。
(23) 『日本外交年表』下巻、一一六ページ。
(24) 田中義一伝記刊行会『前掲書』、九四四—九四九ページ。
(25) 張作霖爆死以前の関東軍については、臼井勝美「張作霖爆死の真相」(『別冊知性—秘められた昭和史』、昭和三一年一二月号)参照。
(26) 田中の返信については、山浦は米国の圧力を挙げているが、臼井は列国からの圧力はなかったとしている。山浦『前掲書』、六四三ページ。臼井「張作霖爆死の真相」(『前掲書』)、三三ページ。

(27) 田中義一伝記刊行会『前掲書』九五〇―九五一ページ。

(28) 山浦『前掲書』、六四三ページ。

(29) 六、満蒙殊ニ東三省地方ニ関シテハ国防上並国民的生存ノ関係上重大ナル利害関係ヲ有スルヲ以テ我那トシテ特殊ノ考量ヲ要スルノミナラズ同地方ノ平和維持経済発展ニ依リ内外人安住ノ地タラシムルコトハ接壌ノ隣邦トシテ特ニ責務ヲ感セサルヲ得ス然リ而シテ満蒙南北ヲ通シテ均シク門戸開放機会均等ノ主義ニ依リ内外人ノ経済的活動ヲ促スコト同地方ノ平和的開発ヲ速カナラシムル所以ニシテ我既得権益ノ擁護乃至懸案ノ解決ニ関シテモ亦右ノ方針ニ則リ之ヲ処理スヘシ

七、（本項ハ公表セサルコト）

若夫レ東三省ノ政情安定ニ至テハ東三省人自身ノ努力ニ待ツヲ以テ最善ノ方策ト思考ス三省有力者ニシテ満蒙ニ於ケル我特殊地位ヲ尊重シ真面目ニ同地方ニ於ケル政情安定ノ方途ヲ講スルニ於テハ帝国政府ハ適宜之ヲ支持シヘシ

八、万一動乱満蒙ニ波及シ治安乱レテ同地方ニ於ケル我特殊ノ地位権益ニ対スル侵害起ルノ虞アルニ於テハ其ノ何レノ方面ヨリ来ルヲ問ハス之ヲ防護シ且内外人安住発展ノ地トシテ保持セラル様機ヲ逸セス適当ノ措置ニ出ツルノ覚悟アルヲ要ス

『日本外交年表』下巻、一〇二ページ。

(30) 前掲、二〇七―二〇八ページ。

(31) 土橋勇逸述、防衛庁防衛研修所戦史室資料。

(32) 斎藤恒の日記、昭和三年六月三日、臼井勝美「張作霖爆死の真相」(『前掲書』)、三四ページ。

(33) 山浦『前掲書』、二〇―二一ページ。
(34)『日本外交年表』、一六八―一七一ページ。
(35) 重光葵『外交回想録』、昭和二八年、八六―八七ページ。

第二章　国内危機と革新運動の発展

(1) 第一次大戦中、工場労働者は次のような増加を示した。

	大正三年	大正八年
工場労働者(男子)	四八万八〇〇〇	八六万五〇〇〇
(女子)	五九万八〇〇〇	九一万二〇〇〇
その他(男子)	七万〇〇〇〇	一〇万八〇〇〇
(女子)	三万二〇〇〇	二万八〇〇〇
合計	一一八万八〇〇〇	一九一万三〇〇〇

同時期に於て賃金値上と労働条件の改善を目的とするストライキならびにその参加者数は次のように増大した。

	大正三年	同四年	同五年	同六年	同七年	同八年
ストライキ	五〇	六四	一〇八	三九八	四一七	四九七
参加者	七九〇四	七八五二	八四一三	五万七三〇九	六万六四五七	六万三一三七

(2) 北一輝『日本改造法案大綱』、大正一一年、五ページ。

(3) 内務省警保局『出版物を通じて見たる五・一五事件』、昭和一一年、二五六―二五七ページ。
(4) 北『前掲書』、二二―三五ページ。
(5) 大川周明『日本及日本人の道』、昭和元年、一一八ページ。
(6) 北『前掲書』。
(7) 山本勝之助『日本を亡ぼしたもの』、昭和二四年、五五ページ。
(8) 北一輝『支那革命外史』、大正一〇年、一八五ページ。
(9) 前掲、二〇四ページ。
(10) 前掲、六六―六八ページ。
(11) 大川『前掲書』、五―七ページ。
(12) 山本『前掲書』、八六―八九ページ。
(13) 御手洗辰雄編『南次郎』、昭和三二年、一八二ページ。
(14) 北『日本改造法案大綱』前掲、一一〇ページ。
(15) 荒木貞夫『皇国の軍人精神』、昭和八年、二一〇―二一六ページ。
(16) 土橋勇逸、防衛庁防衛研修所戦史室資料。
(17) 陸軍省『北一輝著「日本改造法案大綱」の批判』、昭和一一年、一―二ページ。
(18) みすず書房編『現代史資料(4)―国家主義運動㈠』、昭和三八年、三七―三八ページ。
(19) 前掲、三八ページ。
(20) 田中清「所謂十月事件に関する手記」(『粛軍に関する意見書』)、一三八ページ。

(21) 前掲、一九〇—一九五ページ。
(22) 中野雅夫『橋本大佐の手記』、昭和三八年、五四ページ。
(23) 前掲、六〇—六二ページ。
(24) 前掲、七〇ページ。
(25) 宇垣一成『宇垣日記』、昭和二九年、一五四—一五七ページ。
(26) 前掲、四〇ページ。
(27) 中野『前掲書』、三五—三六ページ。
(28) 田中『前掲書』、一四七ページ。
(29) みすず書房『前掲書』、七八—八〇ページ。
(30) 山浦貫一『森恪』、昭和一六年、七六四ページ。
(31) 前掲、七七〇ページ。
(32) 松岡洋右『動く満蒙』、昭和六年、一一九ページ。

第三章　関東軍および在満日本人の満州問題解決策

(1) 満州青年連盟史刊行委員会『満州青年連盟史』、昭和八年、三八九ページ。
(2) 前掲、二七二—二七三ページ。
(3) 前掲、四六二ページ。
(4) 蠟山政道、横田喜三郎、松方義三郎、松本重治、山中篤太郎、浦松佐美太郎『満州問題解決案』、昭和七年、一八ページ。

（5）満州青年連盟史刊行委員会『前掲書』、六―七ページ。

（6）前掲、四六四ページ。

（7）前掲、一〇二ページ。

（8）前掲、一五七ページ。

（9）前掲、一〇三ページ。

（10）前掲、六五六―六五九ページ。

（11）金井章次談、昭和四〇年八月二〇日。

（12）満州青年連盟史刊行委員会『前掲書』、四〇四―四〇五ページ。

（13）前掲、四〇四ページ。

（14）満蒙独立運動については、栗原健編著『対満蒙政策史の一面』、昭和四一年、一三九―一六一ページ、Marius B. Jansen, *The Japanese and Sun Yat-Sen* (Cambridge, Harvard University Press, 1954) pp. 137–140、会田勉『川島浪速翁』、昭和一一年を参照。

（15）石原莞爾「満蒙問題私見」、昭和六年五月、板垣征四郎「満蒙問題ニ就テ」、昭和六年五月二九日。

（16）鈴木貞一談、昭和三五年七月九日。

（17）石原、前掲資料、板垣、前掲資料。

（18）石原、前掲資料。

(19) 片倉衷『満州建国の回想』上、昭和一六年、五ページ。
(20) 石原莞爾「戦争史大観」、昭和四年、「現在及将来ニ於ケル日本ノ国防」、昭和六年。
(21) 板垣征四郎「軍事上ヨリ観タル満蒙ニ就テ」、昭和六年。
(22) 関東軍参謀部調査班「満州占領地行政ノ研究」、昭和六年夏。
(23) 前掲。
(24) 前掲。
(25) 前掲。
(26) 石原「現在及将来ニ於ケル日本ノ国防」、前掲資料。
(27) 板垣「満蒙問題ニ就テ」、前掲資料。
(28) 前掲。
(29) 石原「満蒙問題私見」、前掲資料。
(30) 関東軍参謀部調査班、前掲資料。
(31) 石原「満蒙問題私見」、前掲資料、板垣「満蒙問題ニ就テ」、前掲資料。
(32) 関東軍参謀部調査班、前掲資料。
(33) 前掲。
(34) 前掲。
(35) 前掲。
(36) 前掲。

(37) 石原莞爾「対米戦争計画大綱」。
(38) 関東軍参謀部調査班、前掲資料。
(39) 石原「現在及将来ニ於ケル日本ノ国防」、前掲資料。
(40) 板垣「満蒙問題ニ就テ」、前掲資料。
(41) 前掲。
(42) 前掲。
(43) 前掲、石原「満蒙問題私見」、前掲資料。
(44) 石原「現在及将来ニ於ケル日本ノ国防」、前掲資料。
(45) 前掲。
(46) 石原「満蒙問題私見」、前掲資料。
(47) 石原「現在及将来ニ於ケル日本ノ国防」、前掲資料。
(48) 関東軍参謀部「情況判断ニ関スル意見」、昭和六年八月。
(49) 御手洗辰雄編『南次郎』、昭和三二年、二四二ページ。
(50) 片倉衷談、昭和三四年七月一八日。
(51) 関東軍参謀部「情況判断ニ関スル意見」、前掲資料。
(52) 石原「満蒙問題私見」、前掲資料、板垣「満蒙問題ニ就テ」、前掲資料。
(53) 満州青年連盟史刊行委員会『前掲書』、四七五ページ。

第四章　奉天事件と戦線の拡大

(1) みすず書房編『現代史資料(7)―満州事変』、昭和三九年、一六四ページ。
(2) 今村均の衛藤瀋吉に対する談話録音、昭和三三年一月一三日、近代中国研究委員会蔵。
(3) 根本博述、防衛庁防衛研修所戦史室資料。
(4) 中野雅夫『三人の放火者』、昭和三一年、三五―三六ページ。
(5) 根本博述、前掲資料。
(6) 前掲。
(7) 佐々木重蔵『日本軍事法制要綱』、昭和一四年、一四五―一四六ページ。
(8) 根本博述、前掲資料。
(9) 片倉衷談話記録、昭和二九年七月九日、七月二七日、八月九日、満蒙同胞援護会蔵。
(10) 朝日新聞、昭和六年八月五日社説「陸相の政談演説」。
(11) 御手洗辰雄編『南次郎』、昭和三二年、二二八ページ。
(12) 原田熊雄『西園寺公と政局』第二巻、昭和二五年、四三ページ。(以下『原田日記』と省略)
(13) 前掲、四六ページ。
(14) 石原莞爾「満蒙問題私見」、昭和六年五月。
(15) 田中清「所謂十月事件に関する手記」(『粛軍に関する意見書』)、一五八ページ。
(16) 「東京裁判を逃れた七通の機密文書」(『日本』昭和三五年一月号)、四五ページ。
(17) 『原田日記』、第二巻、五五ページ。

(18) 前掲、『木戸幸一日記』、昭和六年九月一〇日。
(19) 内大臣牧野伸顕宛昭和六年九月一一日付侍従長鈴木貫太郎手紙、牧野家文書、国会図書館蔵。
(20) 今村談話録音、前掲資料、御手洗『前掲書』、二五五ページ。
(21) 御手洗編、前掲。
(22) 花谷正談話記録、昭和二九年一〇月一四日、満蒙同胞援護会蔵。
(23) 「東京裁判を逃れた七通の機密文書」(『日本』昭和三五年一月号)、四六ページ。
(24) 前掲、山口重次『悲劇の将軍石原莞爾』、昭和二七年、一一三ページ、片倉談話記録、前掲資料。
(25) 田中隆吉証言、極東国際軍事裁判速記録第二五号。
(26) 今村談話録音、前掲資料。
(27) 『原田日記』第二巻、六一―六二ページ、今村談話録音、前掲資料。
(28) 関東軍参謀部総務課「満州事変機密政略日誌」、自昭和六年九月一八日至昭和七年三月九日、昭和六年九月一八日。(以下「片倉日誌」と省略)。片倉衷は、昭和五年八月関東軍参謀部に配属され、満州事変勃発後は、最年少の参謀として板垣を補佐し、電文の起草、記録報告書の作成にあたった。片倉の記録による「満州事変機密政略日誌」は、関東軍の半公式日誌であり、多くの重要資料を含んでいる。
(29) 前掲。
(30) 前掲。

(31) 片倉談話記録、前掲資料。
(32) 「片倉日誌」、昭和六年九月一九日。
(33) 前掲。
(34) 前掲。
(35) 『原田日記』第二巻、六四―六八ページ。
(36) 前掲。
(37) 今村談話録音、前掲資料。
(38) 『原田日記』第二巻、六四ページ。
(39) 『木戸幸一日記』、昭和六年九月一九日。
(40) 前掲。
(41) 『原田日記』第二巻、六六ページ。
(42) 前掲。
(43) 前掲、六八ページ。
(44) 「片倉日誌」、昭和六年九月一九日。
(45) 外務省編『日本外交年表並主要文書』下巻、昭和三〇年、一八〇ページ。(以下『日本外交年表』と省略)
(46) 前掲。
(47) 幣原外務大臣宛内田総裁、昭和六年九月二〇日着電、外務省「満州事変(支那兵ノ満鉄柳条溝

爆破ニ因ル日支衝突事件）」。（以下外務省「満州事変」と省略）
(48)『日本外交年表』下巻、一八一ページ。
(49)「片倉日誌」、昭和六年九月二二日。
(50)前掲、九月一九日。
(51)前掲。
(52)『日本外交年表』下巻、一八一ページ。
(53)幣原外務大臣宛塚本関東庁長官、昭和六年九月二二日着電、外務省「満州事変」。
(54)「片倉日誌」、昭和六年九月二〇日。
(55)前掲、九月二一日。
(56)石射猪太郎『外交官の一生』、昭和二五年、一八二ページ。
(57)みすず書房編『現代史資料(11)―続・満州事変』、昭和四〇年、五二七ページ。
(58)「片倉日誌」、昭和六年九月二〇日。
(59)前掲、九月二一日。
(60)今村談話録音、前掲資料。
(61)『原田日記』第二巻、七〇ページ。
(62)前掲、六五ページ。
(63)前掲。七一ページ。
(64)前掲。

(65) 前掲、八五ページ。
(66) 若槻礼次郎『古風庵回顧録』、昭和二五年、三七ページ。
(67) 前掲。
(68) 『木戸幸一日記』、昭和六年九月二二日。
(69) 「片倉日誌」、昭和六年九月二一日。
(70) 幣原外務大臣宛大橋ハルピン総領事、昭和六年九月二二日、二三日着電、外務省「満州事変」。
(71) 「片倉日誌」、九月二二日。
(72) 幣原外務大臣宛大橋ハルピン総領事、昭和六年九月二四日着電、外務省「満州事変」、「片倉日誌」、昭和六年九月二四日。
(73) 幣原外務大臣宛林奉天総領事、昭和六年九月二六日着電、外務省「満州事変」。
(74) 「片倉日誌」、九月二四日。
(75) 前掲。
(76) 前掲、九月二二日。
(77) 幣原外務大臣宛林奉天総領事、昭和六年九月二六日着電、外務省「満州事変」。
(78) 幣原外務大臣宛内田総裁、昭和六年九月二一日着電、前掲資料。
(79) 幣原外務大臣宛林奉天総領事、昭和六年九月二三日着電、前掲資料。
(80) 朝日新聞、昭和六年九月二二日社説「中外に声明するところあれ」。
(81) 外務省情報部「満州事変及上海関係公表集」、昭和九年、五—六ページ。

(82) Royal Institute of International Affairs, *Survey of International Affairs, 1931*, London: Oxford University Press, 1932, p. 483.

(83) 前掲、四八四ページ。

(84) 外務省亜細亜局第一課「日支事件ニ関スル交渉経過(聯盟及対米関係)」第一巻、二一ページ。(以下外務省「日支事件」と省略)

(85) 重光葵『外交回想録』、昭和二八年、一〇五ページ。

(86) 外務省「日支事件」第一巻、二一ページ。

(87) 連盟規約第十一条、戦争又ハ戦争ノ脅威ハ聯盟国ノ何レカニ直接ノ影響アルト否トヲ問ハス総テ聯盟全体ノ利害関係事項タルコトヲ茲ニ声明ス仍テ聯盟ハ国際ノ平和ヲ擁護スル為適当且有効ト認ムル措置ヲ執ルヘキモノトス此ノ種ノ事変発生シタルトキハ事務総長ハ何レカノ聯盟国ノ請求ニ基キ直ニ聯盟理事会ノ会議ヲ招集スヘシ

国際関係ニ影響スル一切ノ事態ニシテ国際ノ平和又ハ其ノ基盤タル各国間ノ良好ナル了解ヲ攪乱セムトスル処アルモノニ付聯盟総会又ハ聯盟理事会ノ注意ヲ喚起スルハ聯盟各国ノ友誼的権利ナルコトヲ併セテ茲ニ声明ス

(88) 外務省「日支事件」第一巻、一四九―一五〇ページ。

(89) 前掲、一五二ページ、一六〇ページ。

(90) 前掲、二五一ページ。

(91) 『日本外交年表』下巻、一八三―一八四ページ。

(92) 外務省「日支事件」第一巻、七三ページ、一二四ページ。

(93) 前掲、二七五―二七七ページ。

(94) 幣原外務大臣宛重光公使、昭和六年九月二四日着電、外務省「満州事変」。

(95) 外務省「日支事件」第一巻、二七五―二七六ページ。

(96) Charles Loch Mowat, *Britain between the Wars 1918–1940*, London: Methuen and Co., Ltd., 1955, p. 49.

(97) R. Basset, *Democracy and Foreign Policy-A Case History-the Sino-Japanese Dispute, 1931–1933*, London: Longmans. Green and Co., Ltd., 1952, p. 31.

(98) 前掲、三八ページ。

(99) Rohan Butler and others ed., *Documents on British Foreign Policy 1919–1939, Second Series, Volume IX, 1931–2*, London: Her Majesty's Stationery Office, 1965, p. 265.

(100) Richard N, Current, *Secretary Sitmson-A Study in Statecraft*, New Brunswick: Rutgers University Press, 1954, p. 72.

(101) 前掲、七三ページ。

(102) 前掲。

(103) 外務省「日支事件」第一巻、一五一―一五二ページ、一五九―一六二ページ。

(104) Current, op. cit., p. 75.

(105) 前掲。

(106) 前掲。

(107) Max Beloff *The Foreign Policy of Soviet Russia*, London: Oxford University Press, 1947, Vol. I, pp. 78-82.

(108) Rohan Butler and others ed., *Documents on British Foreign Policy 1919-1939, Second Series Volume, VIII 1929-1931*, London: Her Majesty's Stationery Office, 1960, p. 680.

(109) 前掲。

第五章　関東軍の満蒙問題解決策の変遷

（1）関東軍参謀部総務課「満州事変機密政略日誌」、自昭和六年九月一八日至昭和七年三月九日、昭和六年九月二〇日。（以下「片倉日誌」と省略）

（2）片倉衷談話記録、昭和二九年七月九日、七月二七日、八月九日、満蒙同胞援護会蔵。

（3）中野雅夫『三人の放火者』、昭和三一年、四三ページ。

（4）稲葉正夫談、防衛庁防衛研修所戦史室資料。

（5）前掲。

（6）「片倉日誌」、昭和六年九月二二日。

（7）前掲、九月二五日。

（8）前掲、九月二六日。

（9）前掲、九月二五日。

(10) 前掲、九月二六日。
(11) 前掲、九月二五日。
(12) 前掲。
(13) 前掲。
(14) 前掲。
(15) 前掲、九月二六日。
(16) 前掲。
(17) 前掲、九月二五日。
(18) 幣原外務大臣宛石射吉林総領事、昭和六年九月二六日着電、外務省「満州事変(支那兵ノ満鉄柳条溝爆破ニ因ル日支衝突事件)」。(以下外務省「満州事変」と省略)
(19) 石射猪太郎『外交官の一生』、昭和二五年、一八七ページ。
(20) 幣原外務大臣宛林奉天総領事、昭和六年九月二七日着電、外務省「満州事変」。
(21) 「片倉日誌」、昭和六年九月二五日。
(22) 前掲、九月二六日。
(23) 前掲。
(24) 前掲、九月二九日。
(25) 前掲。
(26) 原田熊雄『西園寺公と政局』第二巻、昭和二五年、七九ページ。(以下『原田日記』と省略)

(27)「片倉日誌」、昭和六年一〇月一三日。
(28)前掲。
(29)前掲、九月二八日。
(30)前掲、一〇月一三日。
(31)前掲、一〇月二日。
(32)前掲。
(33)前掲。
(34)前掲。
(35)前掲、一〇月三日。
(36)前掲。
(37)前掲、一〇月四日。
(38)朝日新聞、昭和六年一〇月六日社説「軍の自制にまつ」。
(39)「片倉日誌」、昭和六年一〇月一五日。
(40)外務省編『日本外交年表並主要文書』下巻、昭和三〇年、一八三ページ。（以下『日本外交年表』と省略）
(41)幣原外務大臣宛内田総裁、昭和六年九月二〇日着電、外務省、「満州事変」。
(42)青木新・青木敬次「内田康哉伝記」、外務省蔵。
(43)「片倉日誌」、昭和六年一〇月五日。

(44) 前掲。
(45) 前掲。
(46) 前掲、一〇月八日。
(47) 宇垣一成『宇垣日記』、昭和二九年、一五二ページ。
(48) 『原田日記』第二巻、九三ページ。
(49) 前掲、九六―九七ページ。
(50) 前掲、九九ページ。
(51) 青木新・青木敬次、前掲資料。
(52) 『木戸幸一日記』、昭和六年一〇月六日。
(53) 『原田日記』第二巻、九八ページ。
(54) 前掲。
(55) 金井章次談、昭和四〇年八月二〇日。
(56) 幣原外務大臣宛林奉天総領事、昭和六年九月二二日着電、外務省、「満州事変」。
(57) 「速カニ満蒙政権ノ確立ヲ要望及其他ニ就テ請願ノ件」、「満受大日記」第一巻、昭和六年九月二九日、マイクロフィルム番号 T 815(R 109 F 19329)。
(58) 上田統「在満同胞に代りて感謝と希望」(帝国在郷軍人会本部編『満蒙問題研究資料』第六輯、昭和七年二月号)、八五―九三ページ。
(59) 「片倉日誌」、昭和六年九月二五日。

(60) 外務省亜細亜局第一課「日支事件ニ関スル交渉経過(聯盟及対米関係)」第二巻、一二八―一二九ページ。(以下外務省「日支事件」と省略)
(61) 前掲、一二二ページ。
(62)『日本外交年表』下巻、一八三ページ。
(63) 外務省「日支事件」第二巻、一三〇ページ。
(64) 前掲、二八四ページ。
(65) Richard N. Current, *Secretary Stimson-A Study in Statecraft,* New Brunswick: Rutgers University Press, 1954, p. 76.
(66) 前掲。
(67) Royal Institute of International Affairs, *Survey of International affairs, 1931,* London: Oxford University Press, 1932, p. 486.
外務省「日支事件」第二巻、三五六―三五七ページ。
(68) 外務省「日支事件」第二巻、二四六ページ。
(69) 前掲、第三巻、五七五―五七六ページ。四〇〇―四〇一ページ、四一二―四一四ページ。
(70) Current, op. cit., p. 77.
(71) 前掲。
(72) 外務省「日支事件」第三巻、八二ページ。
(73) Current, op. cit., p. 77.

(74) 前掲、七八ページ。
(75) 『日本外交年表』下巻、一八三ページ。
(76) Royal Institute of International Affairs, op. cit., p. 495.
(77) 前掲、四九四ページ。
(78) 外務省「日支事件」第二巻、二六八―二七一ページ、四一七―四二一ページ。
(79) 『原田日記』第二巻、八四ページ。
(80) 朝日新聞、昭和六年一〇月二一日社説「支那とは何ぞや、理事会の錯覚」。
(81) 東京日日新聞、昭和六年一〇月二六日社説「正義の国日本、非理なる理事会」。

第六章　関東軍独立と十月事件

(1) 幣原外務大臣宛林奉天総領事、昭和六年一〇月八日着電、外務省「満州事変(支那兵ノ満鉄柳条溝爆破ニ因ル日支衝突事件)」。(以下外務省「満州事変」と省略)
(2) 前掲。
(3) 関東軍参謀部総務課「満州事変機密政略日誌」、自昭和六年九月一八日至昭和七年三月九日、昭和六年九月二八日、一〇月二日。(以下「片倉日誌」と省略)
(4) 前掲、一〇月一八日。
(5) 前掲、一〇月一五日。
(6) 前掲、一〇月一一日。

(7) 前掲。
(8) 前掲、一〇月一八日。
(9) 前掲。
(10) 前掲、一〇月一九日。
(11) 前掲。
(12) 関参第七七四号電、昭和六年一〇月一九日、次長、次官、本部長、総務部長、軍務局長、建川少将、軍事課長宛、参謀部。
(13) 「片倉日誌」、昭和六年一〇月一九日。
(14) 前掲、一〇月二〇日。
(15) 今村均の衛藤瀋吉に対する談話録音、昭和三三年一月一二日、近代中国研究委員会蔵。
(16) 原田熊雄『西園寺公と政局』別巻、昭和三一年、三五八ページ。（以下『原田日記』と省略）
(17) 田中隆吉証言、極東国際軍事裁判速記録、第二六号。
(18) 片倉衷談、昭和三四年五月三〇日。
(19) 「片倉日誌」、昭和六年一〇月二日。
(20) 『原田日記』第二巻、七七ページ。
(21) 「片倉日誌」、昭和六年九月二六日。
(22) 『原田日記』第二巻、九一ページ。
『木戸幸一日記』、昭和六年一〇月一日、七日。

(23) 『木戸幸一日記』、昭和六年一〇月一四日。
(24) 『原田日記』別巻、三五五―三五六ページ。
(25) 『原田日記』第二巻、八八ページ。
(26) 『木戸幸一日記』、昭和六年一〇月一七日。
(27) 『原田日記』第二巻、一〇〇ページ。
『木戸幸一日記』、昭和六年一〇月二日。
(28) 田中清「所謂十月事件に関する手記」(『粛軍に関する意見書』)、一七一ページ。
(29) 前掲、一六〇ページ。
(30) 前掲、一八三ページ。
(31) 前掲、一八一ページ。
(32) 前掲、一七六ページ。
(33) 今村談話録音、前掲資料。
(34) 田中清、前掲資料、一六三―一六四ページ。
(35) 稲葉正夫談、防衛庁防衛研修所戦史室資料。
(36) 田中清、前掲資料、一六三―一六四ページ、一七三ページ。
(37) 「片倉日誌」、昭和六年九月二六日、一〇月一一日。
(38) 山口重次『悲劇の将軍石原莞爾』、昭和二七年、一六一ページ。
(39) 田中清、前掲資料、一五八ページ。

(40) 田中隆吉証言、極東国際軍事裁判速記録、第二六号。
(41) 今村談話録音、前掲資料。
(42) 「片倉日誌」、昭和六年一〇月一八日。
(43) 今村談話録音、前掲資料。
(44) 田中清、前掲資料、一七九ページ。
(45) 中野雅夫『三人の放火者』、昭和三一年、一四〇―一四一ページ。
(46) 「片倉日誌」、昭和六年一〇月二〇日。
(47) 中野『前掲書』、一四二ページ。
(48) 『原田日記』第二巻、一〇七ページ。
(49) 若槻礼次郎『古風庵回顧録』、昭和二五年、三八三―三八四ページ。
(50) 『原田日記』第二巻、九七―九八ページ。
(51) 前掲、一二九ページ。
(52) 前掲、一三八ページ。
(53) 「片倉日誌」、昭和六年一〇月二三日。
(54) 前掲。
(55) 前掲、一〇月三一日。
(56) 前掲、一〇月二三日。
(57) 前掲、一〇月二五日。

(58) 前掲、一一月七日。

(59) 前掲。

(60) 前掲、一〇月二六日。

(61) 『原田日記』第二巻、資料四八五ページ。

(62) 外務省編『日本外交年表並主要文書』下巻、昭和三〇年、一八五ページ。(以下『日本外交年表』と省略)

(63) 前掲、一八六ページ。

(64) 外務省亜細亜局第一課「日支事件ニ関スル交渉経過(聯盟及対米関係)」第四巻、三一―三四ページ。(以下外務省「日支事件」と省略)

(65) 前掲、三五―三六ページ。

(66) 前掲、一一一―一一二ページ。

(67) 前掲、六四八―六四九ページ。

(68) 幣原外務大臣宛林奉天総領事、昭和六年一〇月二〇日着電、外務省「満州事変」。

(69) 外務省「日支事件」第四巻、六二三―六二九ページ。

(70) 前掲、六五六―六五八ページ。

(71) Richard N. Current, *Secretary Stimson-A Study in Statecraft*, New Brunswick: Rutgers University Press, 1954, p. 70.

(72) 前掲、七三ページ。

（73）宇垣一成『宇垣日記』、昭和二九年、一六〇ページ。

第七章　北満攻略論争

（1）関東軍参謀部総務課「満州事変機密政略日誌」、自昭和六年九月一八日至昭和七年三月九日、昭和六年一一月二日。（以下「片倉日誌」と省略）
（2）前掲。
（3）前掲、一一月八日。
（4）前掲、一一月二日。
（5）前掲、一一月三日。
（6）前掲、一一月四日。
（7）前掲、一一月五日。
（8）前掲。
（9）前掲。
（10）前掲、一一月六日。
（11）前掲。
（12）外務省亜細亜局第一課「日支事件ニ関スル交渉経過（聯盟及対米関係）」第一巻、二七八ページ。（以下外務省「日支事件」と省略）
（13）前掲、第五巻、一三六―一四六ページ。

(14) 原田熊雄『西園寺公と政局』第二巻、昭和二五年、八四ページ。(以下『原田日記』と省略)
(15) 外務省「日支事件」、五二三—五二四ページ。
(16) 「片倉日誌」、昭和六年一一月七日。
(17) 前掲、一〇月三一日、一一月一五日。
(18) 前掲、一〇月三一日。
(19) 前掲。
(20) 前掲、一一月六日。
(21) 前掲。
(22) 前掲、一一月一一日。
(23) 前掲。
(24) 前掲、一一月一三日。
(25) 幣原外務大臣宛林奉天総領事、昭和六年一一月一一日着電、外務省「満州事変(支那兵ノ満鉄柳条溝爆破ニ因ル日支衝突事件)」。(以下外務省「満州事変」と省略)
(26) 「片倉日誌」、昭和六年一一月一三日。
(27) 前掲、一一月一九日。
(28) 『原田日記』第二巻、一三四—一三五ページ。
(29) 「片倉日誌」、昭和六年一一月二四日。
(30) 前掲、一一月二五日。

(31) 前掲、一一月一四日。
(32) 前掲、一一月二六日。
(33) 前掲。
(34) 前掲。
(35) 前掲、一一月一六日。
(36) 前掲、一一月二〇日。昭和七年一月四日。
(37) 前掲、昭和六年一一月一二日。
(38) 前掲。
(39) 前掲、一二月八日。
(40) 前掲、一二月一二日。
(41) 前掲、昭和七年一月四日。
(42) 外務省「日支事件」第五巻、二九九―三〇一ページ。
(43) 「片倉日誌」、昭和六年一〇月一日。
(44) 前掲、一一月九日。
(45) 前掲、一一月四日。
(46) 前掲、一二月一一日。
(47) 前掲、一一月二六日。
(48) 外務省「日支事件」第五巻、二八三―二八四ページ、三六四―三六六ページ。

(49) 前掲、五四三―五四四ページ。
(50) 前掲、三六八ページ。
(51) 幣原喜重郎『外交五十年』、昭和二六年、一七八ページ。
(52) 前掲。若槻礼次郎『古風庵回顧録』、昭和二五年、三八〇ページ。
(53) 「片倉日誌」、昭和六年一一月二七日。
(54) 前掲。
(55) 前掲。
(56) 前掲、一一月二八日。
(57) 前掲。
(58) Richard N. Current, *Secretary Stimson-A Study in Statecraft*, New Brunswick: Rutgers University Press, 1954, p. 80.
(59) 前掲、八四ページ。
(60) 前掲、八三ページ。
(61) 外務省「日支事件」第二巻、二六五ページ、一八二―一八三ページ。
(62) 幣原外務大臣宛林奉天総領事、昭和六年一〇月二九日着電、外務省、「満州事変」。
(63) Royal Institute of International Affairs, *Survey of International Affairs, 1931*, London: Oxford University Press, 1932, p. 501.
(64) 外務省「日支事件」第五巻、二三〇ページ、三三〇ページ。

(65) 前掲、三八七ページ。
(66) 幣原平和財団『幣原喜重郎』、昭和三〇年、四八三ページ。
(67) 外務省編『日本外交年表並主要文書』下巻、昭和三〇年、一九二ページ。
(68) 「片倉日誌」、昭和六年一二月二六日。
(69) 前掲、一二月二七日。

第八章　関東軍と満州国の独立

(1) 関東軍参謀部総務課「満州事変機密政略日誌」、自昭和六年九月一八日至昭和七年三月九日、昭和六年一〇月九日。（以下「片倉日誌」と省略）
(2) 前掲。
(3) 金井章次談、昭和四〇年八月二〇日。
(4) 守田福松「于沖漢の出廬と其政見」、昭和六年一一月二三日。
(5) 関東軍参謀部「地方県市自治指導ニ関スル書類送付ノ件」、満受大日記第一巻、昭和六年一二月二一日、マイクロフィルム番号T 8 16(R 109 F 19335)
(6) 幣原外務大臣宛林奉天総領事、昭和六年一〇月二三日着電、外務省「満州事変(支那兵ノ満鉄柳条溝爆破ニ因ル日支衝突事件)」。
(7) 愛親覚羅・溥儀『わが半生』上巻、昭和四〇年、二六一―二六七ページ。
(8) 駒井徳三『大陸への悲願』、昭和二七年、二二八ページ。

(9)「片倉日誌」、昭和六年九月二九日。
(10) 御手洗辰雄編『南次郎』、昭和三二年、二八七―二八八ページ。
(11) 金井章次「東北自由国建設綱領」、昭和六年一〇月二三日。金井は、本綱領は「満蒙自由国建設綱領」とするべきであると述べた。金井章次談、昭和四〇年八月二〇日。
(12)「片倉日誌」、昭和六年一〇月二一日。
(13) 前掲、一一月七日。
(14) 前掲。
(15) 前掲、一〇月二一日。
(16) 前掲、一〇月二一日。
(17) 関東軍参謀部「事変直後ヨリ統治部設立迄ノ参謀部第三課ノ事務概況」、昭和六年一二月一八日。
(18)「片倉日誌」、昭和六年一〇月二一日。
(19) 前掲、昭和七年一月二二日。
(20) 関東軍参謀部「事変直後ヨリ統治部設立迄ノ参謀部第三課ノ事務概況」、前掲資料。
(21) 前掲。
(22)「片倉日誌」、昭和六年一一月七日。
(23) 前掲。
(24) 前掲、九月二三日。

(25) 前掲、一〇月二日。
(26) 前掲、一〇月二一日、一一月七日。
(27) 前掲、昭和七年三月九日。
(28) 片倉衷『満州建国の回想』下巻、昭和一六年、二四ページ。
(29) 「片倉日誌」、昭和七年一月三日。
(30) 前掲、昭和六年一一月七日。
(31) 片倉衷談、昭和三四年六月一三日。
(32) 片倉『前掲書』、二〇―二一ページ。
(33) 「片倉日誌」、昭和七年三月九日。
(34) 前掲、昭和六年一〇月二一日、一一月七日。
(35) 前掲、一一月七日。
(36) 前掲、一二月九日。
(37) みすず書房編『現代史資料(11)―続・満州事変』、昭和四〇年、六三六―六三九ページ。
(38) 「片倉日誌」、昭和七年一月二八日。
(39) 前掲。
(40) 前掲。
(41) 前掲。
(42) 前掲、昭和六年一二月三日。

(43) 前掲、一二月五日。
(44) 外務省編『日本外交年表並主要文書』下巻、昭和三〇年、二一七ページ。（以下『日本外交年表』と省略）
(45) 「片倉日誌」、昭和七年二月五日、二月八日、二月九日、二月一一日。
(46) 前掲、二月二日。
(47) 片倉衷談話記録、昭和二九年七月九日、七月二七日、八月九日、満蒙同胞援護会蔵。
(48) 「片倉日誌」、昭和七年二月二四日。
(49) 『日本外交年表』下巻、一九八ページ。
(50) 『木戸幸一日記』、昭和六年一〇月一五日。
(51) 前掲、一一月一七日。

第九章　満州事変と政党政治の終末

(1) 外務省情報部「満州事変及上海事件関係公表集」、昭和九年一月、九七―九九ページ。
(2) 原田熊雄『西園寺公と政局』第二巻、昭和二五年、一六〇ページ。（以下『原田日記』と省略）
(3) 『木戸幸一日記』、昭和六年一二月一二日。
(4) 中野雅夫『三人の放火者』、昭和三一年、一七一―一七二ページ。
(5) 『原田日記』第二巻、一六三―一六四ページ。
(6) 古島一雄『一老政治家の回想』、昭和二六年、二六五―二六六ページ。

（7）上原勇作宛昭和七年二月一五日付犬養毅の書簡。
（8）犬養健「山本条太郎と犬養毅、森恪」（『新文明』、昭和三五年七月号）。
（9）古島『前掲書』、二六五―二六六ページ。
（10）山浦貫一編『森恪――東亜新体制の先駆』、昭和一六年、七〇〇―七〇一ページ。
（11）古島『前掲書』、二六六ページ。
（12）芳澤謙吉『外交六十年』、昭和三三年、一四二ページ。
（13）関東軍参謀部総務課「満州事変機密政略日誌」、自昭和六年九月一八日至昭和七年三月九日、昭和七年一月四日。（以下「片倉日誌」と省略）
（14）前掲。
（15）前掲、一月一三日。
（16）前掲。
（17）前掲。
（18）前掲。
（19）前掲。
（20）前掲。
（21）外務省編『日本外交年表並主要文書』下巻、昭和三〇年、二〇四―二〇五ページ。
（22）外務省亜細亜局第一課「日支事件ニ関スル交渉経過(聯盟及対米関係)」第七巻、四九二―四九四ページ。（以下外務省「日支事件」と省略）

(23) 前掲、六九一―六九二ページ。
(24) Royal Institute of International Affairs, *Survey of International Affairs, 1932*, London: Oxford University Press, 1933, p. 566.
(25) Rohan Butler and others ed., *Documents on British Foreign Policy 1919-1939*, Second Series, Vol, IX 1931-1932, London: Her Majesty's Stationery Office, 1965, pp. 265 f.
(26) 前掲、二八一ページ。
(27) Royal Institute of International Affairs, op. cit., pp. 540-541.
(28) Rappaport, Armin, *Hcnry L. Stimson and Japan 1931-1933*, Chicago: University of Chicago Press, 1963, pp. 114-119.
(29) Royal Institute of International Affairs, op. cit., pp. 578-579.
(30) 外務省「日支事件」第九巻、七ページ。
(31) 朝日新聞、昭和六年九月二〇日社説「権益擁護は厳粛」。
(32) 内務省警保局「満州事変を中心とする反戦反軍運動の状況並其の取締状況」、昭和七年二月、マイクロ・フイルム番号 T 1429(R 205 F 71417)。
(33) 加田哲二『日本国家主義批判』、昭和七年、一四四―一四五ページ。
(34) 協調会労働課『国家主義運動の現勢』、昭和一一年、二三―二七ページ。
(35) 津久井龍雄『日本的社会主義の提唱』、昭和七年、八〇ページ。
(36) 『木戸幸一日記』、昭和七年三月九日。

(37)『原田日記』第二巻、二二八ページ。
(38)前掲、二二七―二二八ページ、二三〇―二三七ページ。
(39)前掲、二二八ページ。
(40)『木戸幸一日記』、昭和七年二月一九日。
(41)『原田日記』第二巻、二二八ページ。
(42)前掲、二三一ページ。
(43)『木戸幸一日記』、昭和七年二月二六日。
(44)『原田日記』第二巻、二三八ページ。
(45)『木戸幸一日記』、昭和七年三月一日。
(46)「片倉日誌」、昭和七年二月一九日。
(47)前掲、一月四日。
(48)山本条太郎伝記編纂会『山本条太郎』、昭和一七年、八二九ページ。
(49)『原田日記』第二巻、二六八ページ。
(50)『木戸幸一日記』、昭和七年四月一三日。
(51)上原勇作宛昭和七年二月一五日付犬養毅の書簡。
(52)古島『前掲書』、二七〇ページ。
芳澤『前掲書』。
(53)前掲。

(54)『木戸幸一日記』、昭和七年二月四日、五日。
(55)『原田日記』第二巻、二〇六—二〇七ページ。
(56)前掲、二三二ページ。
(57)前掲、四二〇—四二一ページ。
(58)上原勇作宛昭和七年二月一五日付犬養毅の書簡。
(59)『木戸幸一日記』、昭和七年五月一七日。
山浦『前掲書』、七九四ページ。
(60)鷲尾義直編『犬養木堂伝』中巻、昭和一四年、九五三—九五四ページ。
(61)前掲。
(62)前掲。
(63)福岡日日新聞、昭和七年五月一七日社説「敢て国民の覚悟を促す」。
(64)内務省警保局「出版物ヲ通ジテ見タル五・一五事件」(出版警察資料第七輯)、昭和一一年、三五ページ。
(65)前掲、九ページ。
(66)『原田日記』第三巻、一三一—一三三ページ。
(67)内務省警保局「出版物ヲ通ジテ見タル五・一五事件」、前掲資料、七四—七五ページ。
(68)『木戸幸一日記』、昭和八年一〇月一二日。

(69) 前掲、昭和七年五月一七日。
(70) 前掲。
(71) 山浦貫一『森恪は生きて居る』、昭和一六年、二七―二八ページ。
(72)『木戸幸一日記』、昭和七年五月一九日。
(73) 前掲、五月二一日。
(74)『原田日記』第二巻、二八九ページ。
(75) 前掲、二九五―二九六ページ。

第十章　満州事変と外交政策の転換

(1) 朝日新聞、昭和七年三月九日社説「満州国の建国式―日本の根本策を決定せよ」。
(2) 朝日新聞、昭和七年五月五日社説「満州国承認について」。
(3) 外務省亜細亜局第一課「日支事件ニ関スル交渉経過(聯盟及対米関係)」第一〇巻上、二五二―二五四ページ。(以下外務省「日支事件」と省略)
(4) 青木新・青木敬次「内田康哉伝記」、外務省蔵。原田熊雄『西園寺公と政局』第二巻、昭和二五年、三一三ページ。(以下『原田日記』と省略)
(5) 前掲、昭和七年五月一八日、内田メモ。
(6) 外務省「日支事件」第一〇巻上、二九五ページ。
(7) 前掲、三〇二―三〇三ページ。

(8)『木戸幸一日記』、昭和七年七月一四日。
(9)山浦貫一『森恪』、昭和一六年、八二七ページ。
(10)前掲。
(11)前掲、八三一ページ。
(12)外務省編『日本外交年表並主要文書』下巻、昭和三〇年、二〇四ページ。(以下『日本外交年表』と省略)
(13)前掲、二〇六ページ。
(14)前掲。
(15)㈠我方ニ於テハ規約第十五条ハ日支事件ニ適用アルヘキモノニ非ストノ異議ヲ引続キ明確ニ留保シ置クコト
㈡満州事件ニ関シ総会カ九月三十日及十二月十日ノ理事会決議ノ範囲内ニ於テ原則的決議ヲ為スニ止ル間ハ前回総会ニ於ケル上海事件審議ノ際我方カ第十五条適用ニ関スル留保ヲナシツツモ聯盟側ト誠意ヲ以テ協力セルト同一ノ態度ヲ以テ之ニ臨ミ我方ノ意向措置振等ニ付然ルヘク説明ヲ与フルコト
㈢総会カ右範囲以上ニ出テ苟モ具体的ニ我方ノ行動ヲ束縛スルカ如キ決議ヲ為サムトスル場合ニハ我方トシテ投票不参加ノ態度ヲ執ルコトナク事態ノ真相ト我立場ヲ率直且充分ニ説明スルト同時ニ政治上ノ重大意義ヲ有スル我代表ノ総会引揚ヲ断行シ爾後我方ハ聯盟カ正道ニ立戻ルヲ待チツツ自ラ正シト信スル所ニ向テ進ムコト

外務省「日支事件」九巻、二〇〇―二〇一ページ。
(16)『日本外交年表』、二〇七ページ。
(17) 前掲、二一五ページ。
(18) 板垣征四郎「情勢判断」、昭和七年四月又は五月。
(19)『原田日記』第二巻、三四〇ページ。
(20)『日本外交年表』、二〇七ページ。
(21) 前掲、二〇八ページ。
(22) 前掲。
(23) 陸軍省調査班「満州事変に対する列強の態度」、昭和七年、二五―二七ページ。
(24) 前掲、二九ページ。
(25) 板垣、前掲資料。
(26) 陸軍省調査班前掲資料、三一ページ。
(27)『日本外交年表』、二〇九ページ。
(28) 前掲。
(29) 外務省「日支事件」第一〇巻、五〇六―五〇九ページ。
(30)『原田日記』第二巻、三八九―三九一ページ。
(31)『日本外交年表』、二〇九ページ。
(32) 板垣、前掲資料。

(33)『日本外交年表』、二〇九ページ。
(34)板垣、前掲資料。
(35)『日本外交年表』、二〇九ページ。
(36)前掲。
(37)板垣、前掲資料。
(38)前掲。
(39)『日本外交年表』、二〇九ページ。
(40)前掲、二一〇ページ。
(41)板垣、前掲資料。
(42)『原田日記』第二巻、三六七ページ、四一九ページ、四二九ページ、第三巻、三八―三九ページ。

荒木は日ソ不可侵条約の締結に軍が反対した一つの理由は、その結果予算が削減されることを予想したからであると述べている。神川彦松、「大正・昭和における政治と軍事の外交史的考察」(防衛研修所、『明治・大正・昭和における政治と軍事に関する歴史的考察』、研修資料別冊、第一三二号)。
(43)板垣、前掲資料。
(44)日本共産党史資料委員会『日本問題に関する方針書、決議集』、昭和二五年、七五ページ。
(45)『原田日記』第三巻、一〇九ページ。

(46)　外務省「日支事件」第一〇巻下、九九五―九九八ページ。

(47)　板垣、前掲資料。

(48)　外務省情報部「満州事変及上海事件関係公表集」、昭和九年一月、一四七―一四八ページ。

(49)　中国は「組織ある国家」ではないとする主張は、本省から訓令された昭和六年一一月一四日の理事会における芳澤代表の演説草稿の中にすでにみられた。この演説は実際には行われなかったが、その後日本代表は本省に対し右の主張を支持するような資料を国際連盟調査団に提出するよう勧告した。朝日新聞昭和六年一〇月二一日の社説も、中国が「組織ある国家」を形成しているかを疑問としている。これらの資料は、中国は「組織ある国家」でないという議論は広く日本で用いられたものであり、ロンドン・タイムスの昭和七年一月一一日の社説がスチムソンの非難するように日本にとって好都合な外交的武器を与えたものではない、とするバセットの見解を支持するものである。R. Basset, *Democracy and Foreign Policy-A Case History of the Sino-Japanese Dispute, 1931–1933*, London: Longman, Green and Co. Ltd., 1952, pp. 91-94.

(50)　『木戸幸一日記』、昭和七年一月二一日、二月八日。

(51)　*The Report of the Commission of Enquiry of the League of Nations into the Sino-Japanese Dispute*, 1932, p. 142.

(52)　前掲、一九八ページ。

(53)　前掲、二六六ページ。

(54)　前掲、二七八ページ。

(55) 前掲、二七三ページ。
(56) 前掲、二八二ページ。
(57) 前掲、二八四ページ。
(58) 前掲。
(59) 外務省「日支事件」第一〇巻下、九八〇―九八一ページ。
(60) 前掲、九八〇―九八二ページ。
(61) 昭和七年三月一一日上海事件討議のため招集された国際連盟特別総会は、停戦を斡旋するため上海に利害関係をもつ十九国の代表から成る委員会を任命した。一〇月九日、十九人委員会はさらにリットン報告を検討し、それに基いて日中紛争の解決を提案する任務を与えられた。
(62) 『日本外交年表』、二六二―二六四ページ。
(63) 『原田日記』第三巻、一四ページ。
(64) 前掲、第二巻、三六六ページ。
(65) 前掲、第三巻、一五ページ。
(66) 連盟規約第十五条第三項
聯盟理事会ハ紛争ノ解決ニ力ムヘク其ノ努力効ヲ奏シタルトキハ其ノ適当ト認ムル所ニ依リ当該紛争ニ関スル事実及説明並其ノ解決条件ヲ記載セル調書ヲ公表スヘシ
(67) 連盟規約第十五条第四項
紛争解決ニ至ラサルトキハ聯盟理事会ハ全会一致又ハ過半数ノ表決ニ基キ当該紛争ノ事実ヲ述ヘ

公正且適当ト認ムル勧告ヲ載セタル報告書ヲ作成シ之ヲ公表スヘシ
(68)『原田日記』第三巻、一〇ページ。
(69)前掲、二六ページ。
(70)『木戸幸一日記』、昭和八年三月八日、三月二四日。
(71)前掲、三月二七日。

結論

(1)関東軍参謀部調査班「満州占領地行政ノ研究」昭和六年夏。
(2)前掲。
(3)関東軍参謀部総務課「満州事変機密政略日誌」、自昭和六年九月一八日至昭和七年三月九日、昭和七年一月一三日。(以下「片倉日誌」と省略)。
(4)前掲、一月四日。
(5)丸山眞男『現代政治の思想と行動』上巻、昭和三一年、七五ページ。
(6)「片倉日誌」、昭和六年九月二六日。
(7)前掲、一〇月一三日。
(8)前掲、一〇月二日。
(9)「桜会趣意書」(『粛軍に関する意見書』)。
(10)関参第七七四号電、昭和六年一〇月一九日、次長、次官、本部長、総務部長、軍務局長、建川少将、軍事課長宛、参謀部。

(11)「片倉日誌」、昭和六年一〇月一九日。

(12) 丸山『前掲書』、一一二—一一三ページ参照。

文献目録

一　公文書

〔政府関係〕

一　外務省

『日本外交年表並主要文書、一九二一—一九四五』下巻、昭和三〇年
外務省情報部「満州事変及上海事件関係公表集」、昭和九年一月
「帝国ノ対支外交政策関係一件」、昭和二年四月—昭和一二月七月、PVM 32
「張作霖爆死事件」、昭和三年六月—昭和七年五月、PVM 58
「東方会議関係一件」、昭和二年五月—七月、PVM 41
「支那兵ノ満鉄柳条溝爆破ニ因ル日支軍衝突事件」、A・1・1・0・21
「満州事変勃発当時ヨリ満州建国ニ至ル迄ノ在奉天林総領事発外務大臣宛電信」、昭和六年九月—昭和七年三月、VD 75, IPS Doc. No. 1767
外務省亜細亜局第一課「日支事件ニ関スル交渉経過（連盟及対米関係）」、昭和六年九月一八日—昭和八年三月二七日

二　内務省

内務省警保局「出版物ヲ通ジテ見タル五・一五事件」(出版警察資料第七輯)、昭和一一年
内務省警保局「満州事変ヲ中心トスル反戦反軍運動ノ情況並ソノ取締」、昭和七年二月

〔軍関係〕

一　参謀本部

「満州ヲ繞ル国際戦」、昭和六年三月

二　陸軍省

陸軍省官房「我が満蒙発展の歴史と列国干渉の回顧」、昭和七年七月
陸軍省調査班「満州事変に対する列強の態度」、国防思想普及参考資料(第六号)、昭和七年七月
陸軍省新聞班「国防ノ本義ト其強化ノ提唱」、昭和九年
陸軍省、調査彙報第三五号「国内思想(社会)運動概観」其一、昭和九年
陸軍省、調査彙報号外「五・一五事件陸軍軍法会議公判記事」、昭和八年
陸軍省、調査彙報第五拾号「北一輝著『日本改造法案大綱』の批判」、昭和一一年

三　関東軍

関東軍参謀部調査班『満州占領地行政ノ研究』、昭和六年
「最近四年間ニ於ケル満蒙関係事件一覧表」、自昭和二年一月至昭和五年一二月
「情況判断ニ関スル意見」、昭和六年八月、(関東軍参謀部の中央意見批判)昭和六年参謀本部第二部作成のものに対する批判
「満蒙問題解決ノ根本方策」、昭和六年一〇月二四日
「事変直後ヨリ統治部設立迄ノ参謀部第三課ノ事務概況」、昭和六年一二月一八日
「情勢判断」、昭和七年春（板垣の草稿）
次長、次官、本部長、総務部長、軍務局長、建川少将、軍事課長宛一〇月一九日付参課部発電信(関参七七四)
「対満州国根本観念確立ノ要ニ就テ」、昭和九年五月九日
「協和会ノ根本精神ニ就テ」
「満州帝国協和会ニ就テ」、昭和一二年一月九日
「満州ノ内面指導ニ就テ」、昭和一二年四月二二日
「地方、県、市自治指導ニ関スル書類送付ノ件「満受大日記」第一巻、昭和六年一二月
在奉天日本人居留民会「速カニ満蒙政権ノ確立ヲ要望及其他ニ就テ請願ノ件」、昭和六年九月、「満受大日記」第一巻、昭和七年

四　海軍省

海軍省軍事普及部「日露戦後ノ実績ニ鑑ミテ―国際現勢ト帝国海軍」、昭和一一年五月

五　防衛庁

防衛研修所「明治・大正・昭和における政治と軍事に関する歴史的考察」、研修資料別冊第一三二号

二　その他資料

日　誌

関東軍参謀部総務課「満州事変機密政略日誌」其一―其五、昭和六年九月一八日―昭和七年三月九日

書　簡

内大臣牧野伸顕宛昭和六年九月一一日付侍従長鈴木貫太郎手紙、牧野家文書、国会図書館蔵
上原勇作宛昭和七年二月一五日付犬養毅手紙、芳澤謙吉蔵

意見書

石原莞爾「戦争史大観」、昭和四年七月
石原莞爾「対米戦争計画大綱」、昭和六年四月
石原莞爾「現在及将来ニ於ケル日本ノ国防」、昭和六年四月
石原莞爾「満蒙問題私見」、昭和六年五月
板垣征四郎「軍事上ヨリ観タル満蒙ニ就テ」、昭和六年三月
板垣征四郎「満蒙問題ニ就テ」、昭和六年五月二九日
河本大作「満蒙対策ノ基調」、昭和四年一月
守田福松「于冲漢ノ出廬ト其政見」、昭和六年一一月二二日
西田税「普ク在郷軍人諸公ニ檄ス」、大正一五年五月、荒木貞夫蔵
蠟山政道・横田喜三郎・松方義三郎・松本重治・山中篤太郎・浦松佐美太郎「満州問題解決案」、昭和七年六月一六日
田中清「所謂十月事件ニ関スル手記」(『粛軍ニ関スル意見書』)
著者不明「対満蒙措置促進ノ儀」、荒木貞夫蔵、出所時機不明なるも少壮軍人より昭和七年初提出されたものと思わる。
佐多弘治郎「科学的ニ満蒙対策ヲ観ル」、昭和六年一月二四日　於旅順講演要旨

その他

みすず書房編

『現代史資料(4)―国家主義運動(一)』、昭和三八年
『現代史資料(7)―満州事変』、昭和三九年
『現代史資料(11)―続・満州事変』、昭和四〇年
極東軍事裁判
「極東軍事裁判検事側書証」
外務省記録「極東国際軍事裁判関係一件」、裁判速記録(和文)、自第一号至第五〇号、第一巻

三　伝記、回想録、参考書

会田勉『川島浪速翁』文粋閣、昭和一一年
愛新覚羅・溥儀『わが半生』上・下、株式会社大安、昭和四〇年
青木新・青木敬次「内田康哉伝」(但し未公刊) 外務省蔵
荒木貞夫『醒めよ』国際問題研究会、大正一二年
荒木貞夫『昭和日本の使命』(民衆文庫第六篇) 社会教育協会、昭和七年
荒木貞夫『全日本国民に告ぐ』大道書院、昭和七年
荒木貞夫『皇国の軍人精神』朝風社、昭和八年
池田健『昭和政治経済論』国民教育図書株式会社、昭和二二年

石射猪太郎『外交官の一生』読売新聞社、昭和二五年
伊藤正徳『加藤高明伝』、昭和四年
井上哲次郎『日本の皇道と満州の王道』東亜民族文化協会、昭和一二年
井上日召『日本戦争に生きよ』、昭和九年
岩淵辰雄『対支外交史論』高山書院、昭和二一年
宇垣一成『宇垣日記』朝日新聞社、昭和二九年
内田信也『風雲五十年』実業之日本社、昭和二六年
大川周明『日本及日本人の道』、昭和元年
大谷隼人(石川信吾)『日本之危機』森山書店、昭和六年
岡義武『近代日本の政治家』文藝春秋新社、昭和三五年
岡田啓介述『岡田啓介回顧録』毎日新聞社、昭和二五年
緒方竹虎『一軍人の生涯―回想の米内光政』鱒書房、昭和二五年
片倉衷『満州建国の回想』上・下、昭和一六年
加田哲二『日本国家主義批判』(日本ファシズム論)春秋社、昭和七年
川合貞吉『或る革命家の回想』日本出版協同株式会社、昭和二八年
北一輝『日本改造法案大綱』改造社、大正一二年
北一輝『支那革命外史』大鐙閣、大正一〇年
北昤吉『思想と生活』(附 兄北一輝を語る)日本書荘、昭和一二年

木戸幸一『木戸被告人宣誓供述書』平和書房、昭和二二年
木戸幸一『木戸幸一日記』上巻、東京大学出版会、昭和四一年
協調会労働課『国家主義運動の現勢』協調会、昭和一一年
栗原健『対満蒙政策史の一面』原書房、昭和四一年
古島一雄『一老政治家の回想』中央公論社、昭和二六年
近衛文麿『清談録』千倉書房、昭和一一年
駒井徳三『大陸への悲願』大日本雄弁会講談社、昭和二七年
駒井徳三『大満州国建設録』中央公論社、昭和八年
小山貞知『協和会とは何ぞや』満州評論社、昭和一二年
小山貞知・東乾二郎『奉天事件の検討』満州評論社、昭和六年
小山貞知編『満州国と協和会』満州評論社、昭和一〇年
小山弘健・浅田光輝『日本帝国主義史』第二巻、青木書店、昭和三三年
近藤義晴『協和会の重大使命』一匡印刷所、昭和七年
作田高太郎『天皇と木戸』平凡社、昭和二三年
佐々木重蔵『日本軍事法制要綱』巌松堂、昭和一四年
幣原喜重郎『外交五十年』読売新聞社、昭和二六年
幣原平和財団『幣原喜重郎』幣原平和財団、昭和三〇年
重光葵『外交回想録』毎日新聞社、昭和二八年

重光葵『昭和の動乱』上巻、中央公論社、昭和二七年
志道保亮『鉄山永田中将』川流堂小林又七本店、昭和一三年
高橋義雄『山公遺烈』、大正一四年
田中義一伝記刊行会『田中義一伝記』下巻、田中義一伝記刊行会、昭和三五年
田中惣五郎『日本ファシズムの源流―北一輝の思想と生涯』白揚社、昭和二九年
津久井龍雄『日本的社会主義の提唱』先進社、昭和七年
鶴見祐輔『後藤新平』第二巻、昭和一三年
中野雅夫『橋本大佐の手記』みすず書房、昭和三八年
中野雅夫『三人の放火者』筑摩書房、昭和三一年
永井三郎『軍部論』先憂社、昭和一〇年
日本共産党資料委員会編『コミンテルン、日本問題に関する方針書・決議集』五月書房、昭和二五年
秦郁彦『日中戦争史』河出書房新社、昭和三六年
秦郁彦『軍ファシズム運動史』河出書房新社、昭和三七年
原田熊雄『西園寺公と政局』第二巻・第三巻・別巻、岩波書店、昭和二五年・昭和二六年・昭和三一年
平沼騏一郎回顧録編纂委員会『平沼騏一郎回顧録』学陽書房、昭和三〇年
平野零児『満州の陰謀者―河本大作の運命的な足あと』自由国民社、昭和二九年

細川嘉六『アジア民族政策論』、昭和一五年
真崎勝次『亡国の回想』国華堂、昭和二五年
松岡洋右『動く満蒙』先進社、昭和六年
松岡洋右『東亜全局の動揺―我が国是と日支露の関係満蒙の現状』先進社、昭和六年
丸山眞男『現代政治の思想と行動』上巻、未来社、昭和三一年
満州青年連盟史刊行委員会『満州青年連盟史』満州青年連盟史刊行委員会、昭和八年
満州青年連盟『全日本国民に愬ふ満蒙問題と其真相』満州青年連盟本部、昭和六年
満蒙研究会『満蒙に於ける日本の特殊権益』、昭和六年
御手洗辰雄編『南次郎』南次郎伝記刊行会、昭和三二年
緑川史郎『日本軍閥暗闘史』三一書房、昭和三三年
南満州鉄道株式会社太平洋問題調査会準備会『満州事変に関する諸誘因雑輯』、昭和六年
宮崎寅蔵『三十三年之夢』、大正一五年
武藤章『比島から巣鴨へ』実業之日本社、昭和二七年
森正蔵『旋風二十年』鱒書房、昭和二二年
山浦貫一編『森恪―東亜新体到の先駆』高山書院、昭和一六年
山浦貫一『森恪は生きて居る』高山書院、昭和一六年
山口重次『悲劇の将軍石原莞爾』世界社、昭和二七年
山本勝之助『日本を亡ぼしたもの―軍部独裁化とその崩壊の過程』彰考書院、昭和二四年

山本条太郎伝記編纂会『山本条太郎』、昭和一七年
吉野作造『対支問題』日本評論社、昭和五年
芳澤謙吉『外交六十年』自由アジア社、昭和三三年
若槻礼次郎『古風庵回顧録』読売新聞社、昭和二五年
鷲尾義直『犬養木堂伝』上・中・下、昭和一四年
渡辺幾治郎『大隈重信』、昭和二七年

四　外国出版物

Basset, R., *Democracy and Foreign Policy-A Case History of the Sino-Japanese Dispute, 1931–1933*, London: Longman, Green and Co. Ltd., 1952.
Beloff, Max, *The Foreign Policy of Soviet Russia*, London: Oxford University Press, 1947, Vol. I, 1929–1936.
Borton, Hugh, *Japan's Modern Century*, New York: Ronald Press, 1955.
Brown, Delmer M., *Nationalism in Japan*, Berkeley and Los Angeles: University of California Press, 1955.
Current, Richard N., *Secretary Stimson-A Study in Statecraft*, New Brunswick: Rutgers University Press, 1954.

Jansen, Marius B., *The Japanese and Sun Yat-Sen*, Cambridge: Harvard University Press, 1954.

Morley, James W., *The Japanese Thrust into Siberia, 1918*, New York: Columbia University Press, 1957.

Morris, Ivan I., *Nationalism and the Right Wing in Japan: A Study of Post-war Trends*, London: Oxford University Press, 1960.

Motohashi, Takehiko, *Conspiracy at Mukden: the Rise of the Japanese Military*, New Haven: Yale University Press, 1963.

Mowat, Charles *Loch, Britain between the Wars 1918–1940*, London: Methuen and Co. Ltd., 1955.

Rappaport, Armin, *Henry L. Stimson and Japan, 1931–1933*: Chicago, University of Chicago Press, 1963.

Rohan Butler and others ed., *Documents on British Foreign Policy, 1919–1939*, Second Series Vol. VIII, London: Her Majesty's Stationery Offce, 1960.

Rohan Butler and others ed., *Documents on British Foreign Policy, 1919–1939*, Second Series Vol. IX, London: Her Majesty's Stationery Office, 1965.

Royal Institute of International Affairs, *Survey of International Affairs, 1931*, London: Oxford University Press, 1932.

——, *Survey of International Affairs, 1932*, London: Oxford University Press, 1933.

Scalapino, Robert A., *Democracy and the Party Movement in Prewar Japan*, Berkeley and Los Angeles: University of California Press, 1953.
Smith, Sarah R., *The Manchurian Crisis, 1931-1932-A Tragedy in International Relations*, New York: Columbia University Press, 1948.
Storry, Richard, *The Double Patriots-A Study of Japanese Nationalism*, London: Chatto and Windus, 1957.
Wald, Royal Jules, *The Young Officers Movement in Japan 1925-1937; Ideology and Actions*, Berkeley, 1949. Unpublished Ph. D dissertation, University of California.
Young, C. Walter, *Japan's Special Position in Manchuria*, Baltimore: The Johns Hopkins Press.; 1931.

五　雑誌論文、新聞社説

論　文

犬養健「山本条太郎と犬養毅、森恪」(『新文明』、昭和三五年七月号)
上田統「在満同胞に代りて感謝と希望」(『満蒙問題研究資料』第六輯、昭和七年二月号)
臼井勝美「張作霖爆死の真相」(『別冊知性—秘められた昭和史』、昭和三一年一二月号)
臼井勝美「幣原外交覚書」(『日本歴史』、昭和三三年一二月号)

臼井勝美「田中外交についての覚書」—日本外交史研究・昭和時代(『国際政治』、昭和三五年一一月号)
河本大作「私が張作霖を殺した」(『文藝春秋』、昭和二九年一二月)
秦郁彦「資料解説—桜会趣意書」(『歴史教育』、歴史教育研究会編、昭和三三年第四号)
森義彪「張作霖爆死と町野武馬」(『日本週報』、昭和三二年三月二五日号)
「東京裁判を逃れた七通の機密文書」(『日本』、昭和三五年一月号)

満蒙特集号

別冊『知性』—秘められた昭和史、昭和三一年一二月号
『偕行社記事』—戦役及満蒙記念号、昭和六年三月
帝国在郷軍人会本部編『満蒙研究資料』、昭和六年一一月—昭和七年五月

社　説

朝日新聞
「陸相の政談演説」、昭和六年八月五日
「権益擁護は厳粛」、昭和六年九月二〇日
「中外に声明するところあれ」、昭和六年九月二三日
「満州事変に対する声明」、昭和六年九月二五日

「軍の自制にまつ」、昭和六年一〇月六日
「陸軍三長官会議で対満方針決定す」、昭和六年一〇月九日
「対満方針の決定―軍部と外交との協力」、昭和六年一〇月一一日
「支那とは何ぞや―理事会の錯覚」、昭和六年一〇月二一日
「時局と人心」、昭和六年一二月二日
「満州事変善後策と政治革新」、昭和七年一月六日
「満州国の建国式―日本の根本策を決定せよ」、昭和七年三月九日
「満州国承認について」、昭和七年五月五日
「満州国承認の意義」、昭和七年六月一五日
「首相外相の演説」、昭和七年八月二六日
東京日日新聞
「軍人の政治論―満州問題と国民」、昭和六年九月五日
「正義の国日本、非理なる理事会」、昭和六年一〇月二六日
「満州国の承認問題―事実問題だ」、昭和七年三月二〇日
「連盟脱退論(上)―三月一一日の決議」、昭和七年三月二九日
「連盟脱退論(下)―大道を独歩するのみ」、昭和七年三月三〇日
「満州国への援助―承認が先決問題」、昭和七年六月二日
福岡日日新聞

「敢て国民の覚悟を促す」、昭和七年五月一七日

六　談　話

荒木貞夫談話記録、昭和三〇年一二月二三日、満蒙同胞援護会蔵
荒木貞夫談話記録、対談者・岩淵辰雄、山浦貫一蔵
今村均談話記録、昭和三三年一月一二日、対談者・衛藤瀋吉、近代中国研究委員会蔵
片倉衷談話記録、昭和二九年七月九日、七月二七日、八月九日、満蒙同胞援護会蔵
鈴木貞一談話記録、対談者・岩淵辰雄、山浦貫一蔵
竹下義晴談話記録、昭和二九年六月二八日、満蒙同胞援護会蔵
土橋勇逸供述、防衛庁防衛研修所戦史室資料
根本博談話記録、防衛庁防衛研修所戦史室資料
花谷正談話記録、昭和二九年一〇月一四日、満蒙同胞援護会蔵
真崎甚三郎談話記録、昭和三〇年一一月一六日、満蒙同胞援護会蔵

なお著者は左の諸氏と直接対談する機会を得た。

荒木貞夫	鈴木貞一	稲葉正夫
片倉　衷	石川信吾	山浦貫一
岩淵辰雄	芳澤謙吉	金井章次

あとがき

未曽有の敗戦を経験して以来、日本は自己を破滅へ導くような膨脹政策をなぜとらなければならなかったのであろうかということが、私の絶えざる疑問であった。しかし戦後の十数年間、この疑問に満足な答を与えてくれるものはなかった。いわゆる「昭和史」的な批判は、過去の指導層を徹底的に糾弾するばかりで、その時代に生きた人々が与件として受け入れなければならなかった対内的および対外的諸条件を無視し、かつ彼らの意図を曲解しているように思えた。「極東軍事裁判」的な解釈は、戦勝国による敗戦国の審判に過ぎず、日本の膨脹を侵略的一大陰謀に起因するものという前提は、これまた到底納得出来るものではなかった。

とはいえ、日本の対外政策の失敗は明白な事実であり、過去の指導者の責任も無論看過することは出来ない。本書は、このような年来の疑問に、私ながらの解答を試みたものである。ここから引き出されたいくつかの結論は、決して満足の行くものでもなければ、また最終的なものでもなく、むしろ私にとってさらに多くの新しい疑問を産み出したのであったが、ここで読者の批判を受けることにより、自分の研究をさらに進めることが出来れば幸甚であると考え、あえて出版に踏み切った次第である。

本書のもととなった「満州事変外交政策決定過程の研究」は、米国カリフォルニア大学(バークレー)大学院政治学部へ提出された博士論文であり、それが発展して昭和三九年にはDefiance in Manchuria-The Making of Japanese Foreign Policy 1931-1932としてカリフォルニア大学から出版された。本書は、これを邦訳の上その後の資料、研究等に基いて若干の補正を加えたものである。

昭和二六年春、私は聖心女子大学卒業後、米国首都ワシントンにあるジョージタウン大学で国際関係論を専攻した。しかしながら、理論の裏付けとなる歴史の知識を習得する必要を感じ、帰国後東京大学において岡義武教授に師事し、近代日本政治外交史を学んだ。爾来岡教授からは公私にわたり格別の薫陶を受け、本書の完成も岡教授の指導に依るところまことに大なるものがある。その後昭和三一年から三三年まで、私はカリフォルニア大学においてロバート・エイ・スカラピノ教授の助手をつとめる一方、政治学原論、国際関係論、米国政治等を勉学した後、論文を準備するため帰国した。

論文の題目としては、私は以前から関心のあった日本外交史上の問題で、しかも敗戦の原因を解明する糸口となるようなケースを選びたいと考えた。国内的にはファシズムが擡頭し、国外的には大陸への進出が顕著となった昭和初期は、私には甚だ興味深い時期であった。その中で特に満州事変を研究対象に選定するに至ったのは、片倉衷氏の日誌を閲覧する機会を得たからである。正式には「満州事変機密政略日誌」と題する当時まだ未公刊であったこの日誌を一読した時、私はこれをもとに満州事変の政策決定過程を再現させてみることが出来るのではないかと勇躍する思いであった。また外務省においても、満州事変中本省と連盟代表との往復電報を完全に収録した「日支事件ニ関スル交渉経過(連盟及対米関係)」十三巻が、いまだ学問研究に供与されることなく存在しており、外交史的観点からも満州事変を対象とすることはきわめて有意義に思われた。

まず貴重な日誌を提供された片倉氏に対し、私は本書の出版を機会に謝意を表したい。現在「片倉日誌」を始め、関東軍関係の多くの資料が、みすず書房編「現代史資料(7)―満州事変」ならびに「現代史資料(11)―続・満州事変」に収められているが、このような資料集の出版は研究者にとってまことに幸いなことである。しかしながら、いまだ資料収集の困難であった昭和三三、四年頃には、資料を探し歩くことにまた特別の楽しさがあったようにも思われる。片倉氏から日誌を拝借するため、隔週毎に日比谷の陶々亭へ赴き、一巻ずつ返却する度に十分討論する機会を得られたことなどは、歴史研究にどれだけ人間的な味わいを加えたことであろうか。

確かに現代史の研究は、ここ数年来種々の資料の公刊により一段と容易になった。木戸孝彦氏の好意により、同氏宅で筆写させていただいた「木戸日記」も本年東京大学出版会より発刊されたし、旧軍関係の資料も防衛庁防衛研修所戦史室で整理され、漸次公刊されつつあると聞く。私が資料調査に専念していた頃、戦史室は芝浦の旧海軍経理学校の戦時急造校舎を改造したバラック庁舎にあり、外務省は大蔵省の一部に借住いの状態であった。その後それぞれ市ケ谷の旧陸軍士官学校ならびに霞ケ関の新庁舎に移転したことはよろこばしいが、ただ一つ遺憾なことは、防衛庁においても外務省においても資料関係には依然としてもっとも老朽した建物があてがわれていることである。官庁との接触は、日本においても米国においても公文記録部門に限られていた私は、ワシントンにある白亜のナショナル・アーカイブスを思い浮べる時、日本の公文関係の保存が予算的にも、人員的にも、設備的にもいかに冷遇されているかを痛感し、まことに残念な思いがするのである。今後現代史の研究が進められるにつれ、資料に対する政府当局者の考え方も改善されるよう念じてやまない。

このような苦言をあえてするのは、私が本書の調査、執筆の全期間にわたり、戦史室ならびに外交文書室の諸兄のなみなみならぬ好意に浴したからである。特に戦史室の稲葉正夫氏には、本書の出版にあたり編集や校正の上でも格別の御指導にあずかった。外務省の栗原健、臼井勝美両氏からは、資料を閲覧する上で多くの便宜を受けたほか、資料の評価にあたっても貴重な助言を得ることが出来た。また東京大学社会科学研究所の林茂教授は、日本政治史関係の重要な文献を数多く貸与された。その他資料、文献の収集、評価については諸先輩、友人の尽力によることまことに大なるものがあった。本書を通じ以上の諸氏に対して深甚なる感謝を述べたいと思う。

満州事変関係者の多くは老齢にもかかわらず、心よく私に面談の機会を与え、しばしば私の質問に対し長時間にわたり丁寧に応答された。このうち、石川信吾、芳澤謙吉両氏はその後他界されたが、両氏の冥福を祈るとともに、示唆に富んだ回想を語って下さったこれらの方々にも謝意を表明したい。

最後に私事にわたり恐縮ながら、私が長年学問に励むことが出来たのは全く家族の者のひとかたならぬ理解と援助とによるものであることをつけ加えたい。私の両親、夫、息子は、私がこの研究を試みなければ、いま少し多くの孝養を受け、いま少し落着いた家庭生活を楽しみ、いま少し母親と遊ぶ時間を持つことが出来たのではないかと思う。特に夫四十郎は本稿を通読して、修正加筆の労をとった。その意味において、本書は家族ぐるみの努力の成果である。

昭和四一年　盛夏

緒方貞子

解説

酒井哲哉

本書は緒方貞子『満州事変と政策の形成過程』(原書房、一九六六年)の復刊である。ただし、岩波現代文庫版への収録に際して、読者に分かりやすいように、タイトルを『満州事変——政策の形成過程』に変更した。また、原書房版の原著の巻末に付された「満州事変概要図」という地図は、これを他の地図に差し替えた。原著の誤植と思われる箇所は修正したが、引用文の仮名遣いは原著の表記に従って、歴史的仮名遣いのままにした。

著者の緒方貞子氏は、一九九一年から二〇〇〇年まで国際連合難民高等弁務官を務め、冷戦終焉後に生じたさまざまな地域紛争・民族紛争によってもたらされた難民の支援活動に心血を注いだ。国際紛争の最前線で困難に立ち向かう毅然とした態度は、多くの人々に感銘を与えた。それだけに本書を手にした現代の読者は、緒方氏がその華々しい経歴の出発点において、戦前期を対象とした日本外交史研究者であったことに意外な感を持つかも知れない。

だが、一九二七年(昭和二年)生まれの著者にとっては、それは決して不自然な選択ではなかった。満州事変に始まる戦争と軍部支配の時代は、物心がついてから著者がまさに見聞きした同時代の出来事であった。あの戦争はなぜ生じたのか。軍部はどのように政党政治に終止符を打ったのか。こうした問いは、この世代の人々にとって、自らの実存に関わる問いであった。さらにいうならば、五・一五事件において兇弾に斃れた犬養毅を曽祖父に、そして犬養内閣の外務大臣の芳澤謙吉を祖父に持つ著者にとって、満州事変の経緯を研究することは、家族が被った受難の意味を問い返す作業でもあったはずである。かくして緒方氏は、満州事変の研究者として学界に颯爽とデビューすることになった。

本書が出版された頃、日本近代史研究はどのような状況にあったのだろうか。太平洋戦争に至る道程を追跡することは、戦争の実体験が生々しかった当時においてはさまざまな感情的反応を生む行為であった。またそれは戦後日本の保革対立を反映した党派的選択をしばしば伴うものであった。一九五五年(昭和三〇年)に出版されたマルクス主義史学の立場に基づく遠山茂樹・今井清一・藤原彰『昭和史』(岩波新書)が空前のベストセラーになり、また、その『昭和史』に対して文芸批評家亀井勝一郎から、敗戦に導いた元兇とか階級闘争の戦士は出てくるが「国民」という人間がいない、「人間不在の歴史」であるという批判がなされ、これを機に「昭和史論争」が展開されたことは、そのような状況を物語っている(亀井勝一郎「現代歴史家への疑問」、『文藝春秋』一九五六年三月号、亀井勝一郎『現代史の課題』、中央公論社、一九五七年、所収。なお同書は岩波現代文庫から二〇〇五年に復刊された)。満州事変研究を志した緒方氏の周りには、激しい党派対立の嵐が吹き荒れていたのである。

しかしながら、著者にとって、あるいは読者にとっても幸運だったのは、緒方氏の研究歴がこのような戦後日本のイデオロギー対立から相対的には自由な環境で形成されたことである。外交官を父に持ち、幼少時代を海外で過ごした緒方氏は、まぎれもない「帰国子女」であった。聖心女子大学を卒業後、ジョージタウン大学に留学して国際関係論を学んだ著者は、次第に日本外交史に関心を持つようになった。一旦帰国して、東京大学法学部で日本政治外交史を講じていた岡義武に師事したことで、実証的な政治外交史の手法を身につけていった。そして、カリフォルニア大学バークレー校でアメリカにおける日本政治研究の第一人者であったロバート・スカラピノの助手を務める一方、満州事変を対象とした博士論文を完成し、その成果を、*Defiance in Manchuria: the Making of Japanese Foreign Policy*, 1931–1932(Berkeley, University of California Press, 1964)として出版した。本書はこの英文による著作を加筆しながら翻訳したものである。アメリカの国際関係論・政治学の手法を学びながら実証的な歴史研究を行う研究スタイルは今日では一般的なものとなっているが、一九六〇年代半ばの日本の学界では、少数の人々がそのような方法に基づく研究を始めたばかりだった。「政策決定過程」という用語自体、当時の学界ではまだ目新しい翻訳語だったのである。このように、研究の志においては、戦争を経験した日本人の熱い問題意識に基づきながら、それを追求する手法においては、戦後日本のイデオロギー的文脈から離れたアメリカ社会科学の理論装置を軸とする姿勢が、本書を息の長い書物たらしめた一つの要因といってよいだろう。

本書の魅力も、このような問題意識と研究手法の幸福な結合と密接に関わっている。本書を繙いたときまず感じるのは、満州事変をめぐる政策決定のダイナミズムが実に立体的に再構成されていることである。序論で著者はこう宣言する。

「私は本書において、満州事変当時の政策決定過程を逐一検討することにより、事変中如何に政治権力構造が変化し、またその変化の結果が政策、特に外交政策に如何なる影響を及ぼしたかを究明することとしたい。このような変化は、対立する諸勢力間の争いの結果生じたものであるが、軍部対文官の対立ということで説明出来るような単純なものではなかった。むしろ、それは左官級ならびに尉官級陸軍将校が対外発展と国内改革とを断行するため、既存の軍指導層および政党ならびに政府の指導者に対し挑戦したという、三つ巴の権力争いとして特色づけられるものである。」(一頁)

この宣言通り著者は、関東軍・陸軍中央部・政府指導者の「三つ巴の権力争い」を、当時利用可能であった史料を駆使しながら克明に検討していく。第一部では満州事変の背景が扱われ、関東軍の構想が、第一次大戦後の日本における既存の体制に対する徹底的批判を持つ革新運動の系譜に連なるものであったことが論じられる。これを受けて第二部では、満州事変の展開過程における関東軍・陸軍中央部・政府指導者の事変処理構想のせめぎあいが鮮やかに論じられていく。

各政治主体の構想の違いが何に起因するかについて、著者の整理は明晰そのものである。満蒙領有ないし満州国のような中国本土から独立した新国家構想を抱いていた関東軍に対して、陸軍中央部は、そのなかでもっとも強硬と思われていた建川美次の構想ですら、張学良政権を打倒した後に再び親日政権を樹立するものであり、はるかに穏健な態度をとっていた(一三四頁)。すなわち、満州における中国の主権を完全に否定するのか、それとも名目的ではあれ中国の主権を尊重するのかということは、関東軍と陸軍中央部・政府指導者とをはっきりと分かつ境界線であった。そしてこのような関東軍と陸軍中央部との対立が頂点に達したものが、第七章で詳述される北満攻略論争である。

伝統的にロシアの勢力圏とみなされていた北満州に進撃することは、対ソ関係を始め国際関係に深甚な影響を与えるものとして、関東軍と陸軍中央部の激しい応酬をもたらした。

著者自らが発掘した片倉衷日誌をもとに繰り広げられる両者の攻防は、本書のなかでも圧巻の箇所といえよう。なお著者は、満州事変の背後にあった思想や関係当事者の態度から見て、満州事変の原動力を「社会主義的帝国主義」と定義している(三四二頁)。満州事変には、国民大衆の生活向上やそのための統制経済の樹立という思想が背景にあり、その意味で、日本ファシズムには「下からのファシズム」としての性格が存在していた、というのが著者の立場である。

本書の第二の特色としては、満州事変における日本国内の政策決定過程のみならず、事変処理をめぐる国際関係の動向への関心が強い点が指摘できるだろう。日本の外務省の事変処理構想が当初は日中間の直接交渉によるものであったことや、中国が国際連盟に提訴して以降の国際連盟の審議状況とこれに対する日本外交の対応が的確に分析されている。リットン調査団と呼ばれるようになった国際連盟による調査団派遣の決定も、この決定がなされた一九三一年(昭和六年)一二月の時点では、満州事変を日本自らの意図に従い処理する時間的余裕を与えるものであり、「日本にとって外交上の勝利を得たもの」であったという位置づけを与えている(二一九頁)。

それでは満州事変を列国の了解のもとに収拾するには、どのようなシナリオがあり得たのだろうか。著者はこのような問いを明示的に立てているわけではないが、その手がかりは残している。結論で著者はこう述べている。

「満州に広範な自治権を有する中国の地方政権を樹立するという主張は、従来存在していた統治形態に準じた解決策である。犬養が試みた解決もこの方法に基いたものであり、これならば列国も進んで承認したであろうと考えられる方式でもあった。リットン委員会も、満州統治のため広汎な自治権を与えられた特別政権を中国の主権下に樹立することを提案した。」(三三〇頁)

関東軍と陸軍中央部の間には中国の主権尊重と国際関係への配慮という点で断絶があった、というのが、先にも述べたように著者の一貫した主張である。満州における政治情勢が中国本土から分離独立した全満政府樹立の段階にまで進展した後においても、陸軍中央部は依然中国国民政府主権下にある地方政権の樹立を主張していた。満州事変の現実主義的解決があったとすれば、中国の主権を否定しない形で満州に広範な自治権を有する中国の地方政権を樹立する、というものであっただろう。実際、リットン調査団による報告書は、満州事変前の状態に復帰することを提唱したのではなく、日中両国が撤兵した後に現地に自治政権を樹立することを提唱したのである。

しかし、政府と陸軍中央部の反対を押し切って関東軍による満州国建設が実現したことは、このような解決を不可能にした。そしてそれをもたらした一因は、当時の国際社会の対応にもある。列国ならびに国際連盟の反対は実質的な裏付けをもたなかったが故に、日本は列国の名目上の反対と実質上の反対に落差があるということを発見したのである。このことにより、満州事変以降に日本の膨張主義は加速化された、と著者は見ているのである。

すなわち、国際社会の違法行為に対しては列国ならびに国際連盟は毅然とした態度を採るべきであった、というのが著者の基本的スタンスである、といってよいだろう。そして、中国の領土的・行政的保全を侵害し、不戦条約に違反する一切の取り極めを承認しない旨を日中両国に通告した一九三二年(昭和七年)一月のスチムソン米国務長官による声明に対しても、これを過小評価する通説を批判し、スチムソンの不承認主義が国際連盟の決議に盛り込まれ、国際的な原則として認められたことを高く評価している点も注意すべきだろう(二六六頁)。本書は、満州事変をめぐる政策決定過程を主題とするものであるが、副旋律として、国際規範をどのように実効的なものとたらしめるか、という問いが、本書には存在することを見落としてはならない。

第三に、本書を通読したとき、叙述のバランスのよさに、改めて感銘をうける。著者にとって同時代史であった対象にもかかわらず、筆致は熱がこもりながらも冷静さを失わない。また満州事変の背景・展開・影響が過不足なく記述されており、どこかに偏した箇所がほとんどない。そしてこのバランスの良さの理由の一つは、本書が最初は英文で執筆され、英語圏の読者に向けて書かれたことと無関係ではないだろう。文化的・歴史的背景を共有しない外国の読者には、「日本国民の悲願」はそのままでは通じない。当人にとっては既知の事柄であっても、一旦は誰にでも理解できる形で簡潔で要を得た説明を行わねばならないのである。

実は、日本近代史を教えていて一番困るのは、知的能力に富んではいるが、日本史の知識がほとんどない学生から、「このテーマで最初に読むべき本を一冊あげてください」、と聞かれたときである。その学生は留学生だったり、日本人ではあるが、これまでまったく日本史に関心がなかった理科系の学生だったりする。専門研究者の立場としては、最新の研究成果を紹介したくなるのだが、そういう本は存外に役立たない。研究者は新しいことをいわないと業績にならないが、すでに膨大な蓄積のある分野で「新しいこと」となると、いきおい新史料の断片的な解説になったり、あるいは、先行研究への挑戦心が強すぎてや極端な解釈になったりしがちだからである。進化しすぎて形が崩れてきたアンモナイト、というと少々自虐的だが、まあそのような事情が概ね日本近代史研究にはあるわけだ。そういうとき、史料的には現在の研究水準と異なるかもしれないが、叙述のバランスや作品としての気品という点で推奨にたるものは、やはり歳月を経て残る古典的著作なのである。

「満州事変について最初に読むべき本を一冊あげてください」と聞かれたら、私はためらわず本書の名前を挙げるだろう。そして歴史研究の進歩とは何だろうか、と、少しばかり考えこむのである。

とはいえ、日本外交史研究者が本書の刊行後、何もしなかったわけではもちろんない。満州事変についてはその後多くの史料が発掘され、新たな分析視角に基づく研究書もたくさん現れた。一つだけ例を挙げてみよう。現在の研究者が関心を持っている領域は、満州事変と国際連盟の関わりである。

満州事変は関東軍の謀略によるものである。そして幸いなことに、このような大規模な軍部の暴走が、少なくとも現代日本で再発するとは想像しがたい。だが、観点を変えると、満州事変は、国際連盟の常任理事国が紛争当事国となった地域紛争である。こういう地域紛争に対して国際社会はどのように対応すればよいのか。こうした問題は、決して過去の問題とはいえないだろう。いや、むしろ冷戦後に国際連合と地域紛争の関わりとして、私たちの眼前で展開されている問題ではないか。

先に述べたように、リットン調査団による報告書は、満州から日中両軍を撤退させて非武装化し、満州統治のため広汎な自治権を与えられた特別政権を中国の主権下に樹立することを提唱したものであった。そして当面の間、地域の治安維持は外国人顧問の指導下で中国政府が編成する特別警察隊が担当することになっていた。

リットン報告書の作成過程を国際連盟の内部文書をもとに詳細に検討した近年の研究は、この「特別警察隊」としてさまざまな形態が連盟内部で議論されており、連盟の主導のもとに九カ国条約締結国の供出する兵力によって編成される多国籍軍とすることも検討されていたことを指摘している。すなわち、日本がリットン報告書を拒絶したために、問題の所在が見えにくくなっているが、リットン報告書の背後にある国際秩序観には、実は現代の地域紛争において国際連合が平和維持軍を派遣して平和構築を行う技法に極めて近いものがあったわけである。このようにリットン報告書は、「未発のPKO」ないし「未発のPKF」としての性格を有していた(等松春夫「帝国からガヴァナンスへ――国際連盟時代の領域国際管理の試み」、緒方貞子・半澤朝彦編『グローバル・ガヴァナンスの歴史的変容――国連と国際政治史』、ミネルヴァ書房、二〇〇七年、所収)。現代日本の研究者が満州事変を視る眼差しも、現代世界における平和のありかたを問いかけるものへと変化しつつある。

このように考えれば、満州事変における政策の形成過程の研究から出発した著者が、国際連合の平和維持活動に深い関わりを持つに到ったことも、あながち偶然とはいえないかもしれない。またそのような著者の歩みそのものが、太平洋戦争はなぜ生じたのかという問いから出発した戦後日本の平和主義が長い歳月を経てたどり着いた一つの軌跡である、ともいえそうである。そのような先達の問いの集積のうえに現代日本外交が置かれていることを忘れてはならないだろう。

めまぐるしく動く現代だからこそ先達の問いの集積の重みを感じてほしい。岩波現代文庫に本書が収録されるにあたり、改めてそのことを思うのである。

（東京大学教授・日本政治外交史）

本書は一九六六年、『満州事変と政策の形成過程』として原書房より刊行された。文庫化に際し、書名を変更し、「まえがき」と「解説」を新たに加えた。

な 行

は 行

さ 行

索　引

あ 行

か 行

満州事変──政策の形成過程

2011年8月18日 第1刷発行
2024年10月4日 第13刷発行

著 者 緒方貞子(おがたさだこ)

発行者 坂本政謙

発行所 株式会社 岩波書店
〒101-8002 東京都千代田区一ツ橋 2-5-5
案内 03-5210-4000 営業部 03-5210-4111
https://www.iwanami.co.jp/

印刷・精興社 製本・中永製本

ISBN 978-4-00-600252-7 Printed in Japan

岩波現代文庫創刊二〇年に際して

二一世紀が始まってからすでに二〇年が経とうとしています。この間のグローバル化の急激な進行は世界のあり方を大きく変えました。世界規模で経済や情報の結びつきが強まるとともに、国境を越えた人の移動は日常の光景となり、今やどこに住んでいても、私たちの暮らしは世界中の様々な出来事と無関係ではいられません。しかし、グローバル化の中で否応なくもたらされる「他者」との出会いや交流は、新たな文化や価値観だけではなく、摩擦や衝突、そしてしばしば憎悪までをも生み出しています。グローバル化にともなう副作用は、その恩恵を遥かにこえていると言わざるを得ません。

今私たちに求められているのは、国内、国外にかかわらず、異なる歴史や経験、文化を持つ「他者」と向き合い、よりよい関係を結び直してゆくための想像力、構想力ではないでしょうか。

新世紀の到来を目前にした二〇〇〇年一月に創刊された岩波現代文庫は、この二〇年を通して、哲学や歴史、経済、自然科学から、小説やエッセイ、ルポルタージュにいたるまで幅広いジャンルの書目を刊行してきました。一〇〇〇点を超える書目には、人類が直面してきた様々な課題と、試行錯誤の営みが刻まれています。読書を通した過去の「他者」との出会いから得られる知識や経験は、私たちがよりよい社会を作り上げてゆくために大きな示唆を与えてくれるはずです。

一冊の本が世界を変える大きな力を持つことを信じ、岩波現代文庫はこれからもさらなるラインナップの充実をめざしてゆきます。

（二〇二〇年一月）

G477
シモーヌ・ヴェイユ
冨原眞弓

その三四年の生涯は「地表に蔓延する不幸」との闘いであった。比類なき誠実さと清冽な思索の全貌を描く、ヴェイユ研究の決定版。

G478
フェミニズム
竹村和子

最良のフェミニズム入門であり、男/女のカテゴリーを徹底的に問う名著を文庫化。性差の虚構性を暴き、身体から未来を展望する。〈解説〉岡野八代

G479
増補 総力戦体制と「福祉国家」
—戦時期日本の「社会改革」構想—
高岡裕之

戦後「福祉国家」とは全く異なる総力戦体制=「福祉国家」の姿を、厚生省設立等の「戦時社会政策」の検証を通して浮び上らせる。

G480-481
経済大国興亡史 1500-1990(上・下)
チャールズ・P・キンドルバーガー
中島健二訳

繁栄を極めた大国がなぜ衰退するのか——国際経済学・比較経済史の碩学が、五〇〇年にわたる世界経済を描いた。〈解説〉岩本武和

2024. 9

岩波現代文庫［学術］

G472
網野善彦対談セレクション
1 日本史を読み直す
山本幸司編

日本史像の変革に挑み、「日本」とは何かを問い続けた網野善彦。多彩な分野の第一人者たちと交わした闊達な議論の記録を、没後二〇年を機に改めてセレクト。（全二冊）

G473
網野善彦対談セレクション
2 世界史の中の日本史
山本幸司編

戦後日本の知を導いてきた諸氏と語り合った、歴史と人間をめぐる読み応えのある対談六篇。若い世代に贈られた最終講義「人類史の転換と歴史学」を併せ収める。

G474
明治の表象空間（上）
―権力と言説―
松浦寿輝

学問分類の枠を排し、言説の総体を横断的に俯瞰。近代日本の特異性と表象空間のダイナミズムを浮かび上がらせる。（全三巻）

G475
明治の表象空間（中）
―歴史とイデオロギー―
松浦寿輝

「因果」「法則」を備え、人びとのシステム論的な「知」への欲望を満たす社会進化論の跋扈。教育勅語に内在する特異な位相の意味するものとは。日本近代の核心に迫る中巻。

G476
明治の表象空間（下）
―エクリチュールと近代―
松浦寿輝

言文一致体に背を向け、漢文体に執着した透谷・一葉・露伴のエクリチュールにはいかなる近代性が孕まれているか。明治の表象空間の全貌を描き出す最終巻。〈解説〉田中 純

2024. 9